国家社科基金重大项目"功能—类型学取向的汉语语义演变研究"
（批准号：14ZDB098）研究成果

## 本卷著者

吴福祥　姜　南　徐朝红　王继红
金小栋　王双成　郭必之　黄　阳
吕嵩崧　覃东生　覃风余

汉语语义演变研究丛书
吴福祥／主编

# 接触语言学视角的汉语语义演变研究

吴福祥 覃凤余 等／著

时代出版传媒股份有限公司
安徽教育出版社

图书在版编目（CIP）数据

接触语言学视角的汉语语义演变研究／吴福祥等著.
合肥：安徽教育出版社，2024.10. -- （汉语语义演变
研究丛书／吴福祥主编）. -- ISBN 978-7-5748-0317-6

Ⅰ. H13

中国国家版本馆 CIP 数据核字第 2024GR3928 号

接触语言学视角的汉语语义演变研究
JIECHU YUYANXUE SHIJIAO DE HANYU YUYI YANBIAN YANJIU

出 版 人：王能玉
策划编辑：姚　莉　江　舟
统筹编辑：付　静
责任编辑：付　静　陆　彦
装帧设计：张鑫坤
技术编辑：陈善军

出版发行：安徽教育出版社
地　　址：合肥市经开区繁华大道西路 398 号　邮编：230601
网　　址：http://www.ahep.com.cn
营销电话：(0551)63683012,63683013
排　　版：安徽时代华印出版服务有限责任公司
印　　刷：安徽新华印刷股份有限公司

开　　本：710 mm×1010 mm　1/16
印　　张：21.75
字　　数：300 千字
版　　次：2024 年 10 月第 1 版
印　　次：2024 年 10 月第 1 次印刷
定　　价：98.00 元

（如发现印装质量问题，影响阅读，请与本社营销部联系调换）

# 总　序

语义演变是语言演变的一个重要方面，也是历史语言学的主要研究对象之一。在汉语语言学界，语义和语义演变的研究具有悠久的历史和优良的传统。中国传统语言学（即小学）包含训诂学、文字学和音韵学三个主要门类，其中训诂学是最早建立也是最重要的门类。训诂学聚焦于对文献语言词义的训释和研究，"是中国语言文字学中一门传统的解释语词和研究语义的学科"（周祖谟，1988：387）。两汉以降直至清末，历代小学家尤其是训诂学家所作的词语训诂、词义分析和词义流变研究，积累了大量宝贵经验和重要成果，是汉语语义演变研究的一份宝贵遗产。中华人民共和国成立后，中国语言学的学科框架照搬苏联模式。汉语也被认为跟俄语一样具有语音、词汇和语法三大要素，相应地，汉语语言学被分为汉语语音学、汉语词汇学和汉语语法学三个分支。此外，在汉语语言学的历时层面，汉语传统语言学被汉语史（包括汉语语音史、汉语词汇史和汉语语法史）取代。在这种学科格局中，汉语的语义已丧失其作为独立研究对象的地位，寄生于相关的分支学科中。其中，词汇语义的研究附丽于汉语词汇学，语法语义的研究依附于汉语语法学。由此可见，在当今的汉语语言学框架中，汉语语义研究已沦落为汉语词汇研究和汉语语法研究的附庸。造成这种现象的原因当然有很多，不过我们认为，除了学术理念、学科设置等方面的因素，可能还有一个重要原因,即我们迄今未能找到适合汉语语义和语义演变研究的理论、视角和方法。

运用功能语言学、语言类型学和接触语言学的理论和方法,结合具体个案和专题的讨论,研究汉语语义演变的路径和模式、机制和动因、规律和方向,揭示汉语语义演变中的认知操作、语用策略、接触动因和类型特征,无疑是汉语史学界一个值得不断努力的研究方向。在这方面,普通语言学界的一些重要的理论模型、分析框架和研究成果可资借鉴,譬如 Sweetser 的基于认知的"历时隐喻模式"(The Diachronic Metaphor Model)、Traugott 的基于历史语用的"语义演变的诱使性推理理论"(The Invited Inferencing Theory of Semantic Change),以及 Heine and Kuteva 的基于语言接触的"语法复制"(Grammatical Replication)理论。这些理论模型和研究框架都是值得我们深入了解和大力借鉴的。

呈现在读者面前的这套"汉语语义演变研究丛书"就是我们在这方面所作的一个初步尝试。它比较集中地展示了近些年来我们在历史语义学和汉语语义演变研究方面的一些思考和探索。

本丛书在恪守汉语史研究的优良传统的基础上,注重理论、方法和成果的创新,力求采用普通语言学,特别是其中的功能主义语言学、语言类型学和接触语言学的新理论、新方法、新视角和新框架来研究汉语的语义演变。因此,相较于同类研究,我们认为本丛书至少有以下鲜明的追求和显著的特色。

第一,认真挖掘汉语语义演变的事实,聚焦于对汉语语义演变的路径和模式的归纳和概括。与以往的研究不同,本丛书注重对语义演变事实的描写,着重从概念上分析语义演变的过程,归纳和总结在汉语中反复出现的语义演变的路径和模式。这样的工作正是语义演变研究的一项基本任务。

第二，从跨语言的角度来审视汉语语义演变，探讨汉语语义演变的共相和殊相。与以往大多数同类研究不同，本丛书致力于将汉语语义演变置于人类语言演变的大背景下进行审视，探讨汉语语义演变的路径和模式所体现的共性倾向和类型特点。跨语言视角和类型学视野有助于弄清汉语中哪些语义演变的路径或模式体现的是人类语言的共性特征，哪些语义演变的路径或模式表征的是汉语的类型变异或个性特征，从而对汉语语义演变作出更为充分、合理的解释。

第三，力求从认知和语用的角度对汉语语义演变的机制和动因进行解释。语义演变研究最重要的工作是对业已观察到的演变路径或模式进行解释，揭示这些演变过程背后的机制和动因。本丛书在这方面也作了积极的努力和可贵的探索。

汉语既有3000余年连绵不绝的文献历史、丰富多样的方言类型，又有2000余年语义演变研究的经验和成果。汉语具有其他语言无可比拟的语义演变研究的资源优势。我们相信，如果能充分利用汉语语义演变研究的资源优势，不断借鉴普通语言学中先进的理论和方法，大力加强汉语语义演变的理论构建、实证研究和学科建设，那么相较于汉语语言学的其他分支，汉语语义演变研究应该是最有可能在普通语言学中构建出富有时代特征、彰显中国特色、体现世界水平的理论体系。

吴福祥<br>
2023年仲夏于北京齐贤斋

# 目录

前　言 ... 001

## 第 1 章　语言接触与语义复制

第 1 节　引言 ... 005
第 2 节　接触引发的语义演变 ... 005
第 3 节　语义复制的两种模式 ... 007
第 4 节　结语 ... 030

## 第 2 章　汉译佛经中"为"的系词用法与语义复制

第 1 节　引言 ... 031
第 2 节　先秦"为"字句的指称性特征 ... 032
第 3 节　中古"为"字句向陈述式转变 ... 034
第 4 节　汉译佛经中系词"为"的功能扩展 ... 036
第 5 节　系词"为"进一步语法化的条件 ... 047

## 第 3 章　汉译佛经中虚词"亦"的语义演变

第 1 节　引言 ... 050

| 第2节 | 中古译经中"亦"的并列连词用法 | 051 |
| 第3节 | "亦"并列连词用法的来源 | 057 |
| 第4节 | 结语 | 071 |

## 第4章 从梵汉对勘看全称量化限定词"所有"的形成

| 第1节 | 引言 | 073 |
| 第2节 | "所有"在历史文献中的使用 | 075 |
| 第3节 | "所有"全称量化限定用法的产生 | 081 |
| 第4节 | 中古汉语里新的量化表达手段被接受的原因 | 090 |
| 第5节 | 结语 | 091 |

## 第5章 甘青方言中若干附置词"伴随—工具—方所"多功能模式的来源

| 第1节 | 引言 | 093 |
| 第2节 | 甘青方言中若干兼表伴随、工具与方所的多功能虚词 | 094 |
| 第3节 | 阿尔泰语系语言中后置词/后缀"伴随—工具—方所"的多功能模式 | 106 |
| 第4节 | 甘青方言中"伴随—工具—方所"多功能模式的渊源 | 110 |
| 第5节 | 结语 | 117 |

## 第6章 西宁方言的并列和伴随

| 第1节 | 引言 | 121 |
| 第2节 | 西宁方言并列的类型 | 121 |
| 第3节 | 并列标记的句法位置及属性 | 123 |

| | | |
|---|---|---|
| 第 4 节 | 西宁方言并列和伴随的关系 | 125 |
| 第 5 节 | 西宁方言"伴随标记＞工具格标记"的语法化 | 128 |
| 第 6 节 | 西宁方言伴随、工具格标记"俩"的来源 | 131 |
| 第 7 节 | 结语 | 136 |

## 第 7 章 西宁方言方位词的语法化

| | | |
|---|---|---|
| 第 1 节 | 引言 | 138 |
| 第 2 节 | 西宁方言"里"的语法化 | 138 |
| 第 3 节 | 西宁方言"上""下"的语法化 | 141 |
| 第 4 节 | 接触与共性：方位词语法化的跨语言考察 | 143 |
| 第 5 节 | 方位词语法化的过程 | 151 |
| 第 6 节 | 结语 | 153 |

## 第 8 章 重建西南粤语体标记"嗲"的演变过程
### ——一项粤语和客语之间被忽视的关联

| | | |
|---|---|---|
| 第 1 节 | 引言 | 154 |
| 第 2 节 | 共时描写 | 156 |
| 第 3 节 | "嗲"的来源、发展和迁移 | 167 |
| 第 4 节 | 语言学意义 | 178 |
| 第 5 节 | 结语 | 182 |

## 第 9 章 南宁地区语言"去"义语素的语法化与接触引发的"复制"

| | | |
|---|---|---|
| 第 1 节 | 引言 | 183 |

| 第2节 | "去"义语素的功能：描述和比较 | 188 |
| 第3节 | "去"的语义演变路径及语法化路径 | 201 |
| 第4节 | 词汇复制与语法复制 | 210 |
| 第5节 | 结语 | 222 |

## 第10章 南宁粤语的助词"晒"

| 第1节 | 引言 | 224 |
| 第2节 | 南宁粤语的"晒" | 224 |
| 第3节 | 其他粤方言比较的启示 | 230 |
| 第4节 | 接触引发的语法演变 | 233 |
| 第5节 | 结语 | 239 |

## 第11章 壮语"完毕"义语素的语法化及其对广西汉语方言的影响

| 第1节 | 引言 | 241 |
| 第2节 | 壮语"完毕"义语素多功能模式的形成 | 243 |
| 第3节 | 不同"完毕"义语素功能分工的原因 | 260 |
| 第4节 | 壮语对汉语方言的影响 | 263 |
| 第5节 | 结语 | 273 |

## 第12章 广西汉语、壮语方言的方式助词和取舍助词

| 第1节 | 引言 | 275 |
| 第2节 | 共时分布 | 276 |
| 第3节 | 语法化过程 | 288 |

第 4 节　迁移过程与理论意义　　295
第 5 节　结语　　299

# 附　录　301

# 参考文献　303

# 后　记　334

# 前　言

本书是国家社会科学基金重大项目"功能—类型学取向的汉语语义演变研究"（批准号：14ZDB098）的部分成果，主要是从语言接触的角度考察汉语的语义演变过程，探讨接触引发的语义演变的机制和动因。

以往的语义演变研究关注较多的是认知操作和语用因素如何引发特定语言的语义演变（新义的产生）。近些年来，随着接触语言学和历史语言学的日益发展，人们逐渐发现，语义演变的一个重要动因是语言接触。换言之，除了认知、语用等因素，语言接触也是引发语义演变（特别是新的语法意义的产生）的重要因素。已有的研究表明，和其他语言一样，汉语历史文献和自然口语中也有一些语义演变导源于语言接触。那么，汉语到底有哪些语义演变是由语言接触引发的？汉语中由接触引发的语义演变有哪些类型和模式？语言接触是如何引发汉语语义演变的？

本书的一个主要任务就是对上述问题作出明确回答。换言之，本书的主要研究目标是，通过对汉语史[1]上和现代汉语方言中接触引发的大量语义演变事实的考察，研究接触引发的语义演变的模式、类型、机制及历史背景和社会因素，为普通语言学中接触语言学和历史语义学的研究以及汉语的历史语义和方言研究提供重要的成果和参照。为更好地实现上述研究目标，我们将研究对象锁定在以下两个方面：第一，汉语历史上接触引发的语义演变研究，重点考察汉魏六朝时期翻译佛经的原典语言及金元时期

---

［1］ 本书关于汉语史的分期一般如下：上古汉语（先秦至西汉）、中古汉语（东汉至隋）、近代汉语（唐至清）。 个别章节遵从该章作者的划分标准。

北方阿尔泰语系语言对汉语语义演变的影响。第二，现代汉语方言中接触引发的语义演变研究，主要聚焦于两个区域的汉语方言：一是广西境内的汉语方言，一是西北地区的汉语方言。大量人类学、考古学、语言史和社会语言学的研究显示，汉语与中国南方民族语言、西北民族语言一直处于密切接触之中，这使得汉语发生一系列接触引发的语义演变。因此这两个地区的汉语方言口语无疑是研究汉语中接触引发的语义演变的极好材料。

本书收录的成果就是我们在这方面所作的一个尝试。这些成果力求运用接触语言学的理论和方法，通过对汉语历史上和现代方言中接触引发的大量语义演变事实的考察，探讨接触引发的语义演变的模式、类型、机制及历史背景和社会因素。本书的内容大致可分为以下四个部分。

第一部分即第 1 章"语言接触与语义复制"，讨论接触引发的语义演变的若干情形，着重以中国境内语言（汉语和南方民族语言）的事实为例探讨语义复制的类型，指出接触引发的语义演变有"语义借用"和"语义复制"两种类型，论证语义复制有"同音复制"和"多义复制"两种基本模式。本章的研究表明，语义复制是接触引发的语义演变的重要机制，而接触引发的语法化可被视为语义复制（多义复制）的一个特别的次类。

第二部分包含第 2—4 章，侧重于讨论中古译经中汉语与佛经原典语言接触引发的语义演变现象。其中，第 2 章"汉译佛经中'为'的系词用法与语义复制"从语言接触的角度解释了系词"为"的功能扩展："为"在上古时已是一个比较成熟的系词，既可引出体词性成分，也可引出谓词性成分，充任判断谓语，只是谓词性成分在谓语的位置上必须指称化。中古以后，特别是在汉译佛经中，"为"因大量翻译原典梵语的 be 动词而发生功能扩展，不仅其后可带陈述性的谓词性谓语，而且可以帮助构成被动态、疑问句和加强语气等，表现出鲜明完整的助动词属性，为其进一步向语气副词和选择连词演变奠定了重要的句法和语义基础。第 3 章"汉译佛经中虚词'亦'的语义演变"讨论"亦"的并列连词用法及其来源，认为东汉译经中"亦"的并列连词用法是梵语虚词 ca 的"类同副词—并列连词"多功能模式以及"类同副词＞并列连词"的语法化过程的产物。换言之，东汉译经中"亦"并列连词用法的产生是一种接触引发的语义演变。第4章"从梵汉对勘看全称量化限定词'所有'的形成"基于大量的材料和细致的分析证明"所有"的全称量化用法实则导源于梵汉语言接触："所有"的形成是佛经翻译导致的梵汉语言接触和借用引发的"结构缺位"填补，而佛经译者的创造性翻译与佛经读者理解之间的错位是双重分析得以发生的原因。

第三部分包括第5—7章，主要考察西北地区汉语方言与安多藏语、阿尔泰语系语言接触引发的语义演变现象。其中，第5章"甘青方言中若干附置词'伴随—工具—方所'多功能模式的来源"讨论甘青方言中若干附置词所具有的"伴随—工具（—方所）"多功能模式，指出这些附置词所呈现的"伴随—工具（—方所）"多功能模式并非这些方言自身独立演变的结果，而是源自阿尔泰语系语言中相同的多功能模式的区域扩散，析言之，是复制了阿尔泰语系语言中的"伴随—工具（—方所）"这一多功能模式。第6章"西宁方言的并列和伴随"和第7章"西宁方言方位词的语法化"都是在讨论西宁方言中接触引发的语义演变。前者强调西宁方言中"带""嘛""俩"等语法标记的使用特点及演变路径与阿尔泰语系语言的影响密不可分，后者证明在西宁方言方位词"里""上""下"的语法化过程中语言接触是触发因素之一。

第四部分包括第8—12章，聚焦于广西地区的语言接触以及由此引发的汉语方言（粤语及平话）的语义演变。第8章"重建西南粤语体标记'嗲'的演变过程——一项粤语和客语之间被忽视的关联"讨论广东西南部化州长岐、化州良光、廉江、信宜等四种粤方言中"嗲"的完整体标记和完成体标记用法，论证这种用法的产生源于周边客家方言的影响（转用引发的干扰），是一种典型的接触引发的语义演变。第9章"南宁地区语言'去'义语素的语法化与接触引发的'复制'"详细描述了南宁粤语、宾阳平话和武鸣壮语等三种语言（方言）中"去"（GO）义语素的多功能模式和语法化路径,指出这三种语言(方言)存在高度平行的语法化路径,这是语言接触导致的语法复制的结果。具体来说,其是典型的"接触引发的语法化"的实例。在这种语言接触的过程中,壮语是模式语,而粤语和平话则是复制语。第10章"南宁粤语的助词'晒'"讨论南宁粤语助词"晒"的多功能模式,探讨这种多功能模式的历史动因:南宁粤语完整地复制了官话中"'完结'义动词＞结果补语＞完成体标记＞顺接/逆接连词"的语法化路径,最终使"晒"由量化标记向体貌标记及小句连接标记转变。而在广西官话中,"完结"义语素的功能变化则源于与壮语的接触。第11章"壮语'完毕'义语素的语法化及其对广西汉语方言的影响"和第12章"广西汉语、壮语方言的方式助词和取舍助词"均聚焦于汉语与壮语的接触对广西汉语方言语义演变的影响。前者证明桂西部分汉语方言"完毕"义语素的若干语法功能的产生源于壮语的影响,后者表明广西部分汉语方言"获取"义语素所具有的方式助词和取舍助词的功能源自壮语模式范畴的扩散。

# 第 1 章　语言接触与语义复制

## 第 1 节　引言

历史语义学的主要任务是回答一个语言单位（语素、词、短语及句子）是如何获得新义的。传统的语义演变研究关注较多的是认知和语用因素如何引发特定语言的语义演变（新义的产生）。近些年来，随着接触语言学和历史语言学的日益发展，人们逐渐发现，语义演变的一个重要动因是语言接触。换言之，除了认知、语用等因素，语言接触也是引发语义演变（特别是新的语法意义的产生）的重要因素。

本章在 Heine and Kuteva（2003，2005，2006，2007，2008）的基础上讨论接触引发的语义复制（semantic replication），着重以中国境内的语言为例探讨语义复制的模式。

## 第 2 节　接触引发的语义演变

自 Weinreich（1953）特别是 Thomason and Kaufman（1988）以来，语

言学家大都承认，语言演变有"内部因素促动的演变"（internally motivated change）和"接触引发的演变"（contact-induced change）两类。就后者而言，典型的情形是语言特征的跨语言"迁移"（transfer），即某个语言特征由源语（source langue）迁移到受语（recipient language）之中，或者说，源语对受语产生某种干扰（interference）。一般说来，发生迁移的语言特征主要有下面几种（参看 Heine，2007，2008；Heine and Kuteva，2003，2005，2006，2007，2008）：

a. 形式，即语音形式或语音形式的组合；
b. 意义（包括语法意义和语法功能）或意义的组合；
c. 形—义单位（即语素）或形—义单位的组合；
d. 句法关系，即意义成分的语序。

Heine and Kuteva（2003，2005，2006，2007）参照 Weinreich（1953：30—31）的术语和分类，把为 b、d 两类成分的迁移提供模式（model）的语言称为"模式语"（model language），把利用这种模式进行复制的语言称为"复制语"（replica language），把 b、d 两类成分的迁移过程称为"复制"（replicating）。Heine and Kuteva（2005，2007，2008）对"复制"作了这样的界定：复制指的是复制语的使用者利用从自己的语言里可得到的语言材料，仿照模式语的特定模式，在其语言里创造出一种新的意义或结构。至于形—义单位（即上举 c 类成分）的迁移，则与语音成分（即上举 a 类成分）的迁移相同，属于"借用"（borrowing）。

参照 Weinreich（1953：30—31）和 Heine and Kuteva（2003，2005，2006，2007，2008）的相关讨论，我们把接触引发的语义演变界定为一种语言的某个成分（词汇成分、语法语素以及句法结构）受另一种语言的影响而发生的语义演变。

接触引发的语义演变主要有"语义借用"（semantic borrowing）和"语

义复制"(semantic replicating)两种类型。语义借用包含词汇借用和语法借用两个子集,指的是受语从源语中引入实际语素(音—义单位);[1] 语义复制则包含词汇复制和语法复制两个子集,指的是复制语复制了模式语的语义概念、语义组织模式(pattern of semantic organization)或语义演变过程。[2]

## 第3节 语义复制的两种模式

### 3.1 同音复制

同音复制是指复制语的使用者对模式语中某个同音模式进行复制,从而导致复制语中出现与模式语相同的同音模式。这种语义复制的典型情形是复制语的使用者注意到模式语里有一个词形(同音词)H 具有 x、y 两个意义[即 H(x, y)],于是利用自己的语言里与 Hx 对应的语素 Dx,创造出与 Hy 对应的意义 Dy,从而复制了模式语的同音模式 H(x, y)。

模式语　　　复制语
$H(x, y) \Rightarrow D(x, y)$　　　{条件:$Dx = Hx$}

下面以保安语和剑川白语中的现象为例来介绍同音复制。

---

[1] 词汇借用和语法借用的区别是,前者借用的是词汇成分(即实词),后者借用的是语法成分(即虚词和词缀)。词汇借用和语法借用因为涉及"音—义单位"的整体性迁移,故属于语义借用。
[2] 词汇复制和语法复制的区别是,前者复制的是词汇意义(词汇概念),后者复制的是语法意义(语法概念)。词汇复制和语法复制因为只涉及语义(词汇意义和语法意义)的迁移,故属于语义复制。

### 3.1.1 保安语 ajʁɔ́ 的语义演变

我们的第一个例子来自 Li（1985）。在中国青海东南部（黄南藏族自治州）和甘肃中部西南面（临夏回族自治州）毗邻地区，安多藏语、东乡语、撒拉语、保安语、回民汉语以及五屯话一直处于密切接触之中，这使得该地区的语言发生大量演变。比如，在保安语中表达数目"万"（十千）这个概念的词语是 ajʁɔ́，例句如下：

（1）a. nəgɔ́　ajʁɔ́
　　　 一　　十千
　　　"十千"（即"万"）

　　b. ʁuɑr　ajʁɔ́
　　　 二　　十千
　　　"二万"

　　c. ʁurɑ́ŋ　ajʁɔ́
　　　 三　　 十千
　　　"三万"

　　d. derɑ́ŋ　ajʁɔ́
　　　 四　　 十千
　　　"四万"

但 ajʁɔ́ 在保安语中也有"碗"的意思，例如：

（2）nəgɔ́　ajʁɔ́　jamu
　　　一　　碗　　面条
　　"一碗面条"

"碗"和"万"(十千)在概念上几无联系,因此二者不大可能有演变关系。基于下述证据,Li(1985)认为保安语 ajʁɵ 表示"万"这个意义是受到了当地回民汉语的影响。

第一,保安语原先没有专门表达"万"(十千)这个语义概念的语素,ajʁɵ 表示"万"这个意义是保安语与回民汉语接触之后才出现的。而当地的回民汉语原先就有表达"万"的语素 wɑn。

第二,当地回民汉语里,wɑn(万)这个语素与"碗"语音形式相同,即 wɑn 有两个意义:"碗"(bowl)和"万"(ten-thousand)。

不过,值得注意的是,保安语的使用者并非直接从回民汉语中借入 wɑn,而是仿照回民汉语"碗"(bowl)和"万"(ten-thousand)的同音模式,为其本土词汇 ajʁɵ(碗)增加了"万"的意义,从而复制了回民汉语 wɑn 的同音模式。我们将这个接触引发的语义演变过程重建如下:在与回民汉语的接触中,保安语的使用者发现"万"这个语义概念在语言交际中的必要性。保安语的使用者不是直接借用回民汉语的语素 wɑn(万),而是通过赋予其本土词语 ajʁɵ 与回民汉语 wɑn 相同的两个意义,从而复制了回民汉语表达"碗"和"万"的语素的同音模式。由此,保安语 ajʁɵ(碗)一词获得了"万"这个新的意义(即经历了语义演变)。

## 3.1.2 白语 [no¹] 的多义模式及其演变路径

剑川白语(徐琳、赵衍荪,1984;徐琳,1988)中的 [no¹] 是个功能异常丰富的语素,至少具有以下这些功能。

(3) 白语 [no¹] 的多功能模式
a. 人体部位名词"头脑、脑髓"
b. 方所名词"头、上"
c. 方位后置词
d. 属格标记

e. 名词化标记

f. 关系化标记

g. 状语标记

h. 补语标记

i. 间接宾语标记

j. 直接宾语标记

k. 话题标记

根据我们的观察，可对白语［no¹］的语义演变路径作如下拟测：

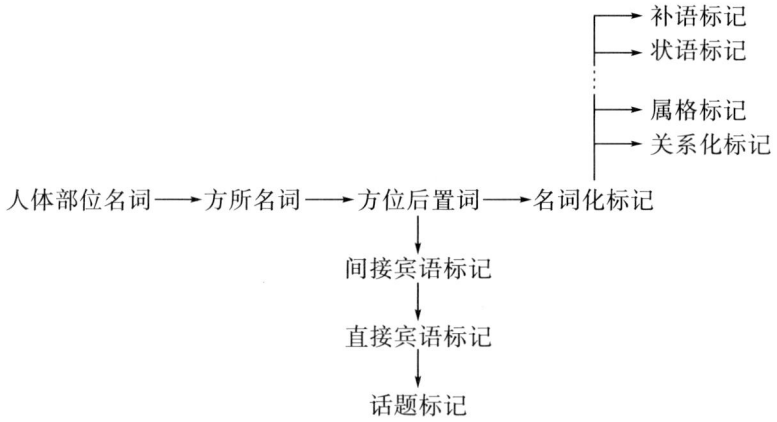

**图1　白语［no¹］的语义演变路径（吴福祥，2013b）**

白语［no¹］的上述功能中有一种非常罕见的语义关联模式，即定语标记（包括属格标记和关系化标记）与状语标记、补语标记采用相同的编码形式。

(4) 白语［no¹］的定语标记、状语标记和补语标记用法（徐琳、赵衍荪，1984）

a. 定语标记

（a₁）属格标记

ɣo²khe³ no¹ tsỹ¹

鹤庆　　　的　　酒

"鹤庆的酒"（64）

（a₂）关系化标记

ŋo³ ɣɯ⁷ no¹ mu⁶ jõ⁶ jõ² mo³ vɛ² sɣ⁴.

我　研　的　墨　要　用　它　写　字

"我研的墨要用它来写字。"（73）

b. 状语标记

khuã⁴ khuã⁴ no¹ pe⁶

慢　　　慢　　　地　　走

"慢慢地走"（43）

tshẽ⁴ tshẽ⁴ no¹ vɛ²

轻　　　轻　　　地　　写

"轻轻地写"（43）

c. 补语标记

pɛ²tso² lɯ³ tsɯ³ ko⁴ no¹ lɛ³ kɑ̃⁴ lɛ³ tuĩ⁴.

白杨　　这　　棵　　长　得　　又　高　又　直

"这棵白杨长得又高又直。"（69）

jĩ⁶phĩ³ mɛ⁷ no¹ xuɛ⁴ ŋui¹.

太阳　　　亮　　得　　晃　　眼

"太阳亮得晃眼。"（70）

我们有三个问题：第一个问题是，白语［no¹］的定语标记（包括属格标记和关系化标记）、状语标记和补语标记三种功能之间是同音关系（homophony）还是多义关系（polysemy）？基于下述理由，我们认为应是前者（即同音关系）。

第一，定语标记（包括属格标记和关系化标记）、状语标记和补语标记所联系的句法成分迥然不同，它们所在结构式的句法关系也相距甚远，因此这三种语法标记之间不大可能有演变关系。此外，这三种语法标记也不可能由名词化标记分别衍生而来，因为名词化标记很难进入谓词性结构并在这种结构里发生重新分析。

第二，定语标记（包括属格标记和关系化标记）、状语标记和补语标记采用同一语音形式，这种编码模式（或曰同词化模式）在汉语之外的语言里未见报道，在中国境内的民族语言里也极为罕见。根据我们对目前国内发现的120余种语言的文献调查，在同时具有定语标记、状语标记和补语标记三种语法范畴的语言里，定语标记、状语标记和补语标记采用相同编码形式的语言只有白语和仡佬语。

（5）仡佬语 [li$^{33}$] 的定语标记、状语标记和补语标记用法（张济民，1993）

a. 定语标记

tɒ$^{33}$tɒ$^{33}$　li$^{33}$　qa$^{13}$　ŋkɛ$^{21}$　mpau$^{33}$　ȵtɕi$^{21}$　tɒ$^{13}$　ŋkə$^{42}$.
哥哥　　　的　　腿　　被　　狗　　　黄　　　咬　　了

"哥哥的腿被黄狗咬了。"（168）

b. 状语标记

su$^{33}$sa$^{33}$　mɛ$^{21}$　xau$^{55}$　xau$^{55}$　li$^{33}$　hau$^{13}$.
你们　　　要　　轻　　　轻　　　地　　拿

"你们要轻轻地拿。"（241）

c. 补语标记

tau$^{55}$　kau$^{55}$　sa$^{33}$　li$^{33}$　lɛ$^{33}$　ɯ$^{55}$　tsau$^{21}$!
老　　人　　笑　　得　　流　　水　　泪

"老人笑得流眼泪！"（215）

第三，据我们考察，南方民族语言的补语标记通常来自"获得"义动词，最常见的语法化模式如下图所示。

**图 2　汉语和中国南方民族语言中"得"义语素的语法化模式（吴福祥，2009a）**

综上所述，剑川白语中同时用作定语标记（包括属格标记和关系化标记）、状语标记和补语标记的［no¹］体现的是同音模式（源于语音偶合），而非多义模式（源于语义演变）。

第二个问题是，上述白语［no¹］这种同音模式是该语言内部演变的结果，还是接触引发的语言演变的产物？我们主张是后者，而且进一步认为是受汉语影响的产物。理由如下。

第一，与白语具有发生学关系的其他彝语支语言[1]里均不见与［no¹］类似的同音模式，如表 1 所示：

**表 1　彝语支语言结构助词的编码形式**

| 语言 | 结构助词 | | | 资料来源 |
| --- | --- | --- | --- | --- |
| | 定语标记 | 状语标记 | 补语标记 | |
| 彝语 | su³³ | m̩(u)³³；ta³³ | si³³ni²¹；si²¹(si⁴⁴) | 陈士林等，1985 |
| 傈僳语 | ma⁴⁴ | be³³ | ne³³；ma⁴⁴ | 徐琳等，1986 |
| 拉祜语 | ve³³ | 无？ | ve³³（?） | 张蓉兰、马世册，2007 |
| 哈尼语 | ɣ³³ | ne³³；me⁵⁵ | ɣ³³ | 李永燧，2007b |
| 基诺语 | ɛ¹；mə² | ɛ²（或 tɛ⁴） | 无？ | 盖兴之，2007a |
| 纳西语 | gə³³ | be³³ | nɯ³³；me³³；nɯ³³me³³；le³³ | 和即仁、姜竹仪，1985 |
| 堂郎语 | ɢʌ³³ | 无？ | 无？ | 盖兴之，2007b |
| 末昂语 | ʔe²¹ | ni³³ | 无？ | 武自立，2007 |

---

［1］白语在本章中被认定为藏缅语族彝语支语言。

续表

| 语言 | 结构助词 | | | 资料来源 |
|---|---|---|---|---|
| | 定语标记 | 状语标记 | 补语标记 | |
| 桑孔语 | e$^{55}$ | 无? | a$^{33}$ | 李永燧,2007c |
| 毕苏语 | ŋɣ$^{33}$ | ne$^{33}$ | 无? | 李永燧,2007a |
| 卡卓语 | pv̩$^{323}$ | za$^{31}$ | kɛ$^{33}$ | 木仕华,2003 |
| 柔若语 | ze$^{33}$ | 无? | 无? | 孙宏开等,2002 |
| 怒苏语 | e$^{31}$ | dze$^{35}$；gɯ$^{35}$ | 无? | 孙宏开,2007b |
| 土家语 | ne$^{55}$ | mo$^{21}$ | po$^{21}$ ɕi$^{35}$ | 田德生,2007 |

第二，虽然汉语的定语标记"的"、状语标记"地"和补语标记"得"是语法功能截然不同的三个语法语素，但是语音演变导致这三个语素在现代汉语平面成为同音形式，如下所示：

$[tə^0]$ {定语标记"的"：老方的房子／老方前年买的那套房子  
状语标记"地"：踏踏实实地做学问  
补语标记"得"：会议开得很成功

基于以上理由，我们将白语 $[no^1]$（定语标记、状语标记和补语标记）同音模式的产生过程构拟如下：在与汉语的接触中，白语的使用者注意到汉语定语标记"的" $[tə^0]$ 兼有状语标记和补语标记两种功能，于是赋予其定语标记 $[no^1]$ 状语标记和补语标记的功能，从而复制了汉语 $[tə^0]$（定语标记、状语标记和补语标记）的同音模式，导致定语标记 $[no^1]$ 获得了状语标记和补语标记两种功能。

还有一个现象可为上面的拟测提供佐证：有些南方民族语言借用了汉语的定语标记"的"。因为在汉语里定语标记"的"与状语标记"地"语音形式相同，所以被借用的定语标记"的"在这些民族语言里也连带地被用作状语标记。例如：

(6) 木佬语（薄文泽，2003）

a. 定语标记 [ti³³]

a³¹， kə⁵³ ŋa⁵⁵ zə⁵³ ti³³ le⁵³la³³.
噢　他　是　我　的　孙子

"噢，他是我的孙子。"（97）

b. 状语标记 [ti³³]

khei²⁴ zau³¹ fa³³ fa³³ ti³³ vai³³.
旗　　红　　慢　慢　的　飞

"红旗慢慢地飘。"（95）

(7) 布赓语（李云兵，2005）

a. 定语标记 [ni⁴⁴]

khen⁴⁴ o⁵⁵ ni⁴⁴ pi̠⁴⁴ la⁴⁴ mɯ⁵⁵ tho³¹.
碗　　我的　比　格助词　你　大

"我的碗比你的大。"（159）

b. 状语标记 [ni⁵⁵]

i³¹ ɣo³¹ saŋ³¹ ɣoŋ³¹ mbjaŋ³¹ ni⁵⁵ na̠³¹ a⁴⁴.
她　　急　　　急　　　　　的　走　了

"她急急忙忙地走了。"（160）

c. 补语标记 [ti̠³¹]

o³¹ lau⁴⁴ ti̠³¹ ma²⁴ ndzen⁴⁴ a⁴⁴.
我　冷　得　　发抖　　了

"我冷得发抖了。"（129）

(8) 佯僙语（薄文泽，1997）

a. 定语标记 [ti⁴]

raːu¹ ro⁴ ti⁴ tau⁶
咱们　种　的　豆子

"咱们种的豆子"（110）

b. 状语标记 [ti⁴]

rəm² u⁵u⁵ ti⁴ keu³.
风　呜呜　地　刮
"风呼呼地刮。"（102）

c. 补语标记 [dai³]

mən² ku¹ dai³ ram⁴ la¹ tu⁴ tək⁹ taŋ¹ vən¹.
他　笑　得　眼　泪　都　落　来　了
"他笑得眼泪都流出来了。"（103）

第三个问题是，促使白语 [no¹]（定语标记、状语标记和补语标记）产生同音模式的模式语有没有可能是当地汉语方言而非汉语标准语？我们认为这种可能性不大。云南汉语方言分布在滇中、滇南、滇西和滇东北四片，与白语有接触关系的汉语方言属于滇东北片，但在这个地区的汉语方言里补语标记与定语标记、状语标记并不同音，如大理话和保山话。

(9) 大理话（云南省地方志编纂委员会，1989）

a. 定语标记 [ne⁰]

羊七村有个放羊的（[ne⁰]）小伙子叫段赤诚。（527）

b. 状语标记 [ne⁰]

只要好好的（[ne⁰]）修持，老了嘿就可以到苍山去成仙。（526）

c. 补语标记 [te³¹]

他把这些刀子磨得（[te³¹]）飞快。（529）

(10) 保山话（云南省地方志编纂委员会，1989）

a. 定语标记 [ti⁰]

他的（[ti⁰]）父亲早就死了。（539）

b. 状语标记 [ti⁰]

把它抬回家，恭恭敬敬地（[ti⁰]）供起。（541）

c. 补语标记 [tə³³]

槟榔抱住妈妈，哭得（[tə³³]）死去活来。（541）

而在滇中片的昆明话里，这三种语法标记的语音形式相同。例如：

(11) 昆明话（云南省地方志编纂委员会，1989）
a. 定语标记 [nə⁰]
吴三桂的（[nə⁰]）封号，是叫"平西王"。（519）
b. 状语标记 [nə⁰]
要真正真的（[nə⁰]）晓得金殿的（[nə⁰]）好玩处啊，还是请你们自己去玩去。（521）
c. 补语标记 [nə⁰]
这两条龙雕得（[nə⁰]）点儿模点儿样的（[nə⁰]）。（519）

昆明话的结构助词 [nə⁰] 应是汉语标准语 [tə⁰] 的音变形式（/t/>/l/>/n/），因此即便白语 [no¹]（定语标记、状语标记和补语标记）复制的是昆明话 [nə⁰] 的同音模式，实际上复制的仍然是标准语 [tə⁰] 的同音模式。

## 3.2 多义复制

与同音复制不同，多义复制是指复制语的使用者对模式语中某个多义模式进行复制，从而导致复制语中出现与模式语相同的多义模式。这种语义复制的典型情形是复制语的使用者注意到模式语里有一个词项（多义词）S 具有 x、y 两个意义 [即 S（x, y）]，于是利用自己的语言里与 Sx 对应的语素 Lx，创造出与 Sy 对应的意义 Ly，从而复制了模式语的多义模式 S（x, y）。

模式语　　　　　复制语

S（x, y）　⇒　L（x, y）　　　　　{条件：Lx ＝ Sx}

多义复制可分为两类：一类是词汇意义的复制，一类是语法意义的复制。下面分别举例说明。

## 3.2.1　词汇意义的复制

汉语的"出彩虹"在倒话里要说成［gɔ̃³²⁴ tʂʻẽ⁵⁵⁴］。这里的［gɔ̃³²⁴］就是汉语"虹"在倒话中的读音，而［tʂʻẽ⁵⁵⁴］其实就是汉语的"伸"字，亦即将"出彩虹"说成"虹伸"。动词后置于宾语，是倒话语法与藏语语法一致的地方，这里暂且不论。问题是为什么表示"出彩虹"时动词要用"伸"呢？这在汉语中很难解释，不过，若从相应的意义内容在当地藏语中的表达方式这个角度来看，便豁然开朗了。当地藏语表示"出彩虹"的说法是 vdzav rkjang［ndʐɐ³⁵ tɕiɔ̃⁵⁵］，vdzav 即"虹"的意思，而 rkjang 就是"伸展"的意思。同时，当地藏语表示"展开双手（臂）"时，也用 rkjang。与此对应，倒话在表示"展开双手（臂）"和"出彩虹"时都用［tʂʻẽ⁵⁵⁴］（伸）（意西微萨·阿错，2002：35，2003，2004）。也就是说，倒话的［tʂʻẽ⁵⁵⁴］（伸）之所以具有"显现（彩虹）"的意思，是因为这个倒话词复制了藏语对应词 rkjang 的"展开；显现"这一多义模式。

模式语　　　　　复制语
（藏语）　　　　（倒话）
S（x, y）　⇒　L（x, y）　　　{条件：Lx ＝ Sx }
rkjang（展开；显现）　　［tʂʻẽ⁵⁵⁴］（展开；显现）

倒话的"抬"［tʻɛ³³²］除表示"托举""共同用手或肩膀搬东西"等意义外，还表示"（动物）叼走"，如"羊子豹子 ki 抬ɐ-lɔ"（羊子给豹子叼走了）。倒话"抬"的这一意义是如何产生的？原来当地藏语的对应词 kyag（抬）正好也有"（动物）叼走"这一义位（参看意西微萨·阿错，2003）。很明显，倒话"抬"[t'ɛ³³²]的"（动物）叼走"这一意义是复制当地藏语对应词 kyag 的多义模式的结果。

朱冠明（2008b）注意到中古译经中汉语词汇的"语义移植"(semantic transfer) 现象。所谓"语义移植"，按照朱冠明的解释，是指译师在将佛经原典语梵文（源头语）译成汉语（目标语）的过程中存在的一种现象：假定某个梵文词 S 有两个义项 $S_a$、$S_b$，汉语词 C 有义项 $C_a$，且 $S_a=C_a$，那么译师在翻译时由于类推心理机制的作用，可能会把 $S_b$ 强加给汉语词 C，从而使 C 产生一个新的义项 $C_b$（$=S_b$），$C_b$ 与 $C_a$ 之间不一定有引申关系，且 $C_b$ 在译经中有较多的用例，这个过程我们便认为发生了语义（包括用法）移植。例如"宫殿"原指建筑物，在佛经中却有"天车"的意思。

(12) 尔时舍卫国有一女子……于是命终，生于三十三天，即乘<u>宫殿</u>，至善法堂。（吉迦夜共昙曜译《杂宝藏经》，T4P473a7[1]）

"宫殿"在汉语内部无论如何也不会产生"天车"的意思，但据朱庆之（1995）所引梵汉对勘材料可知，译经中"宫殿"实际上对译的是梵文 vimāna 一词。而梵文词 vimāna 有"天车"和"宫殿"两个意思，译师便把"天车"一义也加在了汉语"宫殿"一词上。又如，佛经中常常尊称别人为"长寿"，类似于今天的"先生"，而与被称呼者的实际年龄无关。

(13) 檀越见已，作是言："阿阇梨，何故希行？多时不见！"比丘言："<u>长寿</u>，我希行来，欲与我作何等好食？"（佛陀跋陀罗共法显译《摩诃僧

---

[1] 译经引文出自日本《大正新修大藏经》，高楠顺次郎、渡边海旭主编，1924—1934年。出处依册数（T）、页数（P）、栏数（a、b、c 分别表示上、中、下栏），以及行数（只著录起始行数）之顺序标注。例如，T4P473a7 表示出自《大正新修大藏经》第 4 册第 473 页上栏第 7 行。下同。

祇律》，T22P485c23）

"长寿"一词在古汉语中只有"寿命长久"之义，不能作为对人的尊称。但与之对应的梵文词 āyuṣmat 由词根 āyus（寿命）和表示领属的词缀 mat 构成，义为"具备寿命的"，即"长寿的"。据 Edgerton（1953：102）列举的"āyuṣmaṃ"条可知，此词在佛教混合梵文中即可像巴利语的 āvuso 一样作为称呼用语。可见译经中"长寿"作为称呼用语，正是来源于 āyuṣmat 的这一用法（参看朱冠明，2008b）。

朱冠明（2008b）所说的"语义移植"在概念上与本章的"语义复制"相仿。不过，朱文所举移植而来的意义通常只见于当时的佛经文献，并没有进入中土文献，因此还不能被视为典型的接触引发的语义演变。

### 3.2.2 语法意义的复制

和其他南方民族语言的"获得"义动词一样，白语的"获得"义动词 [tɯ⁶] 也是一个使用频率高的多功能语素。

(14) 白语 [tɯ⁶]（= [tɯ⁴⁴]）的用法
a. 完全动词（"得"义动词）
sɛ̃³³　ma⁵⁵　kõ³³ fv⁵⁵ tɕa⁴²　thɯ³¹　tɯ⁴⁴　xɛ⁵⁵　jĩ²¹　xo⁴⁴　ma⁵⁵　ço⁵⁵　xui³³.
使　他们　两老友　老　得到　生　人　们　他们的　香　火
"让他们俩老友，同享人间香火。"（徐琳，1988：78—79）

b. 动相补语
tui⁸　no¹　sɯ⁴　tɯ⁶　kõ⁴　ka⁵　ŋɣ²　tɕĩ⁴.
队　上　收　着　姜　几　万　斤
"队里收获了几万斤姜。"（徐琳、赵衍荪，1984：27）

c. 能性补语

ŋo³　tuɯ²tɑ̃⁴ji̵⁷　ŋɛ⁷　tuɯ⁶.

我　　自己　　　去　　能

"我自己能去。"（徐琳、赵衍荪，1984：18）

d. 完整体标记

sɛ⁸　xuɯ³　xɑ̃⁴　tuɯ⁶　fɣ̃⁴　kɑ⁵　khɣ³　lɑ².

社　里　　养　　着　　蜂　　几　　窝　　了

"社里养了几窝蜂。"（徐琳、赵衍荪，1984：80）

e. 持续体标记

tsuɯ³　tsuɯ³　no¹　mɛ⁶　tuɯ⁶　khɣ¹　tuɯ⁷.

树　　棵　　（助）爬　　着　　蛇　　只

"树上爬着一条蛇。"（徐琳、赵衍荪，1984：56）

mɑ⁴　me⁷　ŋɣ⁴　tsɣ̃²　tuɯ⁶　tɕhẽ³　tsɣ⁶.

他们的　门口　　　种　　着　　绿　　竹

"他们的门口栽着绿竹。"（徐琳、赵衍荪，1984：72）

f. 状态补语标记

ɣɛ³　luɯ³　suɑ̃⁴　ɑ³　tsuɯ³　pi³　tsuɯ³　tsɛ²　tuɯ⁶　tɕi⁴.

杏子　这　　园　　一　棵　　比　棵　　结　得　　多

"这园杏子一棵比一棵结得多。"（徐琳、赵衍荪，1984：82）

g. 词内语素

ŋo³　tsuɯ⁶　tuɯ⁶　liɑ²suɯ¹　pi⁴.

我　　记　　得　　这样　　一件事

"我记得这样一件事。"（徐琳、赵衍荪，1984：80）

白语［tuɯ⁶］的演化模式可概括如下。

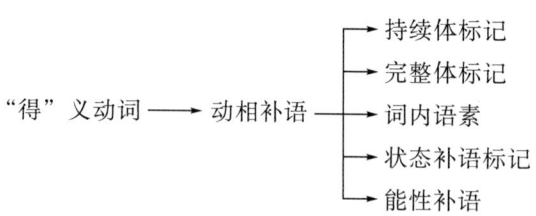

**图 3　白语 [tɯ⁶] 的语法化路径**

我们的问题是,白语 [tɯ⁶] 的持续体标记用法是如何产生的?是这种语言内部独立发生的演变,还是接触引发的语义演变?我们认为是后者,而且更准确地说,白语 [tɯ⁶] 的持续体标记用法是复制云南汉语方言"得"的多义模式的产物。我们的证据有如下两点。

第一,持续体标记这一功能在南方民族语言的"得"义语素的多功能模式中罕见。根据吴福祥(2009a)的考察,南方民族语言中"得"义语素的多功能模式通常涉及下面五种功能:"得"义主要动词、动相补语/完整体标记、能性补语、状态/程度补语标记和能性补语标记,如表 2 所示:

**表 2　中国南方部分民族语言中"得"义语素的多功能模式** [1]

| 语言 | | "得"义语素 | 语法功能 | | | | | 资料来源 |
| 名称 | 系属 | | 主要动词 | 动相补语/完整体标记 | 能性补语 | 状态/程度补语标记 | 能性补语标记 | |
| --- | --- | --- | --- | --- | --- | --- | --- | --- |
| 临高语 | 侗台 | lai³ | ＋ | ＋ | ＋ | ＋ | ＋ | 梁敏、张均如,1997 |
| 拉基语 | 侗台 | tjou⁵⁵ | ＋ | ＋ | ＋ | ＋ | ＋ | 李云兵,2000 |
| 壮语 | 侗台 | dai³ | ＋ | ＋ | ＋ | ＋ | ＋ | 韦庆稳、覃国生,1980 |
| 傣语 | 侗台 | dai³ | ＋ | ＋ | ＋ | ＋ | ＋ | 喻翠容、罗美珍,1980 |
| 布依语 | 侗台 | dai⁴ | ＋ | ＋ | ＋ | ＋ | ＋ | 喻翠容,1980 |

---

[1] 表 2 及下文表 5 中"资料来源"一栏所列文献,请参看吴福祥(2009a)。

续表

| 语言名称 | 系属 | "得"义语素 | 语法功能 | | | | | 资料来源 |
|---|---|---|---|---|---|---|---|---|
| | | | 主要动词 | 动相补语/完整体标记 | 能性补语 | 状态/程度补语标记 | 能性补语标记 | |
| 仫佬语 | 侗台 | lai³ | + | + | + | + | + | 王均、郑国乔，1980 |
| 水语 | 侗台 | dai³ | + | + | + | + | + | 张均如，1980 |
| 仡佬语 | 侗台 | lai³ | + | + | + | + | + | 张济民，1993 |
| 村语 | 侗台 | dok² | + | + | + | + | + | 欧阳觉亚，1998 |
| 标话 | 侗台 | li³ | + | + | + | + | + | 梁敏、张均如，2002 |
| 吉卫苗语 | 苗瑶 | tɔ⁵³ | + | + | + | + | + | 向日征，1999 |
| 畲语 | 苗瑶 | tu⁵ | + | + | + | + | + | 毛宗武、蒙朝吉，1986 |
| 勉语（勉） | 苗瑶 | tu⁷ | + | + | + | + | + | 毛宗武等，1982 |
| 勉语（标敏） | 苗瑶 | tu⁵³ | + | + | + | + | + | 毛宗武，2004 |
| 京语 | 南亚 | dɯək⁸ | + | + | + | + | + | 欧阳觉亚等，1984 |
| 布芒语 | 南亚 | hɛ⁵⁵ | + | + | + | + | + | 刀洁，2007 |
| 俫语 | 南亚 | tɕən³ | + | + | + | + | + | 李旭练，1999 |
| 佯僙语 | 侗台 | dai³ | + | + | + | + | + | 薄文泽，1997 |
| 毛难语 | 侗台 | dai⁴ | + | + | + | + | + | 梁敏，1980a |
| 侗语 | 侗台 | li³ | + | + | + | + | + | 梁敏，1980b |
| 炯奈语 | 苗瑶 | tei³⁵ | + | + | + | + | + | 毛宗武、李云兵，2002 |
| 巴哼语 | 苗瑶 | tu⁵⁵ | + | + | + | + | + | 毛宗武、李云兵，1997 |
| 优诺语 | 苗瑶 | ta³⁵ | + | + | + | + | + | 毛宗武、李云兵，2007 |
| 布央语 | 侗台 | ʔdai²⁴ | + | + | + | + | + | 李锦芳，1999 |
| 普标语 | 侗台 | tu²¹³ | + | + | + | + | + | 梁敏等，2007 |

续表

| 语言 | | "得"义语素 | 语法功能 | | | | | 资料来源 |
|---|---|---|---|---|---|---|---|---|
| 名称 | 系属 | | 主要动词 | 动相补语/完整体标记 | 能性补语 | 状态/程度补语标记 | 能性补语标记 | |
| 回辉话 | 南岛 | hu³³ | + | + | + | + | | 郑贻青，1997 |
| 白语 | 藏缅 | tɯ⁶ | + | + | + | + | | 徐琳、赵衍荪，1984 |
| 莫语 | 侗台 | dai³ | + | + | + | | | 杨通银，2000 |
| 苗语（养蒿） | 苗瑶 | tɛ⁴⁴ | + | + | + | | | 王辅世，1985 |
| 莽语 | 南亚 | tɔ⁵⁵ | + | + | + | | | 高永奇，2003 |
| 布兴语 | 南亚 | klɛ | + | + | + | | | 高永奇，2004 |

但截至目前，除白语外我们尚未发现有哪种民族语言中的"得"义语素具有持续体标记功能。实际上，中国境外的东南亚语言中，"得"义语素也大都具有表 2 所列的多功能模式，但迄今未见哪种语言中的"得"义语素具有标记持续体的功能，如表 3（据 Matisoff，1991：418—427）、表 4（据 Enfield，2003）、表 5 所示。

表 3　东南亚语言中"得"义动词的用法

| 语言 | 主要动词 | 动词前助动词（vV） | | 动词后助动词（Vv） | | |
|---|---|---|---|---|---|---|
| | | 达成/实现/完成 | 能够（能力/道义/允许） | 达成 | 实现/完成 | 能够（能力、道义、允许） |
| 拉祜语 ɡa | + | + | + | + | + | + |
| 泰语 dâj | + | | | | | + |
| 瑶语 tú? | + | + | | | + | + |
| 苗语 tau | + | + | | | + | + |

续表

| 语言 | 主要动词 | 动词前助动词（vV） | | 动词后助动词（Vv） | | |
|---|---|---|---|---|---|---|
| | | 达成/实现/完成 | 能够（能力/道义/允许） | 达成 | 实现/完成 | 能够（能力、道义、允许） |
| 越南语 dược | ＋ | | ＋ | ＋ | ＋ | ＋ |
| 高棉语 baan | ＋ | ＋ | | | | ＋ |

表4　东南亚语言中"得"义语素的多功能模式

| 用法 | 句式 |
|---|---|
| （A）"得"（come to have）义主要动词 | (a) He ACQUIRE fish. |
| （B）位于主要动词后，用作情态/体貌标记（"能性"/"实现"） | (b) He fry fish ACQUIRE. |
| （C）标记动词后的描写性补语（NP VP [daj⁴] COMPLEMENT） | |
| （Ca）时间补语标记 | (c) He fry fish ACQUIRE fast. |
| （Cb）数量补语标记 | |
| （Cc）程度或结果补语标记 | |
| （Cd）方式补语标记 | |
| （D）位于主要动词前，用作情态/体貌标记（可能、必须、达成、实现） | (d) He ACQUIRE-fry fish. |

表5　东南亚语言中"得"义语素的多功能模式

| 语言/系属 | "得"义语素 | 语法功能 | | | | | 资料来源 |
|---|---|---|---|---|---|---|---|
| | | 主要动词 | 动相补语/完整体标记 | 能性补语 | 状态/程度补语标记 | 能性补语标记 | |
| 老挝白苗［苗瑶］ | tau | ＋ | ＋ | ＋ | ＋ | ＋ | Enfield，2003 |
| 老挝语［侗台］ | daj⁴ | ＋ | ＋ | ＋ | ＋ | （＋） | Enfield，2003 |

续表

| 语言/系属 | "得"义语素 | 语法功能 | | | | | 资料来源 |
|---|---|---|---|---|---|---|---|
| | | 主要动词 | 动相补语/完整体标记 | 能性补语 | 状态/程度补语标记 | 能性补语标记 | |
| 高棉语〔孟高棉〕 | baan | + | + | + | + | (+) | Enfield，2003 |
| 越南语〔孟高棉〕 | dược | + | + | + | + | (+) | Enfield，2003 |
| 泰语〔侗台〕 | dây | + | + | + | + | | I and I，2005 |
| 越南勉语〔苗瑶〕 | tuʔ⁴² | + | + | + | + | | Enfield，2003 |
| Ngeq〔孟高棉〕 | bjeən | + | + | + | + | | Enfield，2003 |
| 掸语（Shan）〔侗台〕 | lài | + | + | + | + | | Enfield，2003 |
| 侬语（Nung）〔侗台〕 | dày | + | + | + | + | | S and W，1980 |
| Thai Neua〔侗台〕 | lajq³¹ | + | + | + | + | | Enfield，2003 |
| Kmhmu Cwang〔孟高棉〕 | bwan | + | + | + | + | | Enfield，2003 |
| 芒语（Muong）〔孟高棉〕 | an³ | + | + | + | + | | Enfield，2003 |
| Brao〔孟高棉〕 | dɔu | + | + | + | + | | Enfield，2003 |
| Katang〔孟高棉〕 | been | + | + | + | + | | Enfield，2003 |
| Taliang〔孟高棉〕 | beec | + | + | + | + | | Enfield，2003 |
| Alak〔孟高棉〕 | dɯɯj | + | + | + | + | | Enfield，2003 |
| Pacoh〔孟高棉〕 | boon | + | + | + | | + | Enfield，2003 |

第二，据《云南省志》卷五十八《汉语方言志》载，云南汉语方言的"得"[tə⁴⁴]除可作"获得"义动词外，还具有可能补语、持续体标记以及状态补语标记等功能。

（15）云南汉语方言"得"[tə⁴⁴]的语法功能（云南省地方志编纂委员会，1989）

a. 可能补语

吃不<u>得</u>（不能吃）/说不<u>得</u>（不能说）/动不<u>得</u>（不能动）（512）

b. 持续体标记

他吃得饭，等下再来。他吃着饭，等会儿再来。（493）

他们开得会。他们开着会。（493）

张老师骑得单车出去了。张老师骑着自行车出去了。（493）

c. 状态补语标记

小李跑得那种快法。小李跑得那么快。（495）

综上所述，白语［tɯ⁶］的持续体标记用法是复制云南汉语方言中"得"的语法意义的产物。

### 3.2.3 接触引发的语法化

接触引发的语法化是指一种语言受另一种语言的影响而发生的语法化过程（Heine and Kuteva，2003：533；吴福祥，2009c：193）。接触引发的语法化因为主要涉及与复制语相关的语言成分的语义演变，所以可被视为语义复制（多义复制）的一个特别的次类。

现代汉语"了"除用作完整体（perfective）助词（即"了$_1$"）和完成体（perfect）助词（即"了$_2$"）之外，还有一些其他用法。其多功能模式大体可概括如下：

(16) a. "完毕"义动词：这事儿已了（［liao³］）啦。
　　b. 结果或动相补语：这些菜我吃不了（［liao³］）啦。[1]
　　c. 能性傀儡补语：明天的活动我参加不了（［liao³］）。[2]
　　d. 完整体助词（即"了$_1$"）：吃了（［le⁰］）饭再去吧。
　　e. 完成体助词（即"了$_2$"）：他同意我去了（［le⁰］）。

---

[1] 这里的"吃不了"是"吃不完"的意思，"了"是"完"义的结果/动相补语。

[2] "能性傀儡补语"（dummy potential complement）这个术语是赵元任（1979/1968）最早提出的。赵先生（1979/1968：210）说："有两个常用的补语'了'（liao）和'来'，没有什么特殊的意义，其作用在于使可能式成为可能，是一种傀儡补语。"

无独有偶，现代汉语"了"的这种多功能模式也见于回辉话的"完毕"义语素[phi⁵⁵]。例如（郑贻青，1997）：

(17) a. "完毕"义动词

[phi⁵⁵]：完（做完了）(199)

b. 结果补语/动相补语

nau³³　ŋau²⁴　phi⁵⁵.

他　　做　　完了

"他做完了。"(96)

nau³³　sa³³　sien¹¹　lu³³　hu³³　zau²⁴　pu³³　phi⁵⁵.

他　的　钱　　多　得　数　　不　完了

"他的钱多得数不完。"(97)

c. 能性傀儡补语

ʔa¹¹ kai³³　ha:i³³　hu³³　pha⁴³　pu³³　phi⁵⁵.

老人　　　累　　得　走　　不　了

"老人累得走不动。"(86)

d. 完整体助词

pia³³　phi⁵⁵　ta¹¹　mau¹¹　ko⁵⁵ saŋ³³.

种　　了　　一　　亩　　　花生

"种了一亩花生。"(88)

kau³³　kia⁴³　huai³²　phi⁵⁵　kia⁵⁵　zai³³　lo³³.

我　　等　　白　　　了　　半　　天　　了

"我白等了半天了。"(83)

e. 完成体助词

ʔa¹¹ pa³³　kau³³　na:n³²　piu⁵⁵　ma³³　thun³³　phi⁵⁵.

父亲　　　我　　六　　　十　　　五　　岁　　　了

"我父亲六十五岁了。"(90)

na²⁴ sa:n³² thaŋ¹¹ ŋu²⁴ za:i³² phi⁵⁵.
小孩    站    起来    了
"小孩站起来了。"(74)

回辉话[phi⁵⁵]和汉语"了"的共时多功能模式的一致性无疑源自这两个语素历时演变路径的相似性。吴福祥(2009b)基于共时模式和历时文献等方面的证据,将回辉话[phi⁵⁵]和汉语"了"的"多向语法化"(polygrammaticalization)路径构拟如下:

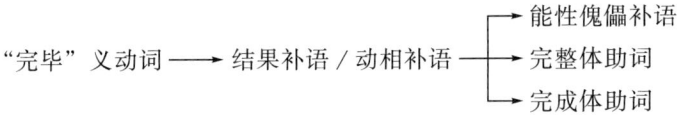

图 4　回辉话[phi⁵⁵]和汉语"了"的多向语法化路径

吴福祥(2009b)认为,回辉话[phi⁵⁵]和汉语"了"的语法化路径之所以相同,是因为前者([phi⁵⁵])复制了后者("了")的语法化路径。证据主要有如下两点。

第一,越南境内与回辉话同属南岛语系马来—波利尼西亚语族(Malayo-Polynesian)占语支(Chamic)的语言[如拉德语(Rade)、罗格莱语(Roglai)以及藩朗占语(Phan Rang Cham)],其"完毕"义语素的多功能模式与回辉话[phi⁵⁵]的多功能模式迥异。以下是藩朗占语 plɔh 的用法。

(18) 藩朗占语 plɔh 的用法(Thurgood,2005)
a. 主要动词:"完毕"("finish")
b. 小句或句子连词(用于小句之首,引出后续事件),相当于汉语的"然后"("then")

plɔh   mɪʔ   kədɔh   məkya   nam   patàwʔ.
finish  get   peel    ebony   that  hide
"Then took the skin of the fruit and hid it."(503)

c. 表示一个事件或活动在另一个事件或活动之前结束或完成（用于所在小句之末）

rəmiʔ   məñin   cə̀luʔ   plɔ̀h   ñu    pà    lithay   naaw   paʔ   piŋ…
clean   bowl    plate   finish  she   take  rice    go     at    well
"After she did the dishes, she took the rice to the well…"（503）

可见，藩朗占语 plɔ̀h 的语义演变路径应如下所示：

$$\text{'finish'} \longrightarrow \begin{cases} \text{'then'} \\ \text{PERFECTIVE} \end{cases}$$

**图 5　藩朗占语 plɔ̀h 的语义演变路径（Thurgood，2005）**[1]

第二，回辉话与汉语之间的接触长达数百年，长期密切的语言接触导致回辉话在语音、词汇、形态和句法等方面受到汉语广泛、深刻的影响（参看 Thurgood，1999，2005；Thurgood and Li，2003，2007）。Thurgood and Li（2007）曾断言，回辉话已由南岛语变成了汉语的一种方言。

## 第 4 节　结语

本章讨论接触引发的语义演变的若干情形，着重以中国境内语言（汉语和南方民族语言）的事实为例探讨语义复制的类型。得出的初步结论有如下几个：第一，语义演变既有语用—认知的因素，也有语言接触的动因；第二，接触引发的语义演变有"语义借用"和"语义复制"两种类型；第三，语义复制有"同音复制"和"多义复制"两种模式。此外，接触引发的语法化可被视为语义复制（多义复制）的一个特别的次类。

---

[1] 图中用单引号标注英文的格式系录自原文，在行文中按照编校规范将单引号改为双引号。下同。

# 第 2 章　汉译佛经中"为"的系词用法与语义复制

## 第 1 节　引言

汉语史上的佛经翻译是一项跨语种、跨文化、跨世代的语言转换工程，了解将典型屈折语的代表梵语转换成典型孤立语的代表汉语的实际操作过程，尤其是语法转换的本质，无疑是研究佛经翻译导致的语言接触及其对汉语发展产生的影响的关键。

志村良志（1995/1984）曾言，在汉译佛经盛行的过程中，"破格"的语法和文体任意地、无拘束地发展起来。然而梵汉佛经对勘的材料显示，许多所谓"破格"皆有规律可循，为汉译对原文进行语法模仿（grammatical calque）和语法复制（grammatical replication）的结果。我们知道，各种语言逻辑结构相通、表达形式互异。人类语言的共性是翻译得以进行的理据，而翻译的基本目标则是实现源头语和目的语之间语义功能的对等转换。梵汉两种语言的结构类型存在巨大差异，佛经翻译者在译经时并非不加鉴别地引进原典语言的异质成分，而是在忠实于原典的前提下千方百计地在目的语汉语中寻找与源头语功能一致的或者最为接近的对应方式。也就是说，佛经翻译不可避免地要受到汉语和原典语言的双重制约，译者须以原文语法为指针，不断在汉语语法系统中寻找对应目标，从而表现出汉译对原文进行语法模仿和语法复制的显著倾向,造成大量"旧瓶装新酒"的情形,即所谓同词化。语法形式为汉语固有,在翻译佛经时扩展出新的功能用法,由此产生词语的多功能模式。汉译佛经中"为"的系词用法就是一则典型案例。

"为"在上古时期已是一个比较成熟的系词,既可引出体词性成分,也可引出谓词性成分,充任判断谓语,只是谓词性成分在谓语的位置上必须指称化(洪诚,1957;杨伯峻、何乐士,1992;张双棣等,2002)。中古以后,"为"字判断句的谓语成分出现"体降谓升"[1]的变化,特别是在汉译佛经中,"为"因复制了原典梵语 be 动词√as 和√bhū 的句法语义功能,使用范围扩大,可与各类谓词性成分自由结合,组成判断谓语,打破了原本系词"为"后只带指称性成分的限制,还可以联系和引出陈述性的动词、形容词甚至介词短语,表达陈述、疑问,甚至构成被动语态。这些新生的句法语义功能与古汉语中系词"为"的原有用法不相匹配,如果从一般形态句法学的角度来看,这些用法更像助动词的功能。所以我们认为,系词"为"在翻译梵语 be 动词的过程中发生了功能扩展,首先发展出助动词用法。只有在助动词出现的句法环境中,"为"才有可能进一步语法化为语气副词和选择连词。

## 第 2 节　先秦"为"字句的指称性特征

上古汉语中,动词"为"有两个主要意义:"是"与"做",[2]分别用作系词和行为动词,构成系表结构和动宾结构,句法表现也不尽相同。譬

---

[1] 即在"为"字判断句中,相对于体词性谓语,谓词性谓语所占的比重上升(参见解植永,2012)。
[2] 翻译时"为"所取"成为、作为、当作"等义都是基本意义"是"的引申。"做"则是"使之成为"的意思(高思曼,1998)。

如在先秦汉语中，上述两种结构就遵守完全不同的语序规则。当"为"作行为动词带疑问代词宾语时，宾语几乎无例外地都位于动词前，如《论语·为政》云："哀公问曰：'何为则民服？'"但"为"作系词带表语时，表语位于动词后，如《论语·微子》云："长沮曰：'夫执舆者为谁？'子路曰：'为孔丘。'……问于桀溺。桀溺曰：'子为谁？'曰：'为仲由。'"（刘丹青，2008：56）

系词"为"的典型功能是表示肯定和联系，它通常联系和引出对主语进行定义、归类、描述的体词性成分，如"晋为盟主"之类。此外，"为"还可以引出谓词性成分。但在上古时期，"为"后面的谓词性成分必须指称化。如：

（1）礼之用，和为贵。先王之道，斯为美。（《论语·学而》[1]）
（2）唯女子与小人为难养也。（《论语·阳货》）
（3）彼若谋害楚国，岂不为患？（《左传·襄公二十六年》）
（4）寡君闻君有不令之臣为君忧。（《左传·昭公二十二年》）

例（1）中"为"后面的谓词性成分表示的是事类，即主语属于贵、美这一类的事；例（2）中的"难养"是指"难养之人"；例（3）（4）中"为"后的 V 和 NV 也已指称化，意思分别是"患害""国君担忧的对象"。即使是所谓表被动的"为（N）V"式，"为"后面的成分也是指称性的，如：

（5）管、蔡为戮，周公右王。（《左传·襄公二十一年》）
（6）战而不克，为诸侯笑。（《左传·襄公十年》）
（7）上必无为而用天下，下必有为为天下用。（《庄子·天道》）

---

[1] 为行文简洁，《论语》《左传》《庄子》《韩非子》《史记》《三国志》《颜氏家训》《朱子语类》等古代作品不标注作者。

据姚振武（1998）考察，整个春秋战国时期，经常进入"为（N）V"式的及物动词只有"笑、戮、擒"等少数几个，而这几个动词所表示的行为在当时各国之间是经常发生的。这就使"为（N）笑（戮、擒）"这种形式具有某种熟语的性质，指称性比较明显。"为（N）V"式表指称，在先秦时是严格遵守的规范。这也符合大家对先秦判断句的普遍认识，即谓词性成分之所以能够充任判断句的谓语，是因为其在谓语的位置上指称化了（张双棣等，2002）。

## 第3节 中古"为"字句向陈述式转变

战国末期出现的"为 N 所 V"被动式率先突破了上述限制。先秦时期"为 N 所 V"的用例还不多，从汉代开始，其使用频率逐渐提高，至魏晋南北朝时期其成为汉语被动式的主体。如：

（8）夫直议者不为人所容。（《韩非子·外储说左下》）

（9）方士徐市等入海求神药，数岁不得，费多，恐谴，乃诈曰："蓬莱药可得，然常为大鲛鱼所苦，故不得至……"（《史记·秦始皇本纪》）

（10）（晋）救郑，为楚所败河上。（《史记·十二诸侯年表》）

（11）臣门宗二百余口，为孟德所诛略尽……（《三国志·蜀书·马超传》）

姚振武（1998）指出，"为 N 所 V"式显然是从"为（N）V"式发展而来的，但这种发展不是一种简单的扩展，体现了由指称式到陈述式的转变。"所"的介入及"所 V"结构自身带有的陈述因素，使能够自由进入此式的动词性成分呈现爆发式增长趋势，仅《史记》中就有"败""杀"

"执""夺""围""苦""笑""禽灭""生得"等20余个动词性成分，几乎没有限制，这是陈述式正式确立的一个标志。一般说来，指称与陈述的区别在于：前者可以用"什么"指代；后者则只能用"怎么样"指代，即陈述主语怎么了，而不是指称它成为什么。上述各句都是在陈述受事主语怎么了，而不是指称它成为什么，否则句意别扭难通。例如，若将例（9）中的"常为大鲛鱼所苦"解释为"常常成为大鲛鱼所苦之人"，则与上下文完全不合。例（10）（11）中"为N所V"后带了补语，而指称式是不可能带补语的。

姚振武进而认为此时的"为"可以被"被"取代，形成"被N所V"式，"为"的性质和"被"的性质完全一样，它是单纯表被动的标记，不再属于动词范畴。如：

（12）其王本姓温，月氏人也。旧居祁连山北昭武城，因被匈奴所破，西逾葱岭，遂有其国。（《魏书·西域传》）

（13）父子并有琴书之艺，尤妙丹青，常被元帝所使，每怀羞恨。（《颜氏家训·杂艺》）

他还推断，可能是在陈述式"为N所V"的类化作用下，魏晋时期出现少量"为（N）V"表陈述的例子。如：

（14）其妇上岸，便为虎将去。其夫拔刀大唤，欲逐之。（《搜神记》卷五）

（15）畏其自脚蹈地令坚，其麦不生。……即使四人，人擎一脚，至田散种，地坚逾甚，为人嗤笑。（求那毗地译《百喻经》卷四）

虽说随着"为"的后续成分的性质由指称向陈述转变，"为"的性质可能会发生改变，但问题是同样在汉魏六朝时期，汉译佛经中还出现了大量"是N所V"式被动句（参见朱冠明，2008a）。如：

（16）舍利弗！汝勿谓此鸟，实<u>是罪报所生</u>。（鸠摩罗什译《佛说阿弥陀经》）

（17）其罗睺罗，真我之子，但<u>是往昔业缘所逼</u>，在胎六年。（阇那崛多译《佛本行集经》卷五十五）

我们完全可以基于同样的理由认为"为N所V"和"是N所V"是同类结构，"为"和"是"性质相同。出现这种分歧，说明句式间的相互转换不能作为判定句法形式同一性的可靠依据，因为同一种语义关系可以用不同的句法形式来表达。譬如要表达"我打破了杯子"（甲）这个意思，也可以说"我把杯子打破了"（乙）或"杯子被我打破了"（丙），但很显然，我们不能由此认为甲的句法形式等同于乙或丙，反之亦然（姚振武，1998）。

鉴于以往对"为N所V"被动式的研究存在较大差异，朱冠明（2013）从语言类型学的角度提出一种全新的分析，即"为"仍是系词，但其功能不是联系主语和表语，而是帮助构成被动式，类似于英语的be动词。这样的分析不仅能比较好地弥补以往对"为N所V"式的分析中的种种不足，而且符合世界语言的共性：世界上许多语言如拉丁语、英语、德语、法语、俄语等使用的都是由助动词辅助构成的"迂说式被动式"（periphrastic passive），其中助动词来源于"是"或"成为"义动词。古汉语中的"为N所V"式可归属于这一类。

## 第4节 汉译佛经中系词"为"的功能扩展

朱冠明的分析不无道理，他提出的"为N所V"式中的"为"来源于

"是"或"成为"义动词的观点，可以得到同时期译经材料的支持。以《法华经》[1]为例：

(18) 什译：此诸菩萨……恒为诸佛之所称叹。

te          bodhisattva  bhaviṣyanti... tathāgata-pariṃstutās.
DEM.NOM M.PL.NOM  FUT.3PL.P     PPP.NOM.依主释（具格关系）[2]
这些        菩萨        将是          受到如来称赞

(《譬喻品第三》)

现代汉语译文：这些菩萨将会受到如来称赞。

(19) 护译：若今有人……常为众人所见爱敬。

什译：斯人……为人所喜见。

sa          sattvas...   priya-darśano    bhoti      sadā
DEM.NOM  M.PL.NOM  PRP.MID.NOM   PRS.3SG.P  ADV
这          有情        乐见            是          恒常

narāṇāṃ.（《随喜功德品第十八》）
M.PL.GEN
人们

现代汉语译文：此人是人们经常喜欢看到的。

(20) 什译：我定当作佛，为天人所敬。

niḥsaṃśayam    bheṣyi        tathāgatas    aham      puras-kṛtas
ADV              FUT.1SG.MID  M.SG.NOM    1SG.N     PPP.M.SG.NOM
必定            将是          如来          我         尊重

---

[1] 梵文取自《改订梵文法华经》，荻原云来、土田胜弥编订，山喜房佛书林，1934—1935年。汉译选用目前校勘最好的日本《大正新修大藏经》，高楠顺次郎、渡边海旭主编，1924—1934年。"护译"代表竺法护译《正法华经》，载《大正新修大藏经》第9册，编号为263。"什译"代表鸠摩罗什译《妙法莲华经》，载《大正新修大藏经》第9册，编号为262。

[2] 例句中这些缩略语的具体含义见本书附录。

loki　　　　sadevakesmin.（《譬喻品第三》）
M.SG.LOC　　M.SG.LOC
世上　　　　和天上

现代汉语译文：我必将成为如来，在天上和世间都受到尊重。

以往多将"为"视为原文表施事的名词具格（及用如具格的属格、依格）的翻译，但是如果站在语言类型学和世界语言共性的角度重新审视，"为"也有可能对译原文帮助构成被动态的 be 动词√bhū（即上述诸例中的画线部分）。梵语里被动分词可以表达被动，而分词在梵语中的作用相当于形容词，须与 be 动词结合构成谓语。即使 be 动词不出现，句中也隐含着一个 be 动词，一般为现在时陈述语气。如：

（21）什译：为火所烧，争走出穴……又诸饿鬼。
bhramanti　　pretāḥ…　　dāhena　　ca　　dahyamānāḥ.
PRS.3PL.P　　M.PL.NOM　M.SG.INS　CONJ　PRP.MID.NOM
乱转　　　　饿鬼　　　　燃烧　　　又　　烧灼
（《譬喻品第三》）

现代汉语译文：饿鬼乱转，遭受灼烧折磨。

虽然原文句子的表层谓语只有一个现在被动分词 dahyamānāḥ，但是实际上句子内部还隐含着一个 be 动词 bhavanti 或 santi（现在时复数第三人称陈述语气），协助分词一起构成被动语态。可见，翻译佛经时会有意识地将这类隐含的 be 动词翻译出来。而且在汉译佛经中，"为 V"表陈述的例子相当多，并不限于表达被动。如：

（22）三千世界，为大震动。（昙果共康孟详译《中本起经》卷上）
（23）菩萨摩诃萨闻是阿閦佛德号法经，皆为离魔罗网。（支娄迦谶译

《阿閦佛国经》卷下)

(24) 言毕即自投火,火<u>为</u>不然。(康僧会译《六度集经》卷三)

(25) 时须达长者复来到边,复问彼人:"汝捉此花,<u>为</u>欲卖不?"皆言欲卖。(支谦译《撰集百缘经》卷一)

(26) 见帑藏中琦宝好物,贪意<u>为</u>动。(竺法护译《生经》卷二)

(27) 尔时檀越闻是语已,身毛<u>为</u>竖。(鸠摩罗什译《大庄严论经》卷一)

这是因为梵语里 be 动词与分词结合构成谓语的情况非常普遍,而分词又是由动词变化而来的,动作性质明显,既有表达被动的分词,也有陈述一般动作行为的分词,这些分词与 be 动词的组合在汉译佛经中都可被译成"为 VP"式,表达陈述。如《法华经》中的例子:

(28) 护译:族姓子!女人有四事法,得是经卷。何谓为四?一曰<u>常为诸佛所见建护</u>。

什译:若善男子、善女人成就四法,于如来灭后,当得是法华经。……一者<u>为诸佛护念</u>。

| caturbhiḥ | kula-putra | dharmaiḥ | samanvāgatasya | mātṛgrāmasya |
|---|---|---|---|---|
| M.PL.INS | M.SG.VOC | M.PL.INS | PPP.GEN | M.SG.GEN |
| 四种 | 善男子啊 | 法 | 具有 | 女人 |

| ayaṃ | Saddharmapuṇḍarīko | dharma-paryāyo | hastagato | bhaviṣyati | katamaiś |
|---|---|---|---|---|---|
| DEM.NOM | M.SG.NOM | M.SG.NOM | PPP.NOM | FUT.3SG.P | Q.INS |
| 这 | 妙法莲花 | 法门 | 获得 | 将是 | 哪 |

| caturbhiḥ | yad-uta | buddhair | bhagavadbhir | adhiṣṭhito | bhaviṣyati. |
|---|---|---|---|---|---|
| M.PL.INS | INDL | M.PL.INS | M.PL.INS | PPP.NOM | FUT.3SG.P |
| 四种 | 即 | 诸佛 | 诸世尊 | 护持 | 将是 |

(《普贤菩萨劝发品第二十八》)

现代汉语译文：善男子啊，如果一个女人具备四种法，将会获得这部妙法莲花法门。哪四种？一、受到诸佛世尊护持。

(29) 什译：若人有能信汝所说，则为见我，亦见于汝。

| aham | ca | tvam | caiva | bhaveta | dṛṣṭo... | ye |
|---|---|---|---|---|---|---|
| 1SG.N | CONJ | 2SG.N | CONJ.ADV | SBJV.3SG.MID | PPP.N | REL.NOM |
| 我 | 和 | 你 | 和即 | 会是 | 看见 | 有人 |

| śraddadhe | bhāṣitam | eta | mahyam. |（《譬喻品第三》）|
|---|---|---|---|---|
| N.SG.LOC | PPP.N.SG.NOM | DEM.NOM | 1SG.INS | |
| 信奉 | 所说 | 这 | 我 | |

现代汉语译文：有人信奉我所说，应该见过我，并且见过你。

(30) 护译：一反举声，欢喜劝助，则为供养一切佛已。

什译：闻法欢喜赞，乃至发一言，则为已供养一切三世佛。

| anumodi | ekam | pi | bhaṇeya | vācam |
|---|---|---|---|---|
| AOR.3SG.P | NUM.ACC | ADV | SBJV.3SG.MID | F.ACC |
| 随喜 | 一 | 即使 | 说 | 言语 |

| kṛta | sarva-buddhāna | bhaveya | pūjā. |（《方便品第二》）|
|---|---|---|---|---|
| F.NOM | M.PL.GEN | SBJV.3SG.MID | F.SG.NOM | |
| 做 | 一切佛 | 会是 | 供养 | |

现代汉语译文：即使随喜赞叹一言，也是对一切佛做了供养。

(31) 什译：世尊灭度后，其有闻是经，若能随喜者，为得几所福？

| yas | nirvṛte | mahā-vīre | śṛṇuyāt | sūtram |
|---|---|---|---|---|
| REL.NOM | PPP.LOC | M.SG.LOC | SBJV.3SG.P | N.SG.ACC |
| 有人 | 灭度 | 大勇猛者 | 会听到 | 经典 |

| īdṛśam | śrutvā | cābhyanumodeyā | kiyantam | kuśalam | bhavet? |
|---|---|---|---|---|---|
| ADJ.ACC | GER | CONJ.SBJV.3SG.P | Q.ACC | N.SG.ACC | SBJV.3SG.P |
| 这样 | 听闻后 | 又 会随喜 | 多少 | 善德 | 会有 |

（《随喜功德品第十八》）

现代汉语译文：世尊灭度后，若有人愿闻此经，听闻之后，又会随喜，他会有多少善德？

再如《维摩诘经》[1]中的例子：

(32) 支译：卿，弥勒！在一生补处，世尊所莂无上正真道者，<u>为用何生得决</u>？

什译：弥勒！世尊授仁者记一生当得阿耨多罗三藐三菩提。<u>为用何生得受记乎</u>？

奘译：尊者慈氏！唯佛世尊授仁者记一生所系，当得无上正等菩提。<u>为用何生得授记乎</u>？

| tvam | maitreya | ekajātipratibaddho | bhagavatā | vyākṛto |
|---|---|---|---|---|
| 2SG.NOM | M.SG.VOC | M.SG.NOM | M.SG.INS | PPP.NOM |
| 你 | 弥勒啊 | 一生补处 | 世尊 | 授记 |

| 'nuttarāyāṃ | samyaksaṃbodhau | tat | katamayā | asi | maitreya | jātyā |
|---|---|---|---|---|---|---|
| F.SG.LOC | F.SG.LOC | ADV | Q.INS | PRS.2SG.P | M.SG.VOC | F.SG.INS |
| 无上 | 正等菩提 | 那么 | 哪一个 | 是 | 弥勒啊 | 生 |

vyākṛtaḥ？（《菩萨品第四》）
PPP.NOM
授记

现代汉语译文：弥勒啊！世尊授记你过了这一生就会获得无上菩提而成佛。那么，弥勒啊！世尊授记你哪一生会获得无上菩提而成佛？

(33) 支译：如有手执玩习讽读，<u>是为得佛行念</u>。

什译：若有手得是经典者，<u>便为已得法宝之藏</u>。

---

[1] 梵文取自《梵藏汉对照〈维摩经〉》，大正大学综合佛教研究所梵语佛典研究会编订，2006年。"支译"代表支谦译《佛说维摩诘经》，载《大正新修大藏经》第14册，编号为474。"什译"代表鸠摩罗什译《维摩诘所说经》，载《大正新修大藏经》第14册，编号为475。"奘译"代表玄奘译《说无垢称经》，载《大正新修大藏经》第14册，编号为476。

奘译：若诸有情手得如是殊胜法门，便<u>为获得法珍宝藏</u>。

| te | | dharmaratnanidhānaprāptā | bhaviṣyanti |
|---|---|---|---|
| DEM.M.PL.NOM | | PPP.NOM | FUT.3PL.P |
| 他们 | | 获得正法宝藏 | 将是 |

| yeṣām | ayaṃ | dharmaparyāyo | hastagato | bhaviṣyanti. |
|---|---|---|---|---|
| REL.M.PL.GEN | DEM.NOM | M.SG.NOM | PPP.NOM | FUT.3PL.P |
| 有人 | 这 | 法门 | 掌握 | 将是 |

（《见阿閦佛品第十二》）

现代汉语译文：掌握了这个法门的人，就会获得正法宝藏。

当然，"为"后的谓词性成分还包括形容词，它们对译原文形容词与 be 动词结合构成的判断谓语。如《法华经》中的例子：

（34）护译：佛虽说彼经，不足<u>为奇特</u>。

什译：虽说此等，未足<u>为难</u>。

| tāni | kaś-cit | prakāśeta | na | tad |
|---|---|---|---|---|
| N.PL.ACC | Q.M.SG.NOM | SBJV.3SG.MID | NEG | N.SG.NOM |
| 这些 | 任何人 | 会宣说 | 不 | 这 |

| bhavati | duṣkaram. |
|---|---|
| PRS.3SG.P | ADJ.NOM |
| 是 | 困难 |

（《见宝塔品第十一》）

现代汉语译文：无论谁来宣说这些（经典），都不困难。

又如《金刚般若波罗蜜多经》[1]中的例子：

（35）什译：菩提！譬如有人，身如须弥山王，于意云何？是身<u>为大</u>不？

---

[1] 梵文取自《金刚经》，孔泽编订，1974 年。"什译"代表鸠摩罗什译《金刚般若波罗蜜经》，载《大正新修大藏经》第 8 册，编号为 235。

| | tadyathāpi | nāma | subhūte | puruṣo | bhaved |
|---|---|---|---|---|---|
| | INDL | ADV | M.SG.VOC | M.SG.NOM | SBJV.3SG.P |
| | 譬如 | 确实 | 须菩提啊 | 人 | 会是 |

| upetakāyo | mahākāyo | yat | tasya | evaṃrūpa | ātmabhāvaḥ |
|---|---|---|---|---|---|
| M.NOM | M.NOM | ADV | DEM.M.SG.GEN | ADJ.NOM | M.SG.NOM |
| 具有身躯 | 身躯高大 | 即 | 他的 | 这样 | 身体 |

| syāt | tadyathāpi | nāma | sumeruḥ | parvatarājaḥ | | tat |
|---|---|---|---|---|---|---|
| SBJV.3SG.P | INDL | ADV | M.SG.NOM | M.SG.NOM | | DEM.ACC |
| 会是 | 譬如 | 确实 | 须弥 | 山王 | | 这 |

| kiṃ | manyase | subhūte | api | nu | mahān |
|---|---|---|---|---|---|
| Q.N.SG.ACC | PRS.2SG.P | M.SG.VOC | ADV | ADV | ADJ.NOM |
| 怎样 | 认为 | 须菩提啊 | 也 | 是否 | 大 |

| sa | ātmabhāvo | bhavet | ? |
|---|---|---|---|
| DEM.NOM | M.SG.NOM | SBJV.3SG.P | |
| 这 | 身体 | 会是 | |

现代汉语译文：譬如，须菩提啊，有人具有身躯，身躯高大。他的这样的身体如同须弥山王。你认为怎样？这个身体高大吗？

（36）什译：须菩提！如恒河中所有沙数，如是沙等恒河，于意云何？是诸恒河沙宁<u>为多</u>不？

| | tat | kiṃ | manyase | subhūte | yāvatyo |
|---|---|---|---|---|---|
| | DEM.ACC | Q.N.SG.ACC | PRS.2SG.P | M.SG.VOC | REL.NOM |
| | 这 | 怎样 | 认为 | 须菩提啊 | 这样 |

| gaṅgāyāṃ | mahānadyāṃ | vālukās | tāvatya | eva | gaṅgānadyo |
|---|---|---|---|---|---|
| F.SG.LOC | F.SG.LOC | F.PL.NOM | DEM.NOM | ADV | F.PL.NOM |
| 恒河 | 大河 | 沙子 | 这样 | 确实 | 恒河 |

| bhaveyuḥ | tāsu | yā | vālukā | api | nu | tā |
|---|---|---|---|---|---|---|
| SBJV.3PL.P | DEM.LOC | REL.NOM | F.PL.NOM | ADV | ADV | DEM.NOM |
| 会是 | 其中 | 这些 | 沙子 | 也 | 是否 | 这些 |

bahavyo    bhaveyuḥ |?
ADJ.NOM    SBJV.3PL.P
多          会是

现代汉语译文：你认为怎样？须菩提啊，如同大恒河中的沙，有这样多的恒河。这些恒河中的沙多吗？

同理，当原文 be 动词为现在时陈述语气时，它可以隐含不现，但译师常常会用"为"将隐含的 be 动词翻译出来。如《法华经》中的例子：

（37）护译：以曾见吾……亦复更睹寺中世尊。
什译：若说此经，则为见我、多宝如来。

ahaṃ      ca     dṛṣṭo    iha    āsanasmiṃ   bhagavāṃś   ca
1SG.NOM   CONJ   PPP.NOM  ADV    N.SG.LOC    M.SG.NOM    CONJ
我         和     看见      这里   床座上        世尊         和

yo         'yaṃ       sthitu    stūpa-madhye.（《见宝塔品第十一》）
REL.NOM    DEM.NOM    PPP.NOM   N.SG.LOC
这          这         住         塔中

现代汉语译文：已经看见坐在这座上的我和住在塔中的世尊。

（38）护译：今为所从来？
什译：为从何所来？

kutas      ete             samāgatāḥ？（《从地踊出品第十四》）
Q.ADV      DEM.M.PL.NOM    PPP.NOM
从哪        这些（菩萨）      来、集合

现代汉语译文：这些（菩萨）是从哪里过来的？

又如《维摩诘经》中的例子：

(39) 支译：是身无主，<u>为</u>如地；是身非身，<u>为</u>如火；是身非命，<u>为</u>如风；是身非人，<u>为</u>如水。

什译：是身无主，<u>为</u>如地。是身无我，<u>为</u>如火。是身无寿，<u>为</u>如风。是身无人，<u>为</u>如水。

奘译：是身无主，<u>为</u>如地。是身无我，<u>为</u>如水。是身无有情，<u>为</u>如火。是身无命者，<u>为</u>如风。

| nirvyāpāro | 'yaṃ | kāyaḥ | pṛthivīsadṛśaḥ| | anātmo |
|---|---|---|---|---|
| ADJ.NOM | DEM.NOM | M.SG.NOM | ADJ.NOM | ADJ.NOM |
| 无作用 | 这 | 身体 | 如地 | 无我 |

| 'yaṃ | kāyo | 'psadṛśaḥ| | nirjīvo | 'ya | kāyas |
|---|---|---|---|---|---|
| DEM.NOM | M.SG.NOM | ADJ.NOM | ADJ.NOM | DEM.NOM | M.SG.NOM |
| 这 | 身体 | 如水 | 无生命 | 这 | 身体 |

| tejaḥsadṛśaḥ| | niṣpudgalo | 'yaṃ | kāyo | vāyusadṛśaḥ. |
|---|---|---|---|---|
| ADJ.NOM | ADJ.NOM | DEM.NOM | M.SG.NOM | ADJ.NOM |
| 如火 | 非人 | 这 | 身体 | 如风 |

(《不可思议方便善巧品第二》)

现代汉语译文：这身体无作用，如地；这身体无我，如水；这身体无生命，如火；这身体非人，如风。

(40) 支译：辩才析疑<u>如</u>此聪明者也。

什译：其智慧明达<u>为</u>若此也。

奘译：其慧辩明殊胜<u>如</u>是。

| tādṛśa | etasya | prajñālokaḥ. | (《声闻和菩萨推辞问疾品第三》) |
|---|---|---|---|
| ADJ.NOM | 3SG.GEN | M.SG.NOM | |
| 这样 | 他的 | 智慧的光芒 | |

现代汉语译文：他的智慧的光芒就是这样。

综上所述，汉译佛经确实用"是"或"成为"义的"为"翻译原文的

be 动词√as 和√bhū，同时复制了原典梵语 be 动词的句法语义功能。虽然古汉语的"为"和梵语的 be 动词都有系词用法，但是它们的功能并不完全对等。根据刘丹青（2008）给出的判定标准，梵语应当属于名词和形容词表现相近的语言，因为梵语的 be 动词既可以引出名词，也可以引出形容词（包括作用相当于形容词的分词），它们充当主语补足语（表语）。而汉语属于谓词型形容词语言，即形容词的表现接近动词，无须系词便可以直接作谓语，且汉语里没有分词一类的非定式动词。所以汉译佛经通常是用动词直接翻译原文的分词，相应地，与分词和形容词同现的 be 动词也被译成当时常用的系词"为"。一方面，这造成了"为"字判断句中谓词性谓语所占的比重上升。据解植永（2012）调查，中古时期"为"字判断句的谓语成分出现"体降谓升"的变化。而这一趋势在同期汉译佛经中的表现更为突出，参见下表中的数据对比。

表 1

| 文献\项目 | 总数 | 体词性谓语 | | 谓词性谓语 | |
|---|---|---|---|---|---|
| | | 数量 | 比重 | 数量 | 比重 |
| 东汉王充《论衡》 | 174 | 113 | 64.94% | 61 | 35.06% |
| 南朝宋刘义庆《世说新语》 | 44 | 28 | 63.64% | 16 | 36.36% |
| 东汉支娄迦谶译《阿閦佛国经》 | 92 | 40 | 43.48% | 52 | 56.52% |
| 后秦鸠摩罗什译《妙法莲华经》 | 194 | 76 | 39.18% | 118 | 60.82% |

另一方面，"为"通过对原文 be 动词的语义模仿，打破了原本其后只带指称性成分的限制，可以联系和引出陈述性的动词、形容词甚至介词短语，从而大大加快了"为"字句由指称式向陈述式转变的过程，为系词"为"进一步语法化为语气副词和选择连词创造了条件。

## 第 5 节　系词"为"进一步语法化的条件

不可否认,随着"为"后谓词性成分的性质由指称向陈述转变,尤其是"为"所在的结构从被动句扩展至判断句,"为"的性质不可能一成不变。赵长才(2011)曾勾勒过系词"为"的演变路径:"系词→语气副词(表认定、确认)→语气副词(表追究、探究)→选择连词"。虽然在讨论系词"为"语法化的动因和机制时,赵长才援引的例句大都来自汉译佛经,但是他未触及"为"发生功能扩展可能受到的原典影响,即对原文 be 动词的语义复制,而是更多地归结为句型和语境的因素。如其认为表认定、确认的语气副词"为"直接来自它的系词用法,当"为"的后续成分不是名词性成分,而是动词性成分时,系词"为"表联系的功能就会弱化,它只表示对动作或行为事件的认定、确认或推断。在整个句子为叙述句的语境里,"为"由原来的系词虚化为表认定或推断的语气副词。例如,"佛告比丘:'行有二事,为堕边际'"(昙果共康孟详译《中本起经》卷上)。然而前文已述,系词"为"在上古时期即可引出动词性成分充当判断谓语,只是动词性成分在谓语的位置上必须指称化,所以整个"为"字判断句是指称式而非叙述句。中古以后,在"为 N 所 V"被动式的类化作用和翻译原典系词句的影响下,"为"后的动词性成分才开始向陈述式转变,这为形成叙述句创造了条件。此外,梵汉对勘材料显示,原文中只有 be 动词和"为"有对应关系,并不存在任何副词,而原文隐含的 be 动词也是翻译成"为"的。

赵长才认为,当"为"出现在是非、特指问句的疑问语境以及成对使用或介于选择问句的两个选择项之间时,它进一步语法化为表示追究、探究的语气副词和选择连词。例如,"瞿夷啼哭曰:'一何薄命!生亡我所天。为在何许？当那求之？'"（支谦译《太子瑞应本起经》卷上）但是我们从例（31）（32）（38）的对勘中可以看到，疑问句中的"为"对应的依然是原文的 be 动词（或隐含的 be 动词）。而选择连词产生的原因是两个是非问句被整合为一个选择问句，姑且可将选择连词的产生视为吸收语境义的结果。

总而言之，有一点可以肯定，佛经翻译对原典梵语 be 动词的语义复制，使得"为"可与各类谓词性成分结合，表达陈述、疑问，甚至构成被动语态。这些新生的句法语义功能的确与古汉语中系词"为"的原有用法不相匹配，如果从一般形态句法学的角度来看，这些用法更像助动词的功能。吕叔湘在《汉语语法分析问题》（1979）中指出，助动词是"辅助性的动词"，属于动词范畴。不过，助动词是一种词汇意义虚、句法功能强的动词，用以协助主要动词构成时态或语态，如协助构成进行体、完成体、被动态、否定句、疑问句、加强语气等。譬如朱冠明（2013）提到的，世界许多语言使用的"迂说式被动式"都是由来自"是"或"成为"义的助动词辅助构成的。如果古汉语中的"为 N 所 V"被动式属于这一类，那么其中的"为"也应被视为助动词，来源于"是"或"成为"义的系词"为"。同样，帮助构成疑问及加强语气（表确认、推断、追究）等功能也可被看作"为"的助动词用法。

由此我们认为，系词"为"在翻译佛经原文 be 动词的过程中发生了功能扩展，首先发展出助动词用法。不过"为"在汉译佛经中的助动词用法不同于以往古汉语语法著作中讨论的助动词"为"的用法。如在杨树达的《高等国文法》（1984/1930）和王力的《汉语语法史》（1989）中，"为"的助动词用法仅出现于表被动的"为"字句，其包括两种结构型式：①"为＋动词→为 V"，如"厚者为戮，薄者见疑"（《韩非子·说难》）；②"为＋名词＋动词→为 NV"，如"不为酒困"（《论语·子罕》）。后以杨伯峻、何乐士（1992）为代表的一派认为只有①式中的"为"可称为助词或助动词（参见刘利，2000）。前文已述，上古汉语中所谓助动词"为"，因其后所带成分的指称性特征，依然属于系词。而在汉译佛经中，"为"因大量翻译原典梵语的 be 动词而发生功能扩展，基于汉语习惯可被重新分析为助动词，表现出鲜明完整的助动词属性，不仅其后可带陈述性的谓词性谓语，而且可以帮助构成被动态、疑问句和加强语气等。只有在助动词出现的句法环境中，"为"才有可能进一步语法化为语气副词和选择连词，至此我们可对赵长才勾勒的系词"为"的演变路径进行修正："系词→助动词→语气副词→选择连词"，即系词"为"在向语气副词演变的过程中，还存在着一个助动词的中间环节。佛经翻译为这一演变奠定了重要的句法语义基础。

# 第 3 章　汉译佛经中虚词"亦"的语义演变

## 第 1 节　引言

"亦"是中古汉译佛经里一个比较特殊的并列连词。认为它特殊的理由主要有两点：一是文献分布窄，它只出现于中古汉译佛经，未见于同时的中土文献（蒋冀骋，1994；龙国富，2005；徐朝红，2012）；二是使用时间短，它始见于后汉，消失于六朝（蒋冀骋，1994；徐朝红，2012）。此外，其特殊性还表现在作为类同副词而有并列连词用法，这种语义关联模式未见于汉语标准语和方言中的其他类同副词（如普通话中的"也"）。

对于中古译经中"亦"的并列连词用法的来源，已有若干学者从不同角度进行了探讨，或归因于译经者的误用（许理和，1987/1977；龙国富，2005；徐朝红，2012），或诠释为外来语的影响（蒋冀骋，1994），或认为是汉语自身的演变（张延成，2002），等等。这些看法尽管都有一定道理，但都缺乏必要的论证。

我们认为，中古译经中"亦"的并列连词用法源于其类同副词用法，但演变的动因是（汉语与佛经原典语言之间的）语言接触。质言之，"亦"由类同副词演变为并列连词，是一种比较典型的接触引发的语义演变。

## 第 2 节　中古译经中"亦"的并列连词用法

### 2.1　后汉译经中"亦"的用法

《说文解字·亦部》云:"亦,人之臂亦也。""亦"为"腋"的初文,本指"人的腋下"。不过,这个本义在文献中罕见,而"亦"很早就引申出副词用法。在上古汉语里,"亦"主要用作类同副词和疑问副词(赵长才,1998)。

在后汉译经中,"亦"的用法有所发展,最显著的表现是"亦"获得了并列连词用法。[1] 兹将"亦"的各种用法缕述如下。

#### 2.1.1　并列连词

"亦"用作并列连词,主要连接名词性成分。例如:

(1) 譬如鸡毛<u>亦</u>筋,入火便缩皱不得申。(安世高译《长阿含十报法经》,T1P235a9[2])

(2) 名字<u>亦</u>色身无有。(安世高译《佛说人本欲生经》,T1P243b12)

(3) 为福地无过,是天<u>亦</u>人所事,是为第三。(安世高译《阴持入经》,T15P178b26)

(4) 第四两法,可舍痴<u>亦</u>世间爱。(安世高译《长阿含十报法经》,

---

[1] 我们调查了后汉所有的译经,只在安世高的译经里发现了"亦"作并列连词的用例。调查的结果与许理和的判断是一致的——"它看来只限于安世高的很粗糙的译文中"(许理和,1987/1977:216)。

[2] 译经引文出自日本《大正新修大藏经》,高楠顺次郎、渡边海旭主编,1924—1934年。 出处依册数(T)、页数(P)、栏数(a、b、c分别表示上、中、下栏),以及行数(只著录起始行数)之顺序标注。 例如,T1P235a9表示出自《大正新修大藏经》第1册第235页上栏第9行。 下同。

T1P233c19）

（5）第二两法，可增行止亦观。（安世高译《长阿含十报法经》，T1P233c17）

（6）一时佛在舍卫国，行在祇树给孤独园。佛便告比丘："若有比丘五法行，能在山上亦泽中居，能草蓐居卧。"（安世高译《佛说七处三观经》，T2P879a10）

（7）或时行者。若在郡、在县、在聚亦余处，依行清朝起，着衣持应器，入郡县求食。（安世高译《长阿含十报法经》，T1P237c18）

（8）佛告比丘："有四行法轮，令天亦人从是四轮行。"（安世高译《佛说七处三观经》，T2P877a14）

（9）复一风起名复上风，令病者内身膝、胁、肩、背、胸、腹、脐、小腹、大肠、小肠、肝、肺、心、脾、肾亦余藏令断截。（安世高译《道地经》，T15P233b3）

"亦"连接的名词短语，最常见的是作句子或小句的主语［如例（1）（2）（3）］，还可作动词宾语［如例（4）（5）］或介词宾语［如例（6）（7）］，偶尔也作使令动词的兼语［如例（8）（9）］。

除了名词短语，"亦"也可以连接方位短语。例如：

（10）若行者受是五法，如上说能得居山上亦泽中。（安世高译《佛说七处三观经》，T2P879a16）

（11）天上亦人中，往来期毕。（安世高译《阴持入经》，T15P179a25）

有些例子里，"亦"所连接的并列短语之后有总括副词"皆""共""尽"同现，这时"$NP_1$ 亦 $NP_2$"的合取关系更为显豁。例如：

（12）世间亦天上皆叉手礼佛。（安世高译《道地经》，T15P230c13）

(13) 死人亦担死人，亦除涠人共一器中食。（安世高译《道地经》，T15P232a27）

(14) 设扁鹊亦一切良医并祠祀尽会，亦不能愈是。（安世高译《道地经》，T15P233a10）

### 2.1.2 其他用法

除了用作并列连词，后汉译经中的"亦"还可以用作疑问副词、累加副词[1]和类同副词等。

#### 2.1.2.1 疑问副词

"亦"用作疑问副词，在后汉译经中已较少见，且限于选择问句。例如：

(15) 一切阿难无有爱，为有受不？亦有受名不？（安世高译《佛说人本欲生经》，T1P242b15）

(16) 是时为两痛已灭。为乐亦苦？（安世高译《佛说人本欲生经》，T1P243c18）

#### 2.1.2.2 累加副词

"亦"用作累加副词，相当于"又"，这种用法的"亦"在后汉译经中比较常见。例如：

(17) 譬如贾客，从涩道得脱出，得多利归家到门喜。亦譬如田家愿获

---

[1] 累加副词表示事件、过程或情状的累积和加合关系。

五谷着舍中，亦如病痛得愈安隐，亦如负债已偿，素行好亦如是合好行。（安世高译《道地经》，T15P233b22）

（18）譬如人噎，亦不得咽，又不得吐。（失译《大方便佛报恩经》，T3P143c3）

### 2.1.2.3 类同副词

和先秦两汉时期的其他文献一样，后汉佛经文献里"亦"的基本用法也是作类同副词。例如：

（19）三者我意瞋，他人意亦瞋；我意转，他人意亦转；便不复转意。四意者我意嫉，他人意亦嫉；我念他人恶，他人亦念我恶。（安世高译《佛说大安般守意经》，T15P171a22）

（20）何等为多与？当如上头说，亦从父母得爱敬难，兄弟亦敬难，妻子亦敬难，儿从奴婢亦敬难，知识边人亦敬难，五种亲属皆敬难。（安世高译《佛说七处三观经》，T2P878b8）

（21）彼时有异婆罗门，有一子命终爱念不离，彼命终亦不能食，亦不能饮，亦不着衣，亦不涂香，但至冢间而啼泣。（安世高译《佛说婆罗门子命终爱念不离经》，T1P915a8）

（22）其心不入大法，亦不讽诵般若波罗蜜，是人以为魔所得。（支娄迦谶译《道行般若经》，T8P448c11）

"亦"表示的类同有两种语义类别：一是"NP$_1$VP，NP$_2$ 亦 VP"型，表达的语义关系是就 VP 所表示的某种事件或者情状而言，NP$_1$ 和 NP$_2$ 之间具有类同关系〔如例（19）（20）〕；一是"NPVP$_1$，NP 亦 VP$_2$"型，表达的语义关系是就 NP 所表示的某个人或事物而言，VP$_1$ 和 VP$_2$ 之间具有类同关系［如例（21）（22）］。[1]

## 2.2 东汉以后并列连词"亦"的使用情况

为进一步了解并列连词"亦"在东汉以后的使用情况，我们分阶段考察了中古时期的其他译经。关于三国时期，我们以颇具地域特色、内容质量较好的支谦和康僧会的所有译经为调查对象，检得 13 例并列连词"亦"。例如：

（23）时梵志六世尊……是六尊亦余梵志共在讲堂议言："我曹本为世尊，国王人□所待敬，云何今弃不复见用，悉反承事沙门瞿昙及弟子。"（支谦译《佛说义足经》，T4P180c7）

（24）时有一梵志，字摩因提，生女端正光世少双，前后国王亦太子及大臣长者来求之，父皆不应。（支谦译《佛说义足经》，T4P180a14）

（25）邪亦正悉无有，从何言得其短。（支谦译《佛说义足经》，T4P180b22）

（26）佛及诸无数有色天释，亦诸无数有欲天，悉下到阎浮利安详会优昙满树下。（支谦译《佛说义足经》，T4P185c6）

（27）尔时须赖，从大众人民，亦若干千天人，俱到佛所，皆礼佛足各坐一面。（支谦译《佛说须赖经》，T12P56a6）

（28）戒彼行一切舍，罪亦福舍远去，净亦垢不念觉，无沾污净哀受。（支谦译《佛说义足经》，T4P183a18）

（29）是时有一比丘，坐去佛不远，便箕坐直身，意着捡戒。比丘见天

---

[1] 其实，汉语中的类同副词"亦""也"以及英语中的 also 在一般语言学文献里通常被称为"焦点小词"（focus particle）或"加合副词"（additive adverb）。说它们是焦点小词是因为它们具有焦点算子的功能，比如在例（19）（20）这类"NP₁VP，NP₂ 亦 VP"格式里，NP₂ 是焦点（包括对比焦点）成分，而其他成分表达的是预设或已知信息，这时"亦"具有左向标示焦点的功能；而在例（21）（22）这类"NPVP₁，NP 亦 VP₂"格式里，VP₂ 是焦点成分，其他成分表达的是预设或已知信息，这时"亦"具有右向标示焦点的功能。汉语"亦""也"以及英语 also 被称为加合副词，则是因为这些副词所在的句子总是表达一种合取关系（两个事件或状态的加合）。下文为表述方便，仍称这类"亦"、also 以及其他语言对应的副词为类同副词。

乐会亦人乐会，自生念言："是一切无常，一切苦，一切空，一切非我，何贪是？何愿是？已是何有？"比丘即在坐得沟港道，已自证。（支谦译《佛说义足经》，T4P185c15）

（30）今现世不安他人亦自身，从是因缘呐。（支谦译《惟日杂难经》，T17P605b26）

这个时期的译经中并列连词"亦"的功能与后汉基本相同，比如所连接的成分基本上是名词及名词性成分，句法功能主要是作主语［如例（23）至例（28）］和宾语［如例（29）（30）］，谓语动词前有总括副词"共""皆""悉""俱"共现［如例（23）至例（27）］，等等。

值得注意的是，这个时期的"亦"能够连接形容词。例如：

（31）尊断世所受取，取与生不应坚，静亦乱在观舍，在是恶哀凡人。（支谦译《佛说义足经》，T4P183b9）

（32）闻是彼悉已去，善亦恶今不见。（支谦译《佛说义足经》，T4P179a11）

关于两晋时期（含后秦时期），我们考察了竺法护和鸠摩罗什等译者的译经，只发现"亦"作并列连词的零星例子。例如：

（33）一切天亦人，恭敬叉手行礼。（白法祖译《佛般泥洹经》，T1P174b7）

（34）如法应修行，非法不应受，今世亦后世，行法者安隐。（鸠摩罗什译《大智度论》，T25P178c27）

两晋时期"亦"的并列连词用法不仅用例少见，且功能趋于萎缩，"亦"只连接两个名词性成分，在句中作主语。

关于南北朝和隋代，我们主要考察了这两个时期口语性强、具有代性的本缘部译经，此外还考察了求那跋陀罗的所有译经，均未发现"亦"作并列连词的用例。我们据此推断"亦"的并列连词用法在南北朝时期很可能已消失殆尽。

基于以上考察，我们可以得出如下结论：第一，"亦"的并列连词用法只见于中古佛经文献；第二，从时间上看，"亦"的并列连词用法只见于东汉到魏晋这一佛经翻译的"古译阶段"；第三，"亦"所连接的语类主要限于名词性成分，"亦"偶尔也可以用来连接形容词；第四，相较于同时期的"及""与"等其他并列连词，"亦"的使用频率很低。

## 第3节　"亦"并列连词用法的来源

"亦"在先秦和西汉时期是典型的类同副词，何以在后汉佛经里出现并列连词用法？关于"亦"作并列连词"这种非常古怪的用法"（许理和，1987/1977：216）的来源，已有学者从不同角度作了各种推断和断言。许理和（1987/1977：216—217）最早注意到东汉佛经里"亦"的并列连词用法。他说："'亦'作为连词，用法同'与'，例如：'儿子亦妻'（T.32.815.3），'世间亦天上'（T.607.230.3）。"他对"亦"这种用法作了解释："我们可以设想，'亦'的这种非常古怪的用法，不是来自口语的词，而是译者个人的用法。它看来只限于安世高的很粗糙的译文中，可能是由于他的汉语不好而产生的结果，不是由于口语的影响。""'亦'可能是企图翻译梵文的 ca 或 athavā 而没有译好。"龙国富（2005：106）也有类似的看法。他指出："'亦'用作并列连词，上古未见，后世亦未见，只产生中古汉译佛经并使用于中古汉译佛经。它来自梵文 uta，uta 是一个可以用来连接词与词或句与句的连接词，表示并列关系。为什么用不表示并列的'亦'去翻译表示并列的 uta？……译者把表示关联作用的副词'亦'误用到名词的并列成分之间，表示并列关系。"

既然"亦"的并列连词用法并非仅见于安世高的译经，也不限于东汉译经，那么将"亦"并列连词用法的产生归因于安世高等译经者的误用显然失之简单。与许理和（1987/1977）等人的看法不同，张延成（2002：18）认为"亦"的并列连词用法"是由副词进一步虚化而来"的。但关于"亦"如何由副词虚化为并列连词，张延成并未论证。蒋冀骋（1994：50）考虑了"亦"并列连词用法产生的各种可能性，但惜乎莫衷一是："是译经者使用了不地道汉语，还是受西域语言影响的结果？均不可知。还有一个可能是'与'的双声借用字。"

我们认为，汉译佛经中"亦"的并列连词用法确由其副词（类同副词）用法演变而来，但这种演变并非汉语内部独立产生的，实则是由语言接触引发的。

## 3.1 从类同副词到并列连词

如前所述，汉译佛经中"亦"有类同副词、疑问副词、累加副词和并列连词四种主要用法，那么这四种用法之间存在什么样的演变关系呢？首先，"亦"的疑问副词用法源自其类同副词用法（赵长才，1998：27）。其次，"亦"的累加副词用法显然也是源于其类同副词用法。累加副词与"$NPVP_1$，NP 亦 $VP_2$"格式中的类同副词均表示两个命题的合取关系，二者的区别是累加副词所在的句子中两个小句的主语未必同指，而类同副词所在的"$NPVP_1$，NP 亦 $VP_2$"格式中两个小句的主语总是具有同指关系。当"$NPVP_1$，NP 亦 $VP_2$"格式中类同副词"亦"所在小句的主语变得与另一小句（即 $NPVP_1$）的主语不同时，"亦"就逐渐由类同副词变为累加副词。至于"亦"的并列连词用法，我们主张源自其类同副词用法。演变路径如下所示。

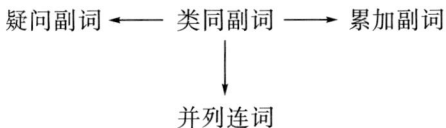

**图1　东汉译经中"亦"的语义演变路径**

我们认为，至少有以下两个证据可以证明"亦"的并列连词用法是由其类同副词用法演变而来的。

第一，从概念上看，类同副词与并列连词的语义非常接近。类同副词所在的句子通常表达逻辑上的合取关系；而由并列连词形成的结构，无论是名词短语的并列构式，还是谓词或小句的并列构式，表达的都是一种合取关系。比如，当我们说"张三抽烟，李四亦抽烟"时，表达的意思是"张三和李四都抽烟"（概念的合取关系）；而当我们说"张三抽烟，亦喝酒"时，表达的意思无异于"张三抽烟且喝酒"（命题的合取关系）。所以从概念上看，类同构式表达的语义蕴含并列构式的语义。既然如此，由类同副词用法衍生出并列连词用法自是一种极为可能发生的语义演变。

第二，跨语言的事实表明，"加合副词（＝类同副词）＞并列连词"是一种非常自然的语义演变现象。这里说的"自然的演变"主要有两种含义：一是指演变的单向性，即演变是由实到虚或由虚到更虚；二是指跨语言的复见性，即这种演变在很多不同的语言里反复出现。经研究发现，世界上很多语言里同一个语素可以用作并列连接标记（"and"）和类同标记（"also"），比如廖内印尼语（Riau Indonesian）中的 sama（Gil，2004）、北美库斯科昆姆河上游阿萨巴斯卡语（Upper Kuskokwim Athabaskan）中的 ił（Kibrik，2004）、优奇语（Yuchi）（北美印第安语）中的-dɛ（Ohori，2004）以及 Dargi 中的-ra（van den Berg，2004）均有并列连接标记（conjunctive）和类同标记的功能。以下是 Dargi 中的附着词-ra 的例子。

(35) Dargi 中的附着词 -ra（van den Berg，2004：199—200）

A. 并列连接标记

a₁. murul-ra　　　　x̂unul-ra　　　quli　　čar⟨b⟩i²-ubli　sa⟨b⟩i.
　　husband(ABS)-and　wife(ABS)-and　home　return：HPL-GER　be：HPL

"The man and his wife returned home."

a₂. dudeš.li-ra　　　neš.li-ra　　　emħe　　　　b-abg-ili
　　father(ERG)-and　mother(ERG)-and　donkey(ABS)　N-harness-GER

sa⟨b⟩i.
be：HPL

"Father and mother harnessed the donkey."

B. 类同标记

b₁. qum⟨ma⟩rt-id　　　　b-arx　　yağlaw-ra　　　　kas-es.
　　forget：PROH-FUT.2　N-with　frying.pan(ABS)-and　take-INF

"Don't forget to take the frying pan with you as well."

b₂. x̂unul＋adam-t.a-ni　　　　duxu-ti-ra　　　meħur＋b-ar-es
　　woman＋person-PL-ERG　clever-PL-and　mad＋HPL-do-INF

b-ir-ar.
HPL-can-FUT.3

"Women can even drive clever people mad."

日语中的 mo（も）本是义为 also 的副词性小词（Kaiser et al.，2013：321），例如：

(36) Nedan　mo　　yasui.
　　　Price　also　cheap

"The price is cheap，too."

但据 Ohori（2004：50）研究，mo 也可以用作并列连词，连接名词短语。[1] 例如：

（37）hon　mo　　zasshi　　mo
　　　book　also　magazine　also
　　　"books and magazines"

Haspelmath（2004：21）在考察世界语言中并列连接标记的多功能模式时发现，世界语言中不存在这样的小品词：它表达类同（"also"）义和伴随格功能（comitative），但不具有连接标记功能。可见，类同和并列连接功能在概念上是直接关联的。正因为如此，在 Haspelmath（2004：21）所构建的并列连词概念空间中，类同和名词短语并列连词（NP-conjunction）是两种直接关联的毗邻功能，如图2所示：

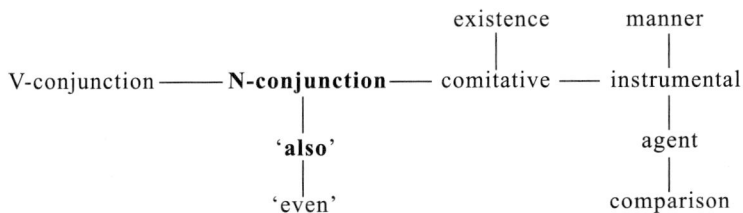

图2　并列连词及相关功能的概念空间（Haspelmath，2004）

不仅如此，Haspelmath（2004）基于语法化的单向性和已知的历时演变的事实，将图2的概念空间动态化，从而得到图3这种带有历时信息的动态概念空间。在这个概念空间中，类同（"also"）和名词短语并列连词之间是一种单向的演变关系，即前者演变为后者而非相反。

---

[1] 不过，Ohori（2004：41）指出，"mo…mo"作并列连词带有强调意味，比如"hon mo zasshi mo"就有"不仅书而且杂志"的含义。

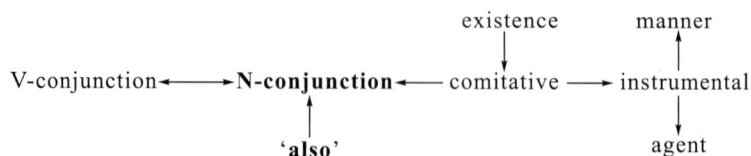

图 3　并列连词及相关功能之间的历时关联（Haspelmath，2004）

Heine and Kuteva（2002：327）认为，世界语言中名词短语并列连词（NP-AND）有四种语源："也"义副词（ALSO）、伴随格标记（COMITATIVE）、双数标记（DUAL）、表"二"的数词（TWO）。关于第一种语源，Heine and Kuteva（2002：43）在"ALSO（也）＞NP-AND（名词短语并列连词）"条下所举例子之一是卡尤佳语（Cayuga）中的 hni'。

（38）卡尤佳语中的 hni'（Mithun，1988：341—342）

a. Akitakrá　<u>hni'</u>　shẽ　nyó:　n'atõ:tá:ke:.
　I:fell　　　also　as　far　I:came:back
　"I fell on the way back，too."

b. Junior，　Helen，　Hercules，　<u>hni'</u>
　Junior　　Helen　　Hercules　　also
　"Junior，Helen and Hercules"

其实，类似的演变也见于中国境内语言。张定京（2000：70）指出，当代哈萨克语中的并列连接助词 da（de、ta、te）历史上是由古突厥语动词 taq（安上、合并、结合）的副动词形式 taqə 演变而来的。taqə 先是演化为"也、又、还"义副词（当代哈萨克语中的 taqə 仍保留这种副词用法），然后出现 da/de/ta/te 的弱化形式。演变的过程是"taq＋ə（副动词词尾）＞taqə～daqə＞ta～da＞da～de～ta～te"。在今天的哈萨克语中，da/de/ta/te 的上述两种用法仍然存在。例如：

(39) 哈萨克语（张定京，2000：70）

a. eldiŋ bæri ketti, men de ketejin.

"人家都走了，我也走吧。"

b. onəŋ ækesi de, aʁasə da, øzi de ʃofer.

"他父亲、哥哥和他自己都是司机。"

哈萨克语 da/de/ta/te 的类同副词和并列连词的多功能模式也见于耿世民、李增祥（1985）的文章。

(40) 哈萨克语 da（de、ta、te）的用法（耿世民、李增祥，1985：113—114、168）

a. 类同副词

men de bazarʁa baramən.
我　 也　 巴扎　　 去

"我也到巴扎（集市）上去。"

eŋbekke oqəwʃəlar qatnastə, muʁalimder de qatnastə.
劳动　　 学生　　　 参加　　　 老师　　　也 参加

"学生们参加劳动了，老师们也参加劳动了。"

tajawda sabaq bastalʁandəqtan oqəwʃəlardəŋ bæri mektepke
最近　 功课　 开始　　　　　 学生　　　　 全部 学校

qajtəp keldi, muʁalimder de dajəndəq qəzmetin istep dʒatər.
回　 来　 老师　　　 也 准备　　 工作　　做

"因为最近就要开学了，所以同学们都回到学校来了，老师们也在做准备工作。"

b. 名词短语并列连词

aʁasə da øzi de partija myʃesi.
哥哥　　 自己　　 党　　 成员

"他哥哥和他自己都是党员。"

c. 谓词短语或小句并列连词

bɪz    ojnajmǝz    da    kylemɪz.
我们    玩           又    笑

"我们又玩又笑。"

axmet  bul  sabaqtǝ  tysɪne  de，tysɪndɪre  de  bɪledɪ.
人名   这   课      理解    既   解释       也  知道

"这一课阿合买提不但听懂了还会解释。"

此外，白语中的[li⁵⁵]也兼有类同副词和并列连词两种用法，而后者显然源自前者。例如：

（41）白语（徐琳、赵衍荪，1984：44、49）
a. 类同副词
ŋo³¹  li⁵⁵  pɯ⁵⁵  nɯ⁵⁵  no³³  ɕi³¹xuã⁵⁵.
我    也    为    你    （助）  喜欢

"我也为你喜欢。"

b. 并列连词
ŋo³¹  li⁵⁵  mo³¹  tsɯ³³  kõ³³  tshu³³jỹ³³mo³³.
我    和    她    是     两    妯娌

"我和她是两妯娌。"

值得注意的是，Haspelmath（2004）借助概念空间动态化发现的演变路径"'also'＞N-conjunction"，以及 Heine and Kuteva（2002）基于跨语言语法化事实得到的演变模式"ALSO（也）＞NP-AND（名词短语并列连词）"都具有单向性。也就是说，假如我们发现特定语言中某个语素同时具有"也"义副词和并列连词两种用法，那么其间的演变方向一定是"'也'义副词＞并列连词"而非相反。

由此可见，东汉译经中"亦"的类同副词用法和并列连词用法之间一定具有演变关系，而且演变的方向一定是"'也'义副词＞并列连词"。

## 3.2 接触引发的语义演变

上文中我们已证明，东汉译经中"亦"的并列连词用法源自其类同副词用法。换言之，东汉译经中"亦"之所以具有并列连词用法，是因为其在东汉前后发生过"类同副词＞并列连词"这样的语义演变。现在我们有两个问题：第一个问题是，"亦"的上述语义演变是汉语内部独立发生的，还是语言接触引发的？基于下述理由，我们认为答案是后者。

第一，如前所述，"亦"的并列连词用法只见于东汉至魏晋时期的汉译佛经，未见于同时及前后的中土文献。假如"亦"的"类同副词＞并列连词"演变是汉语独立发生的语义演变，那么何以未见中古中土文献中的"亦"具有并列连词用法？此外，既然"亦"的并列连词用法只见于中古汉译佛经，那么就很难排除"亦"的"类同副词＞并列连词"演变是受到译经原典语言的影响。

第二，梵语中的 ca 等语法语素既可以作类同副词，也可以作并列连词。下面是 ca 作类同副词和并列连词的用例。

Ⅰ. ca 作类同副词[1]

译经师一般用汉语中的类同副词"亦"来对译梵文原典中的副词 ca。例如：

（42）na ca nāma asti na ca nāsti giraṃ prabhāṣi hetuṃ pratītya imi saṃbhavi sarvadharmāḥ; naivātra ātmana ca kāraku vedako vā na ca karmu naśyati śubham aśubham ca kiṃcit.（第一品）(《维摩诘经》)

什译：说法不有亦不无，以因缘故诸法生；无我无造无受者，

---

[1] ca 作类同副词的例子，由姜南博士惠予，谨致谢忱。

善恶之业亦不亡。

奘译：说法不有亦不无，一切皆得因缘立；无我无造无受者，善恶之业亦不亡。

今译：你宣示非有，也非无；诸法产生，依靠因缘；无我，无作者，无受者；善业和恶业也不毁灭。

(43) gambhīra dharmās sukhumās pi buddhās atarkikās sarvi anāsravāś ca; aham ca jānāma iha yādṛsas hi te te vā jinās loki daśa diśāsu. （第二品）（《法华经》）

什译：又告舍利弗："无漏不思议，甚深微妙法；我今已具得，唯我知是相，十方佛亦然。"

今译：诸法深奥微妙，诸佛也都没有烦恼，不可思量；我如今知道，在这十方世界的胜者们也是如此。

(44) āyoga-prayoga-kṛṣi-vaṇijya-prabhūtaṇ ca bhavet. （第四品）（《法华经》）

什译：出入息利，乃遍他国，商估贾客亦甚众多。

今译：借贷投资，收益丰厚，耕作买卖，事务繁多。

Ⅱ. ca 作并列连词

译经师常用汉语中的并列连词"及"对译梵文原典中的连词 ca。例如：

(45) bahu-deva-nāga-yakṣa-gandharva-asura-garuḍa-kiṃnara-mahoraga-manuṣya-amanuṣyān bhikṣu-bhikṣuṇy-upāsaka-upāsikās śrāvaka-yānīyān pratyekabuddha-yānīyān bodhisattva-yānīyān ca. （第十品）（《法华经》：443[1]）

鸠译：无量诸天、龙王、夜叉、乾闼婆、阿修罗、迦楼罗、紧

---

[1] 这里的阿拉伯数字表示姜南（2011）的页码，下同。

那罗、摩睺罗伽、人与非人及比丘、比丘尼、优婆塞、优婆夷、求声闻者、求辟支佛者、求佛道者。

　　今译：无量天、龙、神、夜叉、捷闼婆、阿须伦、迦留罗、真陀罗、摩休勒及人，比丘、比丘尼、清信士、清信女、声闻乘、缘觉乘及菩萨乘。

此句梵文中只出现一个并列连词 ca，且其位于名词短语的最后，鸠摩罗什用"及"对译。

梵文原典中的并列连词 ca，有时在译经中未被译出。例如：

(46) āścarya-bhūtaḥ sugatāna ghoṣaḥ kāṅkṣāṃ ca śokaṃ ca jahāti prāṇinām. （第三品）（《法华经》：303—304）

　　竺译：假使有人，能造行者，闻安住音，以为奇雅。
　　鸠译：佛音甚稀有，能除众生恼。
　　今译：诸佛声音甚为希有，能消减众生的疑惑和忧恼。

此句梵文中的 ca 连接两个名词——kāṅkṣām（疑惑）、śokam（烦恼），但竺法护和鸠摩罗什均未将其译出。ca 的功能是连接这两个名词构成名词性短语，充当动词 jahāti（消除）的宾语。

(47) abhijñātais mahā-śrāvakais tad-yathā āyuṣmatā ca ājñātakauṇḍinyena āyuṣmatā ca aśvajitā āyuṣmatā ca bāṣpeṇa āyuṣmatā ca mahānāmnā āyuṣmatā ca bhadrikeṇa āyuṣmatā ca mahākāśyapena āyuṣmatā ca uruvilvākāśyapena āyuṣmatā ca nadīkāśyapena āyuṣmatā ca gayākāśyapena āyuṣmatā ca śāriputreṇa āyuṣmatā ca mahāmaudgalyāyanena āyuṣmatā ca mahākātyāyanena… ebhiś cānyaiś ca mahā-śrāvakaiḥ āyuṣmatā ca ānandena śaikṣeṇa. （第一品）（《法华经》：256—257）

竺译：名曰：贤者知本际、贤者大迦叶、上时迦叶、象迦叶、江迦叶、舍利弗、大目揵连、迦旃延……阿难、罗云。

什译：其名曰：阿若憍陈如、摩诃迦叶、优楼频螺迦叶、迦耶迦叶、那提迦叶、舍利弗、大目揵连、摩诃迦旃延……如是众所知识大阿罗汉等。

今译：众所周知大声闻们。譬如长者知本际、长者马师、长者摩诃男、长者跋提罗、长者摩诃迦叶、长者优楼频螺迦叶、长者那提迦叶、长者迦耶迦叶、长者舍利弗、长者大目揵连、长者摩诃迦旃延……长者阿难有学及余诸大弟子。

例（47）的梵文原典中每个名词的后面都有连词 ca 共现，不过竺法护和鸠摩罗什都没有将其翻译出来，我们不能据此否定 ca 具有并列连词功能。

显然，正是梵文原典中 ca 的"类同副词—并列连词"多功能模式及"类同副词＞并列连词"的演变过程触发了中古汉语（佛经文献语言）中"亦"的"类同副词＞并列连词"的演变。

既然东汉佛经中"亦"的"类同副词＞并列连词"演变是一种接触引发的语义演变，那么这种演变的机制是什么？换言之，东汉佛经中"亦"是如何获得并列连词这种功能的？我们认为其机制是"语义复制"（semantic replication）。语义复制指的是语言接触中复制语（replica language）复制了模式语（model language）的语义概念、语义组织模式（pattern of semantic organization）或语义演变过程。[1] 典型情形是复制语的使用者注意到模式语里有一个词项（多义词）S 具有 x、y 两个意义［即 S（x，y）］，于

---

[1] 朱冠明（2008b）注意到中古译经中汉语词汇的"语义移植"（semantic transfer）现象。所谓"语义移植"，按照朱冠明的解释，是指译师在将佛经原典语梵文（源头语）译成汉语（目标语）的过程中存在的一种现象：假定某个梵文词 S 有两个义项 $S_a$、$S_b$，汉语词 C 有义项 $C_a$，且 $S_a=C_a$，那么译师在翻译时由于类推心理机制的作用，可能会把 $S_b$ 强加给汉语词 C，从而使 C 产生一个新的义项 $C_b$（$=S_b$）。朱冠明（2008b）所说的"语义移植"在概念上与本章的"语义复制"基本相同。

是利用自己的语言里与 Sx 对应的语素 Lx，创造出与 Sy 对应的意义 Ly，从而复制了模式语的多义模式 S（x，y）。

    模式语　　　　　复制语
    S（x，y）　⇒　L（x，y）　　{条件：Lx＝Sx}

很显然，在我们讨论的语义复制过程中，作为后汉佛经原典语言的梵文是模式语，中古汉语则是复制语。我们可以将复制过程构拟如下：在后汉佛经原典语言梵文与中古汉语的接触中，作为"梵文—中古汉语"双语人的佛经译师，注意到梵文中的语法语素 ca 同时具有类同副词和并列连词两种用法，于是赋予中古汉语中的类同副词"亦"并列连词用法，从而复制了梵文语法语素 ca"类同副词—并列连词"的多功能模式。这导致中古汉语（佛经文献语言）中的类同副词"亦"产生并列连词用法。

    模式语　　　　　　　　　复制语
    （梵文）　　　　　　　　（中古汉语）
    S（x，y）　　　⇒　　　L（x，y）　　　{条件：Lx ＝ Sx}
    ca（类同副词—并列连词）　"亦"（类同副词—并列连词）

第二个问题是，既然东汉译经中"亦"的并列连词用法的产生是一种接触引发的语义演变，那么为什么"亦"的这种用法未见于同期的中土文献，而且最终在魏晋以后的文献（包括佛经）里消失？我们认为，对于这个问题，可作以下两种可能的解释。

第一，本章的"语义复制"在概念上属于"语法复制"（grammatical replication）的子集，后者是指一种语言（复制语）仿照另一种语言（模式语）中的某种语法模式，用自身的语言材料在复制语中创造出新的语法结构或语法意义（Heine，2008）。[1] 正如 Heine and Kuteva（2003，2005，2006）以大量事实所证明的，语法复制并非复制语受模式语中相关范畴的影响直接创造出一个新的成熟的语法范畴（full-fledged grammatical category），相反，它是一个"次要使用模式（minor use pattern）＞主要使用模式（major use pattern）＞成熟语法范畴"的连续、渐变的过程。Backus et al.（2011）认为，从一个完整的语法复制过程中至少可以离析出三个显著的发展阶段：①"临时复制"（nonce replication）。临时复制指的是某个说话人在复制语中使用受模式语的相似特征影响的新的特征。作为一种个体创新，临时复制本身具有高度的特异性和瞬时性，因而绝大部分不会在特定言语社团里扩散和传播。不过，某些临时复制也有可能流行开来，从而被其他说话人接受和模仿。②"浮现的演变"（emergent change）。浮现的演变是一种正在进行中的演变，导致一种新的次要使用模式的出现，但并没有产生任何新的语法范畴。浮现的演变可能会规约化，但也可能在使用一段时间后最终被最初的使用者或后代的说话人抛弃。③"完成的演变"（established change）。完成的演变是一种规约化的语法复制，导致新的主要使用模式的出现以及成熟的语法范畴的产生。Backus et al.（2011）认为，临时复制虽非演变，但是演变发生的必要条件；浮现的演变是临时复制发展为完成的演变的必由之路。因此，任何一个规约化的语法复制总是要经历"临时复制＞浮现的演变＞完成的演变"这样的渐变过程。具体到本章讨论的"亦"的"类同副词＞并列连词"演变，我们似乎可以说这种演变还处在语法复制过程中"浮现的演变"这一阶段。"亦"的并列连词用法还只是次要使用模式而非成熟的语法功能，所以在中古时期的使用范围仅限于佛经文献。

第二，汉魏以后"亦"已变成一个并不反映实际口语的书面（文言）

---

[1] Heine（2008：36）对语法复制的定义是，语法复制是指这样的过程：一种语言（复制语）的使用者，利用从自己的语言中可以得到的语言材料，仿照另一种语言（模式语）中的模式，在自己的语言中创造出一个新的语法意义或语法结构。

语词，而在实际口语中取而代之的是新型副词"也"。换句话说，在"亦"的并列连词用法进一步发展为成熟的语法范畴之前，"亦"本身作为一个语法词已退出实际口语，变成"文言虚字"。语法成分的消亡与其产生一样，也是一个渐变的连续过程。当一个语法成分步入衰亡之途时，最先消失的是其次要用法或非基本功能，而最后消失的是其主要用法或基本功能。这就是魏晋以后的佛经文献中"亦"还能以类同副词的身份出现，但其并列连词用法已消失殆尽的原因。支持上述推测的一个证据是"亦"的疑问副词用法的嬗变。据赵长才（1998：27）研究，"亦"在先秦时是个比较常见的疑问副词，但东汉以后其疑问副词用法"在文献中基本上消亡了"。

## 第 4 节 结语

上古汉语中的类同副词"亦"，在东汉译经中产生了一种新的、"非常古怪"的用法：在名词短语里作并列连词。关于"亦"的这种用法的来源，以往有种种不同的诠释。我们认为这些解释均有未安。与以往的看法不同，我们认为东汉译经中"亦"的并列连词用法是梵语虚词 ca 的"类同副词—并列连词"多功能模式以及"类同副词＞并列连词"的语法化过程的产物。换言之，东汉译经中"亦"的并列连词用法的产生是一种接触引发的语义演变。

以往我们在研究汉语演变时有一种比较流行的看法：关于一种语法现象出现或产生的原因，只有当缺少清楚的演变线索并且从汉语内部出发无法解释时，我们才可以诉诸语言接触等外部因素的解释；反之，如果有比较清晰的演变线索，并且从汉语内部出发能得到合理解释，那么这种语法现象就应该是汉语独立演变的结果。这种看法设定了一个未经论证的前提，即接触引发的语法演变一定是罕见的、异常的或不自然的演变。其实不然，跨语言的研究表明，语言独立发生的演变有可能是罕见的、异常的或不自然的演变，而语言接触引发的语法演变有可能是常见的、正常的或自然的演变。实际上，语言接触引发的演变与语言独立发生的演变之间唯一的区别是，前者有语言接触的动因而后者没有。举例而言，同样是"伴随介词＞工具介词"这种语法演变，在非洲部分语言以及东亚若干藏缅语中是独立发生的演变，而在欧洲地区的很多语言中则是接触引发的语法演变（参看 Heine and Kuteva，2006）。又如前所述，哈萨克语 da（de、ta、te）的"类同副词＞并列连词"演变是该语言独立发生的演变，而中古汉语（佛经文献语言）中"亦"的"类同副词＞并列连词"演变则是接触引发的演变。

# 第4章 从梵汉对勘看全称量化限定词"所有"的形成

## 第1节 引言

"所有"是现代汉语常见的全称量化限定词,意为"全部;一切","着重指一定范围内某种事物的全部数量",不受事物可否分类的限制(吕叔湘,1980:457、458)。在逻辑学中,"所有"与"任何"等词一样,都是全称量词。在进行汉语全称量化研究时,Yang(2001)将"所有"视为一个限定性全称量化词(determiner universal quantifier);董秀芳(2002:221)认为"所有"是指代性形容词;曹秀玲(2005:19)将"所有"称为全称限定符;刘丹青(2008:543)将"所有"归入全称量化词(universal quantifier);董正存(2010:26)认为"所有"是叠加性周遍表达的统指类词汇形式。虽然术语各异,但是学者们一般都认为,"所有"的语法属性是用来修饰名词或名词性短语的形容词,其语义内容是总括事物的数量。

本章尝试回答有关形容词"所有"形成的三个主要问题:第一,全称量化限定词"所有"是否来源于上古汉语所字结构"所+有"?董秀芳(2002:220—221)认为:"'所有'本是指'拥有的东西',其中'有'是一个动词,'所'加在'有'前,使其名词化。如:'凡邦国,小大相维,王设其牧,制其职,各以其所能;制其贡,各以其所有。'(《周礼·夏官·

职方氏》）"龙国富（2004）、毛向樱（2011）也持有相同观点。毛向樱更是明确指出，意为"所拥有的东西"的"所有"是其以后词汇化的来源。但是，名词化短语"所有"出现在主语和宾语位置上，而形容词"所有"出现在定语位置上。现有的研究未能很好地解释"所有"句法位置改变的过程及原因。

第二，全称量化限定词"所有"获得"全部、一切"语义的原因是什么？董秀芳（2002：221）提及，"'全部'的意思是由语境所额外赋予的"。从语境中获得的"全部"的意思被融入"所有"这个形式本身，"所有"最终黏合为一个指代性形容词，意为"整个、全部"。毛向樱（2011：161）认为："'所有'发生词汇化的动因主要在语用动因，主要指语用推理和语境义的吸收。"现有研究尚未证明"所有"是否因语用和语境而获得周遍性特征，也未解释它是在何种语境中获得全称统指功能的。

第三，全称量化限定词"所有"是什么时候形成的？徐颂列（1989：107）认为："大约在清朝建国后，'所有'才逐渐发展成为表示一类中全部的词语。江藩的《国朝汉学师承记·汪元亮》中就有'所有著述，于疾作时，皆投诸火'句。"但就目前可见语料来看，全称量化限定词"所有"的出现时间应当远早于清朝。董秀芳（2002：221）举出的例子是"死至命尽，所有财物，官爵俸禄，故在世间，不随人魂神去"（三国吴支谦译《佛说四愿经》）。毛向樱（2011：160）明确指出，"魏晋南北朝，特别是唐代以后的佛经中，'所有'这个短语的用法发生了改变"。关于"所有"最早出现的时间，还需要进一步探究。

除了上述三个主要问题，本章还将探究以下几个问题：全称量化限定词"所有"的形成是否与佛经翻译有关？佛经翻译导致的语言接触对"所有"的形成过程有何影响？"所有"是如何获得定语的句法位置的？"所有"是如何获得"全部、一切"这种全称量化语义特征的？

## 第 2 节 "所有"在历史文献中的使用

### 2.1 先秦及西汉文献[1]中的"所有"

在北京大学 CCL 古代汉语语料库中,可以检索到"所+有"字段共 13542 个。[2]"所有"在先秦至民国的中土文献中出现 5884 次,占总数的 43.45%;在佛教文献中出现 7658 次,占总数的 56.55%。佛经翻译在宋元时期已经式微,若是只统计"所+有"在上古、中古汉语中的使用情况,则"所有"在中土文献中出现的次数更少,仅有 412 次,与佛教文献中"所有"的出现次数(7658 次)之比约为 1∶19,差距很大。

先秦及西汉文献中"所有"字段出现次数极少,仅有 60 余次,且它们均为名词化短语,并未出现在全称量化限定词"所有"的语法化临界环境中。从句法上看,名词化短语"所有"倾向于出现在主语、动词(介词)宾语等位置上,也可以充当判断句的谓语。例如:

(1) 王设其牧,制其职,各以其所能;制其贡,各以其所有。(《周礼·夏官·职方氏》)
(2) 泽皋织网,陵阪耕田,得以所有易所无,以所工易所拙。是故离叛者寡,而听从者众。(《淮南子·齐俗训》)

在上古汉语中,"所有"不可以出现在定语位置上,只能出现在中心

---

[1] 本节检索过的先秦及西汉文献包括《国语》《左传》《墨子》《公孙龙子》《穀梁传》《管子》《韩非子》《吕氏春秋》《孟子》《荀子》《晏子春秋》《仪礼》《逸周书》《周礼》《庄子》《楚辞》《新书》《礼记》《淮南子》《法言》等。

[2] 在检索"所有"字段时,并未区分"所有"成词的非典型环境(untypical context)与临界环境(critical context)。"所有"字段既包括合成词"所有",也包括"所"与"有"的随机搭配。

语位置上，受到定语的限定。例如：

（3）好利恶害，夫人之<u>所有</u>也。（《韩非子·难二》）
（4）古者诸侯时献于天子，以其国之<u>所有</u>，故有辞让，而无征求。（《穀梁传·桓公十五年》）

从语义上看，名词化短语"所有"发生转指，提取宾语，意为"所拥有的（东西）"。"所+有"的名词化用法沿用至今，保存在成语等凝固结构里，如"一无所有""倾其所有"等。但是，量化词"所有"并非上古时期名词化短语"所+有"词汇化的结果，不可以简单地认为全称量化限定词"所有"来自"所+V"名词化短语。

## 2.2 东汉《道行般若经》中的"所有"

从东汉佛经翻译活动开始，"所有"的出现频率显著增加。我们在东汉的译经中发现了"所有"的临界环境用例，这个时间早于之前学者所说的三国魏、晋（董秀芳，2002；毛向樱，2011）。现以东汉支娄迦谶所译《道行般若经》为例进行说明。在《道行般若经》中，"所+有"字段共出现 84 次，有 23 例"所有"出现在定语位置上，从数量角度对名词中心语进行限制。[1] 其中，有 15 例"所有"的前面有范围限定成分，例如：

（5）佛<u>所有</u>诸法本皆净，何等为菩萨得法净？（《道行般若经》卷八）

---

[1]《道行般若经》中"所有"的使用情况还包括以下几种：第一，疑问代词"何所"与动词"有"连用，共 4 例，如"诸经法皆空，何所有狐疑厌者?"第二，作动词，表示领属、拥有，仅 1 例，为"受经之人无所爱惜，在所索者不逆其意，法师所有经卷而不肯现，亦不顺解，其受经者便不欢乐，两不和合，不得学书成般若波罗蜜"。第三，名词短语"所+有"，共 55 例，其中 4 例出现在主语位置上，51 例出现在宾语位置上，如"识无所生，为非识故，亦不出识中，亦不入识中，法中计了无所有"。而在宾语位置上出现的名词短语"所+有"中有 33 例都受到谓语"无"的支配，出现的句法环境比较受限。

(6) 是菩萨一切法悉受得之，过去、当来、今现在佛所有法悉得持护。（《道行般若经》卷六）

(7) 其城中无有异人，皆是菩萨，中有成就者，中有发意者，皆共居其中，快乐不可言，其中所有服饰、玄黄、琦珍不可复计。（《道行般若经》卷九）

(8) 愿佛为我说经法，我从佛闻经。闻经已，诸佛所有经法我皆欲悉得之。（《道行般若经》卷九）

(9) 一佛境界所有魔，各各于其所止处不安。（《道行般若经》卷九）

(10) 一佛境界中诸海所有水，取一发破为百分，从中取一分，以一分之发取海水尽，尚可数知几渧。（《道行般若经》卷八）

(11) 阿僧祇佛刹所有境界虚空持一斛半斛，一斗半斗，一升半升，尚可量空知几所，阿惟颜菩萨行劝人、助其欢欣，其福不可极。（《道行般若经》卷八）

另有 8 例定语位置上的"所有"不带范围限定成分，例如：

(12) 若所有近者不念言近，若远者亦不念言远。（《道行般若经》卷八）

(13) 所有功德稍稍欲成满，心极清净，悉受得之，其功德过出于世间。（《道行般若经》卷六）

(14) 城傍行菩萨，了了净洁，心无所念，不入阿罗汉法中住，不入辟支佛法中住，所有恶心不受，禅悦弃定，于三昧中悉逮得，所愿悉具足度。（《道行般若经》卷七）

(15) 佛天中天所说法，于其法中复学诸所有功德，乃于诸般泥洹佛所作功德，都计之合之，劝助为尊，种种德中为极是上。（《道行般若经》卷三）

(16) 人民道经所入慧所说，过去、当来、今现在所说，是一切皆从是

般若波罗蜜藏中出诸所有经法。(《道行般若经》卷十)

定语位置上的"所有"不再只有领属义,而是开始具有全称量化限定作用。例(16)中"一切"与"所有"对举,二者意义、用法相当。上述例(12)至例(16)中的"所有",不但可以出现在定语位置上,而且在语义上不再表示领属关系,已经成为全称量化限定词。量化限定形容词"所有"的语法化临界环境可以形式化为"(范围NP+)所有+目的物NP"。它的临界性特征包括以下三个:①"所有"可以出现在定语位置上;②从数量角度对目的物NP进行限制,"表示论域之类的所有成员,没有例外"(刘丹青,2008:543);③范围NP出现与否均可,范围NP与目的物NP并非必须是领属关系。

"所有"能够限定的名词性成分比较自由,既可以是名词"香、相、水、人、魔、境界、经法、行、功德、法",也可以是短语"近者"、"勤苦之疾","服饰、玄黄、琦珍"。"所有"及其所限定的名词中心语倾向于出现在主语位置上,较少出现在宾语位置上。

表示全量指称的"所有"经常与范围副词"皆""悉"同现,表示数量关系,如例(5)(8)。当然,我们也可以看到,形容词"所有"形成之初,存在一些特殊的用法,"所有"前还可以出现表示复数的修饰成分"诸",如"诸所有功德""诸所有经法"等。

## 2.3 唐代以后中土文献中的"所有"

从唐代开始可以在中土文献中见到定语位置上的形容词"所有",但数量较少,例如:

(17) 兴元城固县有韦氏女,两岁能语,自然识字,好读佛经。至五岁,一县所有经,悉读遍。至八岁,忽清晨薰衣靓妆,默存牖下。(《酉阳杂俎续集》卷三)

(18) 陛下所有短长，此人多不肯隐，但容纳之，亦是善事。（《魏郑公谏录》卷三）

晚唐五代时期，形容词"所有"的使用频率有所上升。值得注意的是，此时的全称限定形容词"所有"比较集中地出现在中土佛教撰述之中，如《敦煌变文集》《祖堂集》等。这表明，全称量化限定表达成分"所有"的形成与佛教有关，其是以中土佛教撰述作为载体对汉语产生影响的。例如：

(19) 儿拟外州，经营求财，侍奉尊亲。家内所有钱财，今拟分为三分：一分儿今将去，一分侍奉尊亲，一分留在家中。（《敦煌变文集》卷六）

(20) 未见我佛在俗之时，家竭所有七珍，设斋布施于一切。（《敦煌变文集》卷六）

(21) 是日为诸徒众广说《大涅槃经》之义。前后一年，听众如云，施利若雨。所有听人，尽于会下。（《敦煌变文集》卷二）

(22) 从此所有歌行、偈颂皆是其姊集也。（《祖堂集》卷三）

明清以后，"所有"的使用频率显著增加。在北京大学 CCL 语料库的清代中土文献中检索到 1819 个"所有"字段，民国文献中"所有"字段的数量较清代又有所增加，达到 2333 个。除去少量名词化短语"所有"，清代与民国文献中的"所有"大多是全称量化限定形容词。值得我们注意的是，从明代开始，文献中出现了"所有＋的＋N/NP"结构。"所有"的全称量化限定功能显著的语言表现便是"所有＋的＋N/NP"结构的出现。"所有"与其所限定成分之间由可以充当定语标记的结构助词"的"连接，这说明"所有"进一步虚化了。"所有的＋N/NP"与"所有＋N/NP"存在着细微的语义差别："所有的 NP 倾向于指称一定范围内的事物的全体，而

'所有NP'倾向于指称一类事物的全体。""'所有DP'指称的是封闭集合的集合，而'所有NP'指称的是开放集合的集合。"（伍雅清、杨稼辉，2011：29、30）例如：

（23）一天，贾似道在半闲楼凭栏瞭望，所有的姬妾都在旁边侍候。（《剪灯新话》卷四）

（24）此屋中所有的物尽与汝弟，其外田园照旧与你。（《包公案》第七十七回）

（25）地方官一时没有安置他们的地方，只得把地方上所有的寺庙都借给那班饥民居住。（《九尾龟》第一百八十七回）

（26）大人跟前的戈什喊一声"起去"，所有的兵丁，齐齐答应一声"嗄"！（《官场现形记》第六回）

从形容词"所有"在历史文献中的分布情况来看，其最早出现在东汉译经中，并在东汉之后的古代汉文佛教文献中持续出现。古代汉文佛教文献大致可以分为三种类型：全部的汉译佛经、中土佛教人士的撰述和以宣传佛教教义为目的的文学作品。汉译佛经是佛教文献的主体，它的语言是古代汉文佛教文献语言的基础和主体。虽然汉译佛经语言是"一种与当时的书面语和口语都有一定距离，并令当时的读者有些陌生和不习惯的语言"，但是"在佛教力量的支配和印度文化的吸引力的双重作用下，汉地人民不但通过汉译佛典了解了印度佛教，同时也熟悉了汉译佛典的语言，进而还有了模仿这种语言进行的言语创作。这个过程的实质既是印度佛教本土（中国）化，也是汉译佛经语言向全民汉语的过渡"（朱庆之，2001：7）。随着敦煌变文与禅宗语录等中土佛教文学作品大量使用形容词"所有"，"所有"的全称量化用法开始被中土人士接受。

## 第 3 节 "所有"全称量化限定用法的产生

### 3.1 《金刚经》中"所有"的用法

"所有"的全称量化限定用法最早出现在东汉译经之中,而在东汉以及东汉之前的中土文献中却未曾出现,甚至连可以重新分析的用例都没有。我们关心的问题是,形容词"所有"的形成是汉语自身发展的结果,还是受到了佛经翻译的影响?

本节使用《金刚经》梵汉对勘语料,考察"所有"在梵文原典中的对应情况。选择《金刚经》的原因在于,其是大乘佛教初期的代表性经典,在中国佛教界流传极广,僧俗两界对其都非常推崇。《金刚经》多次被译为汉语,现存后秦鸠摩罗什、北魏菩提流支、陈真谛、隋达摩笈多、唐玄奘及唐义净等 6 种译本。《金刚经》的 6 位译者分别为佛经翻译史上不同阶段的代表性人物,代表了不同的翻译风格。更为重要的是,《金刚经》有宝贵的梵文平行本存留,而且学界对此梵本作过较多的校勘整理工作,可以保证梵汉对勘成果的可靠性(胡海燕,1985)。

对分属于不同时代、不同母语背景的译者、不同文体的佛经异译本作共时与历时的比较,可以帮助我们判断"所有"的全称量化用法只是译经中一种偶然的现象,还是译者们共同的选择。如果异时、异地、异语的译者都选择"所有"来限定一定范围内某种事物的全部数量,那么我们可以有保留地推测,"所有"与梵文原典中的某些词语或构式存在对应关系,这种用法又通过佛经翻译对中古汉语产生一定的影响。

《金刚经》6 种译本共出现 86 个"所有"字段,包括"所+有"随机字符串 1 个、梵语标句词仿译标记"所有"4 个、全称量化限定词"所有"81 个。"所有"在梵文原典中的对应情况如下表所示。

表 1　"所有"在梵文原典中的对应情况

| 语法意义 | 梵文对应形式 | 数量 | 总计 |
|---|---|---|---|
| 全称量化限定词 | yāvat 引导的量化关系从句 | 68 | 81 |
| | yad 引导的关系从句 | 5 | |
| | X-samā 复合词 | 2 | |
| | 疑问词＋cit（否定句） | 6 | |

## 3.2 "所有"全称统指用法的来源：yāvat 引导的量化关系从句

在《金刚经》的 6 种汉译本中，有 68 个全称量化限定词"所有"与由 yāvat 引导的量化关系从句相关。[1] 根据《梵英大辞典》（Monier-Williams，1988：852）的解释，yāvat 是梵语中的关系代词，由关系代词 yad 演化而来，意为"as great, as large, as much, as many, as often, as frequent, as far, as long, as old"。yāvat 经常与 tāvat 配对使用，有时也与关系代词 yad 或者 yathā ukta 等搭配使用，意为"applied to the first unknown quantity or so much of the unknown as its co-efficient number"，即通过比况的方法，以某种已知范围内事物的数量来说明未知事物的数量。荻原云来（1979：1093）、平川彰（1997：525）都明确指出，量化关系代词 yāvat 在汉译佛经中被译为"所有"。《荻原云来〈汉译对照梵和大辞典〉汉译词索引》（朱庆之、梅维恒，2004：279）中的记载也可以为 yāvat 与"所有"之间的对应关系提供佐证。

梵文原典中由 yāvat 引导的关系从句在《金刚经》6 种异译本中被译为

---

[1] 另有 2 例全称量化限定词"所有"对应梵文原典中的 X-samā 复合词。 例如：
　　如诸恒河所有沙数，如是沙等身命舍以布施。（真谛译本）
　　"如诸恒河所有沙数"对应原典中的复合词 gaṅgā-nadī-vāluka-samāṃ（恒—河—沙—相同）。 samā 意为"与……数量相同的"。 真谛等译师将 samā 译为"所有"也是对"所有"全称统指用法来自量化关系从句的一个证明。

"所有"及其所在句子,这是6位译者共同的选择,表现出一种强制性与规律性。例如:

(27) yaś ca khalu punaḥ subhūte strī vā puruṣo vā yāvantas tri-sāhasra-mahā-sāhasre loka-dhātau sumeravas parvata-rājānas tāvatas rāśīn saptānām ratnānām abhisaṃhṛtya tath āgatebhyo 'rhadbhyaḥ samyak-saṃbuddhebhyo dānaṃ dadyāht.

鸠译:须菩提,若三千大千世界中所有诸须弥山王,如是等七宝聚,有人持用布施。

菩译:须菩提,三千大千世界中所有诸须弥山王,如是等七宝聚,有人持用布施。

真译:须菩提,三千大千世界所有诸须弥山王,如是等七宝聚,满此世界,有人持用布施。

笈译:若复,善实,所有三千大千世界须弥山王,彼所有聚七宝普散,如来应等正遍知施与。

玄译:复次,善现,若善男子或善女人集七宝聚,量等三千大千世界其中所有妙高山王,持用布施。

义译:妙生,若三千大千世界中所有诸妙高山王,如是等七宝聚,有人持用布施。

此句意为"须菩提啊,如果有一位女子或男子,三千大千世界中有怎样多的须弥高山,就积聚那样多的七宝之堆,将这些财物布施给诸如来、诸应供、诸正等觉者"。[1] 相关句子的梵文语法信息标注[2]如下。

---

[1]《金刚经》译文主要参考许洋主(1995),下同。
[2] 梵文语法信息标注的缩略语如下:m.阳性;n.中性;f.阴性;N.体格;AC.业格;G.属格;L.依格;sg.单数;pl.复数;rel.关系代词;indef.pron.疑问代词;dem.pron.指代词;abs.绝对分词;opt.祈愿式;P.主动语态。

| yāvantas | tri-sāhasra-mahā-sāhasre | loka-dhātau | sumeravas |
|---|---|---|---|
| rel.f.pl.N | m.sg.L | m.sg.L | m.pl.N |
| 像……这样多的 | 三—千—大—千 | 世—界 | 须弥(妙高) |

| parvata-rājānas | tāvatas | rāśīn | saptānām | ratnānām | abhisaṃhṛtya. |
|---|---|---|---|---|---|
| m.pl.N | m.pl.AC | f.pl.AC | n.pl.G | n.pl.G | abs |
| 山—王 | ……那样多的 | 聚 | 七 | 宝 | 积聚 |

在梵文原典中,"yāvantas tri-sāhasra-mahā-sāhasre loka-dhātau sumeravas parvata-rājānas tāvatas rāśīn saptānām ratnānām abhisaṃhṛtya"是一个典型的"yāvat… tāvat…"量化关系从句。其语义关系如下图所示：

图 1

对于例（27）而言，目的物"rāśīn saptānām ratnānām"（七宝聚）的数量是未知的，需要进行说明。说明数量的方法是，在范围名词短语"tri-sāhasra-mahā-sāhasre loka-dhātau"（三千大千世界）中有多少数量的参照物"sumeravas parvata-rājānas"（须弥山王），就有多少数量的目的物"rāśīn saptānām ratnānām"（七宝聚）。关系代词 yāvat 所引导的从句通过比况来限定主句中目的物的数量。梵文原典中这个关系从句的句法、语义关系及 6 位译者的翻译方法如下表所示。

表 2

| 译者 | 从句 | | | 主句 | | |
|---|---|---|---|---|---|---|
| | 关系代词 | 范围 NP | 参照物 NP | 代词 | 目的物 NP | 谓语动词 |
| | yāvantas | tri-sāhasra-mahā-sāhasre loka-dhātau | sumeravas parvata-rājānas | tāvatas | rāśīn saptānām ratnānām | abhisaṃhṛtya |
| 鸠 | 所有 | 三千大千世界中 | 诸须弥山王 | 如是等 | 七宝 | 聚 |
| 菩 | 所有 | 三千大千世界中 | 诸须弥山王 | 如是等 | 七宝 | 聚 |
| 真 | 所有 | 三千大千世界 | 诸须弥山王 | 如是等 | 七宝 | 聚 |
| 笈 | 所有 | 三千大千世界 | 须弥山王 | 彼所有 | 聚七宝 | 普散 |
| 玄 | 所有 | 三千大千世界其中 | 妙高山王 | 量等 | 七宝聚 | 集 |
| 义 | 所有 | 三千大千世界中 | 诸妙高山王 | 如是等 | 七宝 | 聚 |

在 6 种异译本中，关系代词 yāvat 都被译为"所有"。从句法位置看，只有笈多译本中的"所有"位于句首。这与笈多的翻译风格有关。朱庆之（2006：10）指出，"笈多用汉语的字词将原文的词句，连同语法结构和语义结构，甚至包括了形态成分，按意译的方式全部'转写'下来，而且完全没有用音译"。梵文原典中的 yāvat（yāvantas 是其阴性复数体格形式）位于句首，所以笈多便严格依照原典语序，将"所有"置于"三千大千世界"之前。而在其他 5 种译本中，"所有"位于"三千大千世界"与"须弥（妙高）山王"之间。

从梵汉对勘看，例（27）中的"所有"有如下两种语义内容。

第一，广义存在关系，即"某处所 X 存在着若干数量的某种事物 Y"。[1] 因为梵语主要依靠名词（代词、形容词）格位变化与动词形态变化表达句法关系，所以在 yāvat 所引导的从句中可以出现存现动词 √bhū

---

[1] 袁毓林等（2009）将"有"字句的基本语义关系模式归纳为 4 种，分别是领属、包含、包括和存在。

（是、有），也可以省略。无论省略与否，梵语依格范围 NP 与参照物 NP 之间都是存现关系，所以汉译本中才会出现动词"有"。但是，因为动词"有"前出现了关系代词"所"，"三千大千世界所有"中的"有"不再是句中的完整谓词，而成为起语义特征作用的降级述谓结构，在句中充当"须弥（妙高）山王"的定语。"所有"因此获得了出现在定语位置上的资格，这使其进一步语法化为形容词成为可能。

第二，数量关系。"所有"所在句子对译梵文"yāvat… tāvat…"量化关系从句，对有定范围内全部物体的数量进行概括，从而使"所有"获得了全称量化的语义特征。如果严格对应梵文原典的句法关系及语义关系，则例（27）中的"三千大千世界"是名词短语作主语，"所"是量化关系代词，存现动词"有"充当谓语，"须弥（妙高）山王"是宾语。换言之，汉译本中对译梵文原典 yāvat 的"所有"具备如下特征：①出现在由关系代词"所"引导的量化关系从句中；②动词"有"表示广义存在关系；③"所有"意为"有怎样数量的……"；④"范围 NP＋所有＋参照物 NP"为"主语＋谓语＋宾语"关系。

但是，对于不了解梵语语法规则的中土佛经读者而言，"所有"原本的确切语义内容"有怎样数量的……"反而被忽视了。在重新分析之后，"所有"被认为具备如下特征：①"所有"意为"全部、一切"；②"范围 NP＋所有＋参照物 NP"的句法关系是"范围定语＋形容词＋中心语"。这种心理机制造成了对"所有"的句法与语义特征的双重分析。例（27）中的"所有"存在着从"所＋有＋NP"（佛经译者）到"所有＋NP"（佛经读者）两可的过渡状态。重新分析是语法化发生的机制之一。在翻译作品中，重新分析正是以双重分析为前提的。对于翻译作品而言，源头语言与目标语言之间的差异、译者的意图与读者的理解之间的错位，都使得汉译佛经中的某些语言现象存在双重分析的可能，并且进一步推动词汇、语法的演变。

在 yāvat 单独使用时，"所有"的全称量化限定表达功能更加明显。

例如：

(28) 鸠译：三千大千世界<u>所有</u>微尘，是为多不？

此句意为"像三千大千世界中的尘土那么多数量的尘土很多吧？"在梵文原典中对应的句子的语法信息标注如下：

| yāvat | tri-sāhasra-mahā-sāhasre | loka-dhātau | pṛthivī-rajas |
|---|---|---|---|
| rel | m.sg.L | m.sg.L | n.sg.N |
| ……这样多的 | 三—千—大—千 | 世—界 | 地—尘 |

| kad-cit | tat | bahu | bhavet. |
|---|---|---|---|
| indef.pron.n.sg.N | dem.pron.n.sg.N | adj | opt.3.sg.P |
| 表示疑问 | 它 | 大量的 | 是 |

在梵文原典中，"yāvat tri-sāhasra-mahā-sāhasre loka-dhātau pṛthivī-rajas"是数量关系从句的从句，意为"像三千大千世界中微尘这么多的"，对目的物 pṛthivī-rajas（微尘），即主句中代词 tad 所指代的对象进行数量限定。"tri-sāhasra-mahā-sāhasre loka-dhātau"（三千大千世界）表示范围，"三千大千世界有这样多的微尘"就意味着"三千大千世界全部的微尘"。数量关系从句的这种语义关系就是"所有"全称量化限定语义特征的来源。

例（28）中量化关系从句的参照物与目的物都是 pṛthivī-rajas（微尘），而且量化关系代词 yāvat 单独使用，主句不需要再有先行词与其呼应。鸠摩罗什将例（28）译为"三千大千世界所有微尘，是为多不？"在这样的句法环境中，"所有"的倚变量化语义特征更加容易被不懂梵语的读者忽视，"所有"仅仅被视为一个全称量化限定成分。

佛经梵文原典中与数量有关的夸张笔法很常见，它们常常使用"yāvat...tāvat..."量化关系从句，而且结构非常繁复。例如：

（29）yāvatyas gaṅgāyām mahā-nadyām vālukās① tāvatyas eva gaṅgā-nadyas bhaveyus② tāsu yās vālukās③ api nu tās bahvyas bhaveyus④.

鸠译：如恒河中所有沙数，如是沙等恒河，于意云何？是诸恒河沙宁为多不？

菩译：如恒河中所有沙数，如是沙等恒河，于意云何？是诸恒河沙宁为多不？

真译：于恒伽所有诸沙，如其沙数所有恒伽，诸恒伽沙宁为多不？

笈译：所有恒伽大河沙，彼所有如是恒伽大河有，彼中若沙虽然彼多沙有？

玄译：乃至殑伽河中所有沙数，假使有如是沙等殑伽河，是诸殑伽河沙宁为多不？

义译：如殑伽河中所有沙数，复有如是沙等殑伽河，此诸河沙宁为多不？

| yāvatyas | gaṅgāyām | mahā-nadyām | vālukās | (bhaveyus) |
|---|---|---|---|---|
| rel.f.pl.N | f.sg.L | f.sg.L | f.pl.N | (opt.3.pl.P) |
| ……这样多的 | 恒伽 | 大—河 | 沙 | （有） |

| tāvatyas | eva | gaṅgā-nadyas | bhaveyus. |
|---|---|---|---|
| rel.f.pl.N | adv | f.pl.N | opt.3.pl.P |
| ……那样多的 | | 恒伽—河 | 有 |

此句意为"在〔［如恒河中的<u>沙粒</u>那样多的］恒河之中的〕全部<u>沙粒</u>很多吧？"这是一个多重定语从句，层次关系可以图解如下：

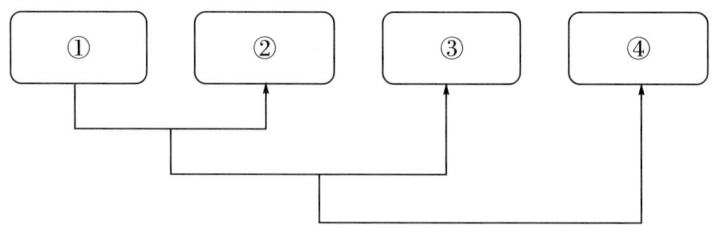

图 2

首先，句①"yāvatyas gaṅgāyām mahā-nadyāṃ vālukās"（恒伽大河里有多少沙子）与句②"tāvatyas eva gaṅgā-nadyas bhaveyus"（有多少数量的恒伽大河）相关，前一句对后一句中恒伽大河的数量进行限定。其次，句③"tāsu yās vālukās"［它们（恒河）当中的全部沙粒］与句④"api nu tās bahvyas bhaveyus"［它们（恒河中的沙粒）是很多吧］相关，前一句对后一句中的主语 tās（指代恒河中的沙粒）的数量进行限定。句①②又对句③中代词 tāsu 的数量进行限定。理清如此复杂的语义关系，对于佛经译者来说是一项艰巨的挑战。更何况上古、中古汉语中的关系从句并不多见，译者们需要苦苦思索翻译的方法。最后的解决方案便是使用"所有"对译梵语量化关系从句"yāvat… tāvat/tad…"。

存现动词√bhū（有）在 yāvat 量化关系从句中大都以祈愿语气形式出现，在句中表示一种不与事实相反的假设。因此，玄奘才会将例（29）中的句②译为"假使有如是沙等殑伽河"。这与全称量化限定词"所有"的逻辑基础，即基于可能性的假言观一致。"维特根斯坦指出，'所有'不是基于现实世界的列举和归纳所得的命题形式，而是建立在可能性基础上的假言逻辑形式。"（徐为民，2005：24）汉译佛经中，"所有"的高频搭配对象是"法、功德、人、境界"等不定指抽象名词，难以计数。"所有"在这里的功能并非列举归纳全部实存的对象，而只是强调一定范围内对象的完全性。

根据 Heine and Kuteva（2005：81）、吴福祥（2009c：195）的研究，可以对"所有"的语法化过程作如下总结：佛经译者，即汉语（复制语）的使用者注意到梵语（模式语）中存在一个全称量化表达手段——由 yāvat 或 yad 引导的量化关系从句。佛经译者要利用从译经目的语言（复制语，即汉语）中可以得到的使用模式来创造出与之对等的范畴，即关系代词"所"与动词"有"，于是依照普遍的语法化策略，使用汉语中的关系从句标记"所"与存现动词"有"来创造全称量化限定范畴的语法标记。重新分析得以发生的原因在于，佛经译者的意图与读者的理解之间存在错位现象。这种错位现象产生的原因是，上古汉语存在着与译师创造的新的语言表达形式相同或相近的词汇或构式。最终，"所有"由"关系代词＋存现动词"形式语法化为全称量化限定词"所有"。

## 第4节 中古汉语里新的量化表达手段被接受的原因

限定词是能"限定"名词意义的词类，使名词的特指、类指或数量等语义特征明确。根据句法位置的不同，限定词有前限定语与后限定词之分。在汉语全称量化表达系统中，量化成分不但可以出现在名词短语之前，而且可以出现在名词短语之后，特别是动词之前。也就是说，汉语中的量化词不但包括在名词性短语中起数量限定作用的词语，而且包括其他句法位置上的量化成分，如总括副词"都"等。

上古汉语时期，定语位置上的量化表达手段非常少见。董正存（2010）比较详尽地列举了文献中最为常见的89个统指类全称量化词，如"都卢、总是、尽皆、是凡、一应、凡"等。我们在北京大学CCL语料库、台湾"中研院"上古汉语标记语料库中对这些词语逐一进行检索后发现，上述89个统指类全称量化词在上古汉语中出现32例，在中古汉语中出现25例，在近代汉语中出现32例。而且在上述89个统指类全称量化词中，只有19个可以出现在限制名词或名词短语的定语位置上，其中，上古汉语中只有2个统指类全称量化词可以作定语，中古汉语中新产生了9个，近代汉语中新产生了8个。与定语位置上统指类全称量化词数量稀少相比，状语位置上可以使用71个统指类全称量化词，二者数量悬殊。这说明，在上古汉语时期，可以充当定语的统指类全称量化限定词数量稀少。

因为上古汉语中缺少定语位置上的量化表达成分，所以译师们在将梵文原典中的量化表达词汇或句子译为汉语时，需要寻找各种有效的手段。

在东汉译经初始阶段，甚至会出现一些语言偏误现象。例如：

（30）是悉阿罗汉，过去世时皆求菩萨道，不能得佛，今皆取阿罗汉已，如是比丘当何从得佛？（《道行般若经》卷六）

（31）是悉菩萨，皆供养如恒中沙佛，以皆与衣被、饮食、床卧具、医药悉具足，皆从如恒中沙佛受行法问慧，当所施行，如法住、如法求，皆入中作是学、作是受、作是行，悉以尚不能得佛。（《道行般若经》卷六）

"悉"是在甲骨文、金文时期便已经产生的范围副词，上述两例中却将其误用为定语，对"阿罗汉""菩萨"进行全称数量限定。

正是因为定语位置上统指类全称量化限定词数量较少，所以中古时期佛经翻译导致的梵汉语言接触使汉语产生了全称量化表达的新词汇与新构式。汉译佛经中的量化表达方法受到的影响较为系统，不仅是"所有"，量化限定词"一切、若干"等的产生也与佛经翻译有着密切的关系。相较于梵汉语言接触引发的演变和借用发生之前可以利用的全称量化限定表达类型，这些新的量化词、量化构式与量化句构成了更为广泛的表达手段和话语选择。

# 第 5 节　结语

全称量化限定词"所有"的形成是翻译活动导致的通常性接触所引发的语法化的典型例子。全称量化限定词"所有"并非直接来自上古汉语中的名词化短语"所有"，而是与其所在小句"X＋所＋有＋Y"有关。"所有、一切、若干"等词受到佛经翻译的影响，从东汉开始成为量化表达手段，并且沿用至今。佛经翻译导致的梵汉语言接触对汉语语法产生的影响,绝大多数是以语法词的形式表现出来的,如己称代词"自己"、并列连词"若"、句末连词"故"和并列连词"亦"等(朱冠明,2007;龙国富,2008;王继红、朱庆之,2013;徐朝红、吴福祥,2015)。

  根据临界频率假设,临界环境实例的不断出现引发同一语用推理过程的反复,导致目标义的习用化和惯常化,最终导致语法化的发生(彭睿,2011:15)。如果使用"共时强度"和"历时厚度"两个参数来衡量佛经翻译对"所有"产生的影响的话,那么从东汉佛经翻译开始,历时上千年,语法化项临界环境中的"所有"实例在不同译者、不同时代、不同类型的佛教文献中持续出现,这在共时层面增加了语用推理的次数,相应地,推理义(目标义)的惯常化程度也有所提高,并且能够在人们的心理认知中积累与传承,使佛经翻译导致的语言接触得以实现。

# 第 5 章  甘青方言中若干附置词"伴随—工具—方所[1]"多功能模式的来源

## 第 1 节  引言

本章所说的"甘青方言"主要是指甘肃、青海交界的河湟方言，分布在甘肃临夏回族自治州（古河州）和青海东部农业区。这两个毗连的多民族地区因处于黄河上游及大夏河、湟水河流域，自古便以"河湟之地"并称（张安生，2013：291）。此外，"甘青方言"还包括河湟周边的一些方言，如甘肃天祝、临潭以及白龙江流域的汉语方言。据《中国语言地图集》（中国社会科学院语言研究所等，2012：63、70—71）记载，这些方言大多属于中原官话秦陇片、陇中片或河州片，少数属于兰银官话河西片（如天祝方言）。

在甘青河湟地区，除汉族外，还分布着回族、藏族、蒙古族、东乡族、撒拉族、土族、裕固族、保安族和哈萨克族等民族。在语言方面，汉族和回族说汉语，其他民族都有自己的语言，同时将汉语作为第二语言。在汉藏语系语言和阿尔泰语系语言长期密切的接触中，该地区逐渐形成兼有两种语系语言特征并具有区域特色的语言区域（钟进文，1997：44；徐丹、贝罗贝，2018：5）。我们注意到，甘青方言中有些虚词的多功能模式

---

[1] 本章所说的"方所"功能包括"源点""处所""方向""终点""经由"等空间语义角色。

也具有区域特征，比如"伴随—工具—方所"的多功能模式所体现的语义组织模式和语义演变路径具有显著的区域特色。

本章将讨论甘青方言中几个兼表伴随、工具和方所的多功能虚词，着重分析其"伴随—工具—方所"多功能模式的来源。

## 第 2 节　甘青方言中若干兼表伴随、工具与方所的多功能虚词

甘青方言中有一些虚词兼具伴随、工具和方所三类功能，如前置词"连""带""来""在"和后置词"啦/拉""俩/唡"；也有一些虚词只具备伴随和工具两类功能，如前置词"跟"和后置词"两个""咧"。下面一并对这两类多功能虚词加以介绍。

### 2.1　前置词

#### 2.1.1　连

多功能虚词"连"主要见于陕西、甘肃、宁夏、新疆和山西等地方言（金小栋、吴福祥，2016：387—390）。就伴随、工具和方所三类功能而言，"连"在不同方言中的功能不同：在陕西西安、宁夏同心、山西万荣等方言中"连"只表伴随；在新疆吉木萨尔方言中"连"兼表伴随与工具（周磊、王燕，1991：140）；而在甘肃方言（如临潭、天祝、通渭方言和白龙江流域汉语方言）中"连"的功能最多，兼具伴随、工具和方所三类功能，例如：

（1）甘肃临潭方言"连"[liæ$^{24}$]（刘小丽，2012：68—69）
　　a. 伴随：<u>连</u>你过日子就是脑子进水了。跟你生活的话可能是大脑不正常。[1]

---

[1] 本章所引用的方言例句，有的对全句加注解，有的只对句中某个/某些词语加注解；所引用的民族语言例句，大多逐词对译，也有少数没有逐词对译的，体例显得不太统一，这是照录原文所致。

b. 工具：你连脚要开门！你不要用脚开门！

c. 源点：实话没钱，你连别处寻去。真的没钱，你从别处找吧。

（2）甘肃天祝方言"连"（宋珊，2017：51—52）

a. 伴随：明个学里你连谁去里？明天学校你和谁一起去呢？

b. 工具：致个笔不下水，你就连那个笔写。这支笔不下水，你就用那支笔写字。

c. 经由：你连这门家走，那们家不好走。你从这边走，那边路不好走。

（3）甘肃白龙江流域汉语方言"连"[ɕlan]（莫超，2004：122—123、120）

a. 伴随：你连他两该到青海去。你跟他两个到青海去。

b. 工具：你连铅笔写，要连水笔写。你拿铅笔写，别拿钢笔写。

c. 源点：我跟前没致本书，我连别处给你找。我跟前没这本书，我从别处给你找。

d. 经由：你连前头过，要连后头走。你从前面过，不要从后面过。

e. 方向：我们连屋里说话去。我们到屋子里去说话。

上述方言中"连"的多功能模式如表1所示。

表1 部分方言中"连"的多功能模式

| 方言 | | 功能 | | |
|---|---|---|---|---|
| | | 伴随 | 工具 | 方所 |
| 陕西西安、宁夏同心、山西万荣等 | | ＋ | | |
| 新疆吉木萨尔 | | ＋ | ＋ | |
| 甘肃 | 环县 | ＋ | | ＋（源点、经由、方向） |
| | 临潭 | ＋ | ＋ | ＋（源点） |
| | 天祝 | ＋ | ＋ | ＋（经由） |
| | 通渭 | ＋ | ＋ | ＋（源点、经由） |
| | 白龙江流域 | ＋ | ＋ | ＋（源点、经由、方向） |

### 2.1.2 带

"带"在甘青方言中具备伴随、工具和方所三类功能,如甘肃天祝方言中的"带"兼表伴随、工具和经由,与该方言中"连"的功能完全相同(宋珊,2017:51—52)。又如:

(4) 青海乐都汉民话"带"[tɕ¹³](张安生,私人交流)
a. 伴随:张三带李燕唡结婚了。张三和李燕结婚了。("带"与伴随格助词"唡"并用)
b. 工具:老张带切刀唡切肉的呀。老张用菜刀切肉。("带"与工具格助词"唡"并用)
c. 源点:傢带家里(价)跑上来了。他从家里跑来了。("带"可与从格助词"价"并用)

(5) 青海西宁回民话"带"[tɕ¹³](张安生,2013:297;张安生、舍秀存,2009)
a. 伴随:张明带李四、王五两个人唡打下仗呀。张明跟李四和王五两个人吵架了。
b. 工具:傢们带砖唡铺地实着用砖铺地。
c. 源点:张明带楼上价走上下来了啊。张明从楼上走下来了。
d. 经由:张明带窗窗里价爬上进去了啊。张明从窗口爬进去了。
e. 处所:张明带房子里(价)睡觉着呀。张明在房间里睡觉呢。

此外,青海贵德、互助方言中的"带"也兼有伴随、工具和方所三类功能,青海平安方言中的"带"兼具伴随和工具两类功能(张安生,2013:301)。

除了具备上述三类或两类功能,"带"在青海、甘肃、陕西、江苏和山东的一些方言中一般只具备伴随(或并列)功能,如青海湟源、祁连、共和、乌兰(张安生,2013:301),甘肃酒泉(孙占鳌、刘生平,2013:

305)、安西(安西县志编纂委员会,1992:604),陕西延川(张崇,1990:91)、兴平、周至、武功、凤翔(以上四地方言见孙立新,2013:707—708)、合阳(邢向东、蔡文婷,2010:351)、绥德(黑维强,2016:421),江苏南京(南京市地方志编纂委员会、方言志编纂委员会,1993:220)、徐州(李申,1985:275)、扬州(吴继光、李建,1991:215),以及山东枣庄(张凯,2011:181)等地的方言。

上述方言中"带"的多功能模式如表2所示。由表2可以看出,虽然汉语方言中伴随介词"带"并不少见,但是"带"只在甘青方言中才具备伴随、工具和方所三类功能。

表2　部分方言中"带"的多功能模式

| 方言 | 功能 | | |
|---|---|---|---|
| | 伴随 | 工具 | 方所 |
| 青海湟源、甘肃酒泉、陕西延川、江苏扬州、山东枣庄等 | ＋ | | |
| 青海平安 | ＋ | ＋ | |
| 甘肃天祝 | ＋ | ＋ | ＋(经由) |
| 青海乐都 | ＋ | ＋ | ＋(源点) |
| 青海贵德、互助 | ＋ | ＋ | ＋(源点、处所) |
| 青海西宁 | ＋ | ＋ | ＋(源点、经由、处所) |

### 2.1.3　来

甘肃临潭、康乐方言中的"来"具备伴随、工具和方所三类功能,例如:

(6) 甘肃临潭方言"来"[le$^{24}$](刘小丽,2012:69)

a. 伴随:我来跟那一家子揭不起牌说不到一块。

b. 工具：我来用油笔写，你来用水笔写。

c. 源点：我们将来屋里走脱。<sub>我们刚从家里出发。</sub>

（7）甘肃康乐方言"来"（张安生，2013：300）

a. 伴随：我想来跟你说个话。

b. 工具：来用这个办法把事情哈办成哩。

c. 源点：傢来从家里跑上来了<sub>跑来了</sub>。

d. 方向：火车开上来向/到北京去了。（张安生，私人交流）

此外，甘肃镇原方言中的"来"只具备三类功能中的伴随功能（何艳萍，2010：27），例如：

（8）你来你妈一打起（去）。<sub>你跟你妈妈一块去。</sub>

甘肃部分方言中"来"的多功能模式如表 3 所示：

表 3　甘肃部分方言中"来"的多功能模式

| 方言 | 功能 | | |
|---|---|---|---|
| | 伴随 | 工具 | 方所 |
| 镇原 | ＋ | | |
| 临潭 | ＋ | ＋ | ＋（源点） |
| 康乐 | ＋ | ＋ | ＋（源点、方向） |

## 2.1.4　在

青海的一些方言中的"在"[tsɛ/tʂɛ¹³]是一个多功能虚词，可兼表伴随、工具和方所（处所/源点），其中表伴随和工具的功能在其他方言中未见报道。根据张安生（2013：301）的调查，青海方言虚词"在"的多功能模式可归纳成表 4。

表 4　青海部分方言中"在"的多功能模式

| 方言 | | 功能 | | |
|---|---|---|---|---|
| | | 伴随 | 工具 | 方所 |
| 青海 | 乐都、民和等 | | | ＋（处所） |
| | 大通 | ＋ | | ＋（处所） |
| | 西宁 | ＋ | ＋ | |
| | 化隆、门源 | ＋ | ＋ | ＋（处所） |
| | 互助 | ＋ | ＋ | ＋（处所、源点） |

青海化隆回民话"在"［tsɛ¹³］可表伴随、工具和处所，表伴随时可与"跟"互换，表工具时可与"用"互换，但"跟""用"更常用。例如：

(9) 青海化隆回民话"在"［tsɛ¹³］（张安生，私人交流）
a. 伴随：傢跟/在傢的阿妈唡一个姓。<sub>他跟他妈妈姓一个姓。</sub>
b. 工具：老张用/在切刀唡切肉着。<sub>老张用菜刀切肉。</sub>
c. 处所：傢们家里的儿子在北京上大学着。<sub>他儿子在北京上大学。</sub>

此外，青海方言中"在"表伴随、工具或源点的用例还有如下几个（张安生，2013：297；张安生，私人交流）：

(10) 青海大通方言"在"［tʂɛ¹³］表伴随：张三在和李燕唡结婚唡。
(11) 青海西宁回民话"在"表工具：傢们在砖唡铺地实着<sub>用砖铺地</sub>。
(12) 青海互助汉民话"在"表源点：傢在家里价跑上着来了。<sub>他从家里跑来了。</sub>

## 2.1.5　跟

在青海互助回民话中，"跟"能表伴随和工具，可与"带"互换，但"带"更常用。例如：

(13) 青海互助回民话"跟"（张安生，私人交流；张安生，2013：297）
a. 伴随：我<u>跟</u>张三熟着很。我跟张三熟得很。
b. 工具：老张<u>跟</u>/<u>带</u>切刀俩切肉着。老张用菜刀切肉。

"跟"兼表伴随与工具的多功能模式在汉语其他方言中未见报道，而在汉语部分方言中"跟"能兼表伴随与方所（金小栋、吴福祥，2018：51）。

以上讨论的五个前置词中，"连""带""来""在"在甘青方言中都能兼表伴随、工具与方所，而"跟"在甘青方言中兼表伴随与工具。根据下文的分析，我们会发现，无论是"伴随—工具—方所"多功能模式，还是"伴随—工具"多功能模式，在非甘青方言（甘青方言以外的其他汉语方言）中都是极为少见的。

## 2.2 后置词

### 2.2.1 啦/拉

据张安生（2013：301）调查，多功能的后置词"啦/拉"［la］主要见于甘肃方言（如积石山、东乡、唐汪、临夏、夏河、和政方言），也见于青海方言（如循化、同仁方言）。"啦/拉"一般都能表伴随和工具，而在循化、同仁、临夏、积石山和河州方言中，"啦/拉"还能表方所（源点或处所），其多功能模式及相关实例分别见表5及例（14）（15）（16）。

表5 甘青部分方言中"啦/拉"的多功能模式

| 方言 | 功能 | | |
| --- | --- | --- | --- |
| | 伴随 | 工具 | 方所 |
| 甘肃东乡、唐汪、夏河、和政 | ＋ | ＋ | |
| 青海循化、同仁，甘肃临夏、积石山 | ＋ | ＋ | ＋（源点） |
| 甘肃河州 | ＋ | ＋ | ＋（处所） |

(14) 甘肃唐汪话 [la]（阿·伊布拉黑麦，1985：37）
a. 伴随：ni²²⁴　a³¹ka-la　　ji²⁴ta　tɕʰi³¹.
　　　　 你　 阿哥(造联格)　一搭　 去
　　　　"你跟哥哥一块去。"
b. 工具：va⁵³va⁵³-m̩　　ʂuə⁵³ʂuə⁵³-la　　tʂʅ²⁴.
　　　　 娃娃（复数）　勺勺(造联格)　　吃
　　　　"小孩子家用勺子吃（东西）。"

(15) 甘肃积石山保安族汉语方言"拉"[la]（张竞婷，2013：41、40、38）
a. 伴随：你我的爸爸拉一搭去。你和我叔叔一起去。
b. 工具：斧头拉剁，笔拉写。用斧子砍，用笔写。
c. 源点：我阿达的跟里拉听下地。我从爸爸那儿听说的。

(16) 甘肃河州话 [la]（仁增旺姆，1991：18、13、16）
a. 伴随：ŋə　la　ji　ta　la　tsɤɯ.
　　　　 我　同　一　起　　走
　　　　"同我一起走。"
b. 工具：ȵan　tɕən　la　khan.
　　　　 眼　 睛　　看
　　　　"用眼睛看。"
c. 处所：tʂʅ　tha　la　tsuə　xa.
　　　　 这　 儿　　坐　　下
　　　　"坐在这里。"

## 2.2.2 俩/唡[1]

多功能后置词"俩/唡"[lia]主要见于青海方言（如乐都、互助、化

---

[1] 感谢刘丹青教授提醒笔者注意甘青方言后置词"俩/唡"与多功能虚词"连"之间的语音联系。不过，甘青方言后置词"俩/唡"以及"啦/拉""唎"的语源是什么？它们与"连"是否有音变关系？它们是汉语固有成分，还是阿尔泰语系语言借用成分？这些问题比较复杂，需要另文讨论。而本章主要关注的是这些后置词的"伴随—工具—（方所）"多功能模式的来源。

隆、西宁、湟中、湟源、平安、祁连、门源、共和、乌兰、贵德、大通、民和方言），也见于甘肃方言（如兰州窑街、永靖、广河方言）。"俩/唡"一般都能表伴随和工具，而在青海大通和甘肃永靖方言中"唡"还能表方所（源点、方向），其多功能模式及相关实例分别见表 6（张安生，2013：301）及例（17）至例（20）。

表 6　甘青部分方言中"俩/唡"的多功能模式

| 方言 | 功能 | | |
| --- | --- | --- | --- |
| | 伴随 | 工具 | 方所 |
| 青海西宁、甘肃广河 | ＋ | ＋ | |
| 甘肃永靖 | ＋ | ＋ | ＋（源点） |
| 青海大通 | ＋ | ＋ | ＋（源点、方向） |

（17）青海西宁话"俩"（张成材，2006：109）

a. 伴随：蓓蓓、琪琪俩一嗒哩耍者。蓓蓓和琪琪在一块儿玩着呢。

b. 工具：我钢笔俩写惯了，毛笔俩写不来。我用钢笔写惯了，用毛笔写不来。

（18）青海民和甘沟话"俩"[lia]（杨永龙、张竞婷，2016：33）

a. 伴随：你阿个俩浪去了啊？你跟谁玩去了？

b. 工具：水笔俩写，铅笔俩耍写。用钢笔写，不要用铅笔写。

（19）甘肃永靖话"唡"[lia]（张安生，私人交流）

a. 伴随：傢傢的阿妈唡一个姓。他跟他妈妈一个姓。

b. 工具：老张切刀唡切肉着。老张用菜刀切肉。

c. 源点：傢家里唡跑上着来了。他从家里跑来了。

（20）青海大通话"唡"[lia]（张安生，私人交流；张安生，2013：296）

a. 伴随：我张三唡熟着很。我跟张三熟得很。

b. 工具：老张菜刀唡切肉着。老张用菜刀切肉。

c. 源点：傢家里唡跑上着来了。他从家里跑来了。

d. 方向：把这个贼娃子哈往死里唡向格打。

### 2.2.3 两个、咧

甘青方言中兼表伴随与工具的后置词，还有"两个"和"咧"（未见其表方所的用法）。例如：

(21) 甘肃临夏话"两个"[liaŋkɛ]（敏春芳，2014a：45—46）
a. 伴随：我他两个不去。我不跟他去。
b. 工具：我笔两个写去。我用笔写。

(22) 青海同仁五屯话 -liangge（"两个"）(Sandman, 2016：57—58)
a. 伴随：ngu　　　　　　ngu-de　　　　　　tixang-liangge
　　　　第一人称单数　第一人称单数—定语标记　弟弟—伴随标记
qhi-zhe.
去—展望体标记
　　　"我将跟我弟弟一起去。"
b. 工具：adia　xan　daijhe-liangge　getan-lio　　　ze-li.
　　　　和尚　绳子　刀—工具标记　　割—完整体标记　执行助动词—
　　　　　　　　　　　　　　　　　　　　　　　　　知觉—推理传
　　　　　　　　　　　　　　　　　　　　　　　　　信标记
　　　"和尚用刀子割断了绳子。"

(23) 青海乐都方言"咧"[lie]（张安生，私人交流）
a. 伴随：张三带李燕咧结婚了。张三和李燕结婚了。（伴随格助词"咧"与"带"并用）
b. 工具：老张带切刀咧切肉的呀。老张用菜刀切肉。（工具格助词"咧"与"带"并用）

"两个"还见于西宁话和汉语的变体经堂语。西宁话"两个"[liaŋkɛ]能表伴随，例如（敏春芳，2014b：250）：

(24) 个子大的个子小的两个一搭站。个子高的和个子矮的站在一起。

在汉语的变体经堂语中"两个"也（只）能表伴随，例如（敏春芳，2014b：247）：

(25) 人你两个在它里边询问的那个事情，他对他定信这件事情，委实他他两个之中得脱离的。

例（25）中的"人你两个"就是"人（真主）和/与你"的意思。

除了甘青方言，"两个"及其弱化形式"两"的连介词用法也见于湖北和湖南境内的西南官话。例如：

(26) 湖南慈利通津铺话"两个"（储泽祥等，2006：220、217）
a. 伴随介词：莫两个他讲话。别跟他说话。
b. 并列连词：排球两个篮球我都会打。排球和篮球我都会打。
(27) 湖北天门方言"两个"（郭忠，1995：166—167）
a. 伴随介词：我不两个跟她一起上街，她太慢哒。
b. 并列连词：苹果两个和橙子是我最喜欢吃的。
c. 平比介词：玲玲长得好快呀，两个跟妈妈一样长了。
(28) 湖北仙桃话"两/两个"（江蓝生，2012：302）
a. 伴随介词：这件事要两跟儿子商量下。
b. 并列连词：屋里冒得别个，只有我两（个）婆婆。家里没别人，只有我和奶奶。
c. 关涉介词：这件事两跟我冒得关系。
d. 比较介词：她两（个）跟我差不多高。

不过，与甘青方言"俩/唡""两个""咧"不同，上举湖北和湖南方言中的"两个/两"不具有表工具和方所的功能。此外，"两个/两"在附置词范畴上是前置词而非后置词。可见，无论是在语法功能上（是否具有表达工具和方所的功能），还是在语法范畴上（是前置词还是后置词），湖北和湖南方言中的"两个/两"与甘青方言中的"俩/唡""两个""咧"都有显著不同。

以上我们讨论了甘青方言中若干多功能虚词所具有的"伴随—工具（—方所）"功能。需要说明的是，甘青方言中表示同样功能的虚词往往不止一个，普遍具有两个或两个以上的多功能虚词，而且往往是前置词与后置词并存/并用。甘青方言中多功能虚词并存/并用的情况如表7所示。

表7 部分甘青方言中多功能虚词的并存/并用情况[1]

| 方言 | | 多功能虚词 | | 功能 | | | 资料来源 |
|---|---|---|---|---|---|---|---|
| | | | | 伴随 | 工具 | 方所 | |
| 甘肃 | 天祝 | 前置词 | 连 | ＋ | ＋ | ＋（经由） | 宋珊，2017：51—52 |
| | | | 带 | ＋ | ＋ | ＋（经由） | |
| | | 后置词 | 俩 | ＋ | ＋ | | 杨扬，2013：18 |
| | | | 啦 | ＋ | | | |
| | 临潭 | 前置词 | 连 | ＋ | ＋ | ＋（源点） | 刘小丽，2012：68—69 |
| | | | 来 | ＋ | ＋ | ＋（源点） | |
| | 河州/临夏 | 前置词 | 连 | ＋ | ＋ | | 杜冰心，2012：51—52 |
| | | 后置词 | 啦 | ＋ | ＋ | ＋（源点） | 张安生，2013：301 |
| | | | 两个 | ＋ | ＋ | | 敏春芳，2014a：45—46 |

---

[1] 甘青方言中有些多功能虚词如"连""带""两个""俩""啦"，除表伴随、工具外，也可以表并列。例如：
（1）白龙江流域汉语方言"连"（莫超，2004：123）
吃连和住是一辈子的大事情。
（2）西宁回民话"带"（张安生、舍秀存，2009）
北京带上海，我胡嘟啊想北京去啊。北京和上海，我更想去北京。
（3）青海同仁五屯话"两个"[liaŋkə]（席元麟，1985：253）
ȵi ŋo liaŋkə（我与你）
（4）青海民和甘沟话"俩"（杨永龙、张竞婷，2016：33）
学生三个老师一个俩来了。来了三个学生和一个老师。
（5）甘肃临夏回民话"啦"（张安生，2013：298）
牛啦和羊一垯都跑了。
但由于这些虚词兼表伴随与并列的用法（即"伴随—并列"的多功能模式）在汉语中比较常见，而且不是本章关注的问题[本章主要关注这些虚词"伴随—工具（一方所）"的多功能模式及其来源]，同时为了论证以及跨方言、跨语言比较的方便，本章暂不讨论这些虚词表并列的用法。

续表

| 方言 | | 多功能虚词 | | 功能 | | | 资料来源 |
|---|---|---|---|---|---|---|---|
| | | | | 伴随 | 工具 | 方所 | |
| 青海 | 西宁 | 前置词 | 带 | ＋ | ＋ | ＋（源点、经由、处所） | 张安生，2013：301 |
| | | | 在 | ＋ | ＋ | | |
| | | 后置词 | 俩 | ＋ | ＋ | | |
| | 乐都 | 前置词 | 带 | ＋ | ＋ | ＋（源点） | |
| | | | 连 | ＋ | | | |
| | | 后置词 | 俩 | ＋ | ＋ | | |
| | | | 咧 | ＋ | | | |
| | 互助 | 前置词 | 带 | ＋ | ＋ | ＋（源点、处所） | |
| | | | 在 | ＋ | ＋ | ＋（源点、处所） | |
| | | | 跟 | ＋ | ＋ | | |
| | | 后置词 | 俩 | ＋ | ＋ | | |
| | 化隆、门源 | 前置词 | 在 | ＋ | ＋ | ＋（处所） | |
| | | 后置词 | 俩 | ＋ | ＋ | | |

由表7及上文所述可以看出，"连""来""啦/拉"主要见于甘肃方言，"带""在""俩/俩""跟""咧"主要见于青海方言，而"两个"既见于甘肃临夏话和青海同仁五屯话，也见于青海西宁话和汉语的变体经堂语。

## 第3节 阿尔泰语系语言中后置词/后缀"伴随—工具—方所"的多功能模式

经考察发现，前述甘青方言多功能虚词"伴随—工具—方所"的关联模式也见于包括甘青在内的西北地区的阿尔泰语系语言。事实上，"伴随—工具—方所"，特别是"伴随—工具"，是阿尔泰语系语言中后置词/后缀主要的语义组织模式。下面分别进行讨论。

## 3.1 阿尔泰语系语言中兼具伴随、工具和方所功能的后置词/后缀

在西北地区的阿尔泰语系语言中，土族语的凭联格标记-la、维吾尔语的后置词 bilɛn 和乌孜别克语的后置词 bilæn 均可表伴随、工具和经由，而图瓦语的从格标记-nan/-nen/-dan/-den/-tan/-ten 则兼表伴随、工具和源点。

(29) 土族语凭联格标记-la（清格尔泰，1991：165—166）

a. 伴随：tɕə kənla xamdə badzar ɕiva?
"你和谁一块儿进城的？"

b. 工具：sugola tɕæ bdʐə.
"用斧子砍。"

c. 经由：ulala jau.
"从山上走。"

(30) 维吾尔语后置词 bilɛn（赵相如、朱志宁，1985：129）

a. 伴随：u  mɛn（～meniŋ） bilɛn birgɛ boldiʁan boldi.
　　　　他　我　　我的　　　和　　一起　将要在的　已经是
"他同我在一起了。"

b. 工具：mɛn qɛlɛn bilɛn jazdim.
　　　　我　笔　　用　　我写了
"我用笔写了。"

c. 经由：muʃu jol bilɛn kɛtti.
　　　　这个　路　沿着　他去了
"他顺着这条路走了。"

(31) 乌孜别克语后置词 bilæn（程适良、阿不都热合曼，1987：110）
a. 伴随：iʃdæ　ortʌqlær　bilæn　kobrʌq　mæslæhætlæʃiʃ　lʌzim.
　　　　 有事　同志们　　跟　　比较多　　商量　　　　需要
　　　　"有事要跟同志们多多商量。"

b. 工具：biz　bytyn　kytʃimiz　bilæn　bɵ　jilgi　iʃlæbtʃiqæriʃ　kørsætkitʃlærini
　　　　 我们　全部　力量　　 用　　这　年　　 生产　　　　 指标　　 把
bæʤæriʃimiz　lʌzim.
完成　　　　 需要
　　　　"我们要全力以赴完成今年生产指标。"

c. 经由：ʃɵ　jol　bilæn　jyrsæŋiz，χælq　bʌzʌrigæ　bʌræsiz.
　　　　 这　路　沿　　 走　　 人民　市场　　 向　去
　　　　"沿着这条路走，就可以到达人民市场。"

(32) 图瓦语从格标记-nan/-nen/-dan/-den/-tan/-ten（吴宏伟，1999：43—44）
a. 伴随：men　biʤi　doŋmamnan　ɢatdaj　ʤajlaɣda　χoj　ɢadardəm.
　　　　"我和弟弟一起在草原上放羊。"

b. 工具：sen　beldənan　jaʃdə　kes!
　　　　"你用斧头砍树！"

c. 源点：men　daɣnan　ʤanəp　geldim.
　　　　"我从山上回来。"

## 3.2　阿尔泰语系语言中兼具伴随和工具功能的后置词/后缀

除了兼具伴随、工具和方所三类功能，阿尔泰语系语言中还有一些后置词/后缀兼具伴随和工具两类功能，如撒拉语 lɑ、西部裕固语 ujin、保安语-ɢalə、康家语-ɢala（以上为蒙古语族），以及锡伯语-mak、赫哲语-dʐi（以上为满—通古斯语族）。

(33) 撒拉语后置词 la（林莲云，1985：85）

a. 伴随：u　ɑvu　la　ojnɑ-bɑ.
　　　　他　孩子　　　玩
　　　"他正和孩子一块玩。"

b. 工具：men　tyrə　la（～lanə）　torəχ　ɢər-bər.
　　　　我　铁锹　　　　　　　　土　　铲
　　　"我用铁锹铲土。"

(34) 西部裕固语后置词 ujin（钟进文，2009：177）

a. 伴随：mïz　golar　ujin　bïli　barinï.
　　　"我们与他们一起去吧。"

b. 工具：sen　azaq　ujin　bïda.
　　　"你用脚拨开。"

(35) 保安语造联格标记 -ɢalə（布和、刘照雄，1982：32）

a. 伴随：tɕĭ　mənə　dəu-ɢalə　damələ!
　　　　你　我　　弟弟　　　抬
　　　"你跟我弟弟（一起）抬！"

b. 工具：noɢsuŋ-ɢalə　tχum　ti!
　　　　羊毛　　　　毡子　擀
　　　"（你）用羊毛擀毡！"

(36) 康家语凭联格标记 -ɢala（斯钦朝克图，1999：101）

a. 伴随：məni　aba　ma　devʉ-ɢala　nikta　reva.
　　　　我　　父　和　弟　　　　一起　来
　　　"我爸爸和弟弟一起来了。"

b. 工具：sʉgʉ-ɢala　tʃetʃi!
　　　　斧　　　　砍
　　　"用斧子砍！"

(37) 锡伯语造联格附加成分 -mak（李树兰等，1984：25）
　　a. 伴随：mərin　adun　ihan　adumak　yavemahei.
　　　　　　　马　　群　　牛　　群　　　走
　　　　"马群和牛群一起走着。"

　　b. 工具：fetamak　hətem.
　　　　　　 绳子　　　绑
　　　　"用绳子绑。"

(38) 赫哲语造联格附加成分 -dʑi（安俊，1986：34—35）
　　a. 伴随：əiniŋ　bi　niani-dʑi　gəsə　imaχa　waχtɕim　ənəjə.
　　　　　　今天　我　他　　　　同　　鱼　　　打　　　去
　　　　"今天我跟他一起打鱼去。"

　　b. 工具：ɕi　tʂutʂa-dʑi　morimə　tʂutʂalə!
　　　　　　 你　鞭子　　　马　　　 抽
　　　　"你用鞭子抽马！"

由上述例句和分析可以看出，阿尔泰语系语言中部分后置词/后缀"伴随—工具（—方所）"的多功能模式与甘青方言中部分附置词（前置词和后置词）的多功能模式高度相似。我们的问题是，如何解释这种多功能模式的相似性？换言之，甘青方言中部分附置词（前置词和后置词）为什么具有与周边阿尔泰语系语言高度相似的多功能模式？下面我们尝试回答这个问题。

## 第 4 节　甘青方言中"伴随—工具—方所"多功能模式的渊源

基于下述理由，我们认为，甘青方言中部分附置词（前置词和后置词）与阿尔泰语系语言中部分后置词/后缀在"伴随—工具—方所"这种多功能模式上的相似性，是接触引发的语言演变的产物。换言之，我们主张甘青方言中"伴随—工具（—方所）"多功能模式并不是这些方言独立发生的语义演变的产物，而是阿尔泰语系语言中"伴随—工具（—方所）"多功能模式扩散的结果。

第一，甘青方言中的这种"伴随—工具—方所"或"伴随—工具"多功能模式在汉语方言中异常罕见，基本不出现于甘青地区以外的汉语方言。[1]张定（2010：153—154）曾对30种汉语方言中共计35个"工具—伴随"介词的各种功能作了分析和统计，结果如表8所示。

表8 汉语方言中"工具—伴随"介词多功能表

| 方言区 | 方言点 | 序号 | 标记 | 语法功能 | | | | | | | | | |
|---|---|---|---|---|---|---|---|---|---|---|---|---|---|
| | | | | 并列 | 伴随 | 工具 | 处置 | 被施 | 使役 | 受益 | 接受 | 方向 | 来源 | 处所 |
| 北方 | 北京 | 1 | 跟 | + | + | | | | | | | + | + | + |
| | 闻喜 | 2 | 拿 | | | + | + | | + | | | | | |
| | 徐州 | 3 | 给 | + | + | | + | + | + | + | + | + | + | |
| | 淮阴 | 4 | 搞 | + | + | | | | | | | | | |
| | 巢县 | 5 | 搞 | + | + | | | | | | | | | |
| | 安庆 | 6 | 把 | | | + | | + | + | + | | | | |
| | 枞阳 | 7 | 把 | | | + | | + | + | | | | | |
| | 西宁 | 8 | 俩 | + | + | + | | | | | | | | |
| 吴 | 苏州 | 9 | 搭 | + | + | | | | | + | | + | + | |
| | | 10 | 拿 | | | + | + | | | | | | | |
| | 上海 | 11 | 拿 | | | + | + | | | | | | | |
| | 瓯语 | 12 | 代 | | + | | | | | | | + | | |

---

[1] 我们目前发现的例外是，湖南临武大冲土话中的"拿"和山西阳曲方言中的"和"兼表伴随与工具（详见金小栋、吴福祥，2016：396）。

续表

| 方言区 | 方言点 | 序号 | 标记 | 并列 | 伴随 | 工具 | 处置 | 被施 | 使役 | 受益 | 接受 | 方向 | 来源 | 处所 |
|---|---|---|---|---|---|---|---|---|---|---|---|---|---|---|
| 湘 | 攸县 | 13 | 得 | | | ＋ | | ＋ | ＋ | | ＋ | | | |
| | | 14 | 码 | | | ＋ | ＋ | | | | | | | |
| | 常德 | 15 | 跟 | | ＋ | | | | | ＋ | | ＋ | ＋ | |
| | 宁远 | 16 | 给 | | | ＋ | ＋ | | | | | | | |
| | 益阳 | 17 | 搭 | | ＋ | | | | | ＋ | | ＋ | ＋ | |
| | | 18 | 拿 | | | ＋ | ＋ | | | | | | | |
| | 衡阳 | 19 | 拸 | | | ＋ | ＋ | | | | | | | |
| 赣 | 石城 | 20 | 拿 | | | ＋ | ＋ | | | | | | | |
| | 岳西 | 21 | 跟 | ＋ | ＋ | | | | | | | | | |
| | 望江 | 22 | 和 | ＋ | ＋ | | | | | ＋ | | ＋ | | |
| | | 23 | 把 | | | ＋ | ＋ | | | ＋ | ＋ | | | |
| 客 | 梅县 | 24 | 同 | ＋ | ＋ | | | | | | | ＋ | ＋ | |
| 闽 | 福州 | 25 | 共 | ＋ | ＋ | ＋ | | | | ＋ | | ＋ | ＋ | |
| | 平和 | 26 | 将 | | | ＋ | ＋ | | | | | | | |
| | 汕头 | 27 | 佮 | ＋ | ＋ | | | | | ＋ | | ＋ | | |
| | 屯昌 | 28 | 要 | | | ＋ | | ＋ | | | | | | |
| 粤 | 广州 | 29 | 同 | | ＋ | | | | | | | ＋ | | |
| | 北流 | 30 | 同 | | ＋ | | | | | ＋ | | ＋ | | |
| 平 | 南宁 | 31 | 凑 | ＋ | ＋ | | | | | ＋ | | ＋ | ＋ | |
| 徽 | 绩溪 | 32 | tɤ | ＋ | ＋ | | | | | | | ＋ | | |
| | 黟县 | 33 | 同 | ＋ | ＋ | | | | | | | | | |
| | 歙县 | 34 | 担 | | | ＋ | ＋ | | | | | | | |
| | | 35 | 搭 | ＋ | ＋ | | | | | | | | | |

由表 8 可以看出，除西宁方言外，工具和伴随在其他汉语方言中不存在"同词化"（colexification）现象。剩下的 34 个介词中，15 个工具介词均无伴随功能，而 19 个伴随介词也都不具有工具功能。西宁方言中的"俩/

啦"兼表工具和伴随功能，张定（2010：153）认为是"由语言接触所致，情况比较特殊"。此外，表8显示，在张定所调查的30个方言点的20个伴随标记中，绝大多数都兼表并列功能。[1]

事实上，甘青方言之外的其他汉语方言中，伴随介词最普遍的多功能模式是"伴随—并列—平比"或"伴随—并列"。例如：

(39) 苏州方言"搭"[taʔ]（叶祥苓，1993：246；石汝杰，2000：12）

a. 伴随：俚今朝就<u>搭</u>倷一淘走吧！

b. 并列：小陈<u>搭</u>和小李才是廿四岁。

c. 平比：听着搿个消息，赛过<u>搭</u>中仔奖一样开心。听到这个消息，就跟中了奖一样高兴。

(40) 绩溪方言"□"[tɤ]（赵日新，2000：87—88）

a. 伴随：我有件事要<u>□</u>[tɤ]你商量。我有一件事和你商量。

b. 并列：张三<u>□</u>[tɤ]李四都不是家。张三和李四都不在家。

c. 平比：我<u>□</u>[tɤ]你样的高。我和你一样高。

(41) 连城客家方言"合"[ku³⁵]（项梦冰，1997：249、424）

a. 伴随：我<u>合</u>尔动一盘棋。我和你下盘棋。

b. 并列：馒头<u>合</u>包子。馒头和包子。

c. 平比：猪肉<u>合</u>牛肉一般（般）（贵）。猪肉跟牛肉一样（贵）。

(42) 赣语萍乡方言"跟"[kẽ¹³]（魏钢强，1998：335—336）

a. 伴随：我<u>跟</u>你一起去。

b. 并列：他<u>跟</u>我都是萍乡人。

c. 平比：你去<u>跟</u>我去一样个。

---

[1] 表8显示，20个伴随标记中有15个兼有并列连词功能，剩下5个不具并列功能的伴随标记分别是瓯语中的"代"、常德方言中的"跟"、益阳方言中的"搭"和广州、北流方言中的"同"。不过，这个分析和统计或有误差，比如广州方言中的"同"显然具有并列连词用法［见例（46）］。

(43) 长沙方言"跟"[kən$^{33}$]（鲍厚星等，1998：209）

a. 伴随：咯要跟王师傅商量。

b. 并列：小王跟小张都去。

c. 平比：你跟他的脾气一个样。

(44) 福州方言"共"[koyng$^{242}$]（陈泽平，2000：117—118）

a. 伴随：汝着共我齐去我乍去。<small>你要和我一齐去我才去。</small>

b. 并列：汝共老王都是做先生其。<small>你和老王都是当老师的。</small>

c. 平比：我看法共伊绘蜀样。<small>我的看法和他不一样。</small>

(45) 南宁平话"凑"[tsʻeu$^{24}$]（覃远雄，2000：230—231）

a. 伴随：我凑老王商量一下。<small>我跟老王商量一下。</small>

b. 并列：老师凑同学都去喇。<small>老师和同学都去了。</small>

c. 平比：渠讲普通话凑平话一样流利。<small>他说普通话跟平话一样流利。</small>

(46) 广州方言"同"[tʻoŋ$^{21}$]（白宛如，1998：412；李新魁等，1995：542）

a. 伴随：有件事同<small>跟</small>你商量。

b. 并列：前晚同琴晚都落雨。<small>前天晚上和昨天晚上都下雨。</small>

c. 平比：佢同<small>跟</small>你一样年纪。

(47) 北京方言"跟"[kən$^{55}$]（笔者调查）

a. 伴随：跟朋友聊天儿呢。

b. 并列：老张跟老李都是老师。

c. 平比：这孩子个儿跟我一般高。

(48) 宁夏同心方言"连"[lian$^{53}$]（张安生，2006：309、342）

a. 伴随：你连<small>同</small>俺们一搭里走。

b. 并列：医生叫你多睡给些<small>一下</small>，烟连<small>和</small>酒再不敢揄动了。

c. 平比：这个连<small>同</small>那个不一样。

(49) 南京方言"告"（南京市地方志编纂委员会、方言志编纂委员会，1993：219—220）

a. 伴随：我成年告<small>同</small>医院打交道。

b. 并列：我告和他两人都是红花村的。

c. 平比：柜台告跟我一般高。

(50) 云南开远方言"挨"（朱雨，2013：60—62）

a. 伴随：小李性格内向，不喜欢挨跟大家讨论问题。

b. 并列：亲朋好友呢意见挨和建议你要多听听。

c. 平比：小妹呢个子已经挨跟我一样高啦。

由此可见，在伴随附置词的多功能模式上，甘青方言与非甘青方言的显著差别是：前者的普遍模式是"伴随—工具—方所"或"伴随—工具"，后者几无例外都是"伴随—并列—平比"或"伴随—并列"。甘青方言中附置词"伴随—工具—方所"和"伴随—工具"的多功能模式，在非甘青方言中罕见，[1] 却广泛见于与之毗邻的阿尔泰语系语言。我们认为，对这种情形的解释无法排除语言接触的动因。

第二，在甘肃和青海交界的河湟地区，汉语方言（甘青方言）与周边的阿尔泰语系语言和安多藏语具有长期、广泛而深入的接触关系，以至于该地区的语言在语言结构特别是形态句法上高度趋同（converging），呈现出高度的相似性，已形成了一个比较典型的语言区域（Slater，2003；Janhunen，2006，2007：85，2012；徐丹，2014：300，2015：23，2018：3；Peyraube，2017，2018：130—131；徐丹、贝罗贝，2018：5；杨永龙，2019：10）。这个语言区域内的语言，除安多藏语外，主要是汉语甘青方言（如临夏、循化、唐汪、甘沟、五屯方言）和与之有接触关系的阿尔泰语系语言（如东乡语、土族语、保安语、撒拉语）。据研究，这个语言区域的区域特征主要有 OV 语序、格标记系统、复数标记可用于无生名词、领有名词取与格形式、基准—比较标记、状语从句标记"着/是"、后置词型格标记、工具/伴随格同形、从格/比格同形、与格/位格同形等（徐丹、贝罗贝，2018：

---

[1] 非甘青方言中"伴随—方所"或"工具—方所"这两种多功能模式并不罕见，我们所断言的只是这些方言缺少"伴随—工具—方所"和"伴随—工具"这两种多功能模式。

6—10；杨永龙，2019：11—14）。值得注意的是，"工具/伴随格同形"被徐丹、贝罗贝（2018：6）视为甘青语言区域的区域特征之一。

第三，如前所述，甘青方言中除前置词外还有一些后置词，如"啦/拉""俩/唡""两个""咧"，它们具有"伴随—工具（—方所）"的多功能模式。这类表达格关系的后置词范畴的出现，显然是受周边阿尔泰语系语言（土族语、保安语、东乡语、撒拉语等）影响的产物。事实上，已有很多学者主张，甘青方言中后置词"啦/拉""俩/唡""两个""咧"借自阿尔泰语系语言（李克郁，1987：30；马树钧，1984：55；陈良煜、李咏梅，2012：124；徐丹，2018：11—12；杨永龙、张竞婷，2016：36；Dwyer，1992；Peyraube，2017），或者源于阿尔泰语系语言的影响（陈健荣，2020：44）。此外，也有学者认为甘青方言中后置词"两个"兼表伴随和工具的多功能用法，源于对阿尔泰语系语言（保安语和东乡语）-qala"伴随—工具"多功能模式的语义复制（Dwyer，1992；Li，1985）。我们认为，无论是借用还是复制，可以肯定的是，甘青方言中"啦/拉""俩/唡""两个""咧"等后置词的多功能模式"伴随—工具（—方所）"的产生，与阿尔泰语系语言的影响密不可分。[1]

综上所述，我们认为，甘青方言中部分附置词所具有的"伴随—工具（—方所）"多功能模式，是受甘青语言区域内与甘青方言有接触关系的阿尔泰语系语言影响的产物，体现的是甘青语言区域的一个重要的区域特征。

共时的多功能模式是语义演变的结果。甘青方言与同一语言区域内的阿尔泰语系语言在"伴随—工具（—方所）"多功能模式上的相似性，实

---

[1] 周晨磊（2018）对甘青语言区域内汉语方言和阿尔泰语系语言中数（量）词"两（个）"用作伴随--工具标记这一现象提出了新的看法。他认为，在甘青语言区域内，汉语方言（甘青方言）首先发生"数量词'两个'>伴随—工具标记"的语法化演变，然后这一语法化过程扩散至周边的阿尔泰语系语言，从而造成这一区域的语言具有数（量）词"两（个）"用作伴随—工具标记这一共享特征。我们认为周晨磊（2018）的看法难以解释以下两个问题：第一，甘青方言中"两个"的介连词用法如果是自身演变的产物，那么它为什么会衍生出表工具的功能？而这一功能既不见于湖南和湖北方言中的"两个/两"，也不见于非甘青方言中的伴随介词。第二，甘青方言中的"两个"为什么是后置词，而不是像湖南和湖北方言中的"两个/两"那样，实现为前置词？

则反映了这些语言在历史上经历了相同的语义演变过程，即"伴随＞工具/方所"。也就是说，历史上甘青方言中的某些附置词曾复制阿尔泰语系语言中早先发生的"伴随＞工具/方所"的语义演变过程。可见，甘青方言中部分附置词所具有的"伴随—工具（—方所）"多功能模式，从根本上说是接触引发的语言演变（语义演变）的产物。

## 第5节 结语

本章讨论了甘青方言中若干附置词所具有的"伴随—工具（—方所）"多功能模式，得出的主要结论是，这些附置词所呈现的"伴随—工具（—方所）"多功能模式，并非这些方言自身独立演变的结果，而是源自阿尔泰语系语言中相同的多功能模式的区域扩散，析言之，是复制了阿尔泰语系语言中"伴随—工具（—方所）"这一多功能模式。

如前所述，甘青河湟地区的语言（汉语方言、阿尔泰语系语言以及安多藏语）因长期深度接触业已形成了一个比较典型的语言区域。不过，以往学者们提出的该语言区域的区域特征大多是形态句法方面的，鲜有语义的共享特征。我们认为，本章所讨论的甘青方言和阿尔泰语系语言共享的"伴随—工具（—方所）"多功能模式也是甘青语言区域的一个鲜明的区域特征。

吴福祥（2003：48—50）曾证明，SVO型语言中的伴随介词有两种不同的演变模式：一是英语型的"伴随介词＞工具介词（＞方式介词）"，一是汉语型的"伴随介词＞并列连词"。其实，这两种演变模式并不限于SVO型语言。譬如，同样是SOV型语言，土耳其语采用的是"伴随后置词＞工具后置词"模式，而日语采用的是"伴随后置词＞并列连词"模式。请看下面土耳其语的后置词ile和日语的语法词to的例句。

(51) 土耳其语后置词 ile（丁慧君、彭俊，2015：153）

a. 伴随：Pazar günü Kenan ile düğüne gittik.

　　　　"礼拜天我们和凯南一起去参加婚礼了。"

b. 工具：Ferhat yarın uçak ile İzmir'e gidecek.

　　　　"费尔哈特明天坐飞机去伊兹密尔。"

(52) 日语语法词 to（Kuno，1973：103）

a. 伴随：John　　　ga　　　Mary　　to　　benkyoosita.

　　　　约翰　　主格标记　　玛丽　　和……一起　　学习

　　　　"约翰和玛丽一起学习。"

b. 并列：John　　to　　Mary　　ga　　benkyoosita.

　　　　约翰　　和　　玛丽　　主格标记　　学习

　　　　"约翰和玛丽学习。"

事实上，"伴随标记＞并列标记"和"伴随标记＞工具标记"都是非常自然的语义演变。这是因为从概念上看，"伴随"与"并列"以及"伴随"与"工具"都是直接关联的（吴福祥，2003：51），证据是在近年来学者们所构建的概念空间里，"并列""伴随""工具"三种功能之间都是彼此邻接的（如图 1 至图 4 所示）。

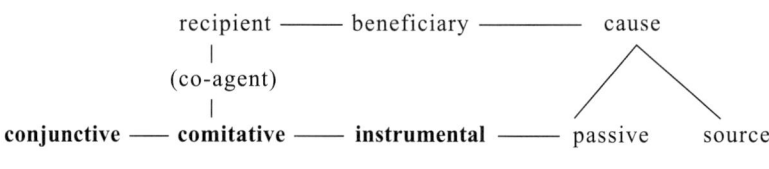

图 1　工具及相关功能的概念空间（Haspelmath，2003）[1]

---

[1] 图 1 至图 4 里英文术语及其中文译名如下所示：agent＝施事，agentive＝施事格（标记），'also'＝"也"，and＝并列，benefactive＝受益格（标记），beneficiary＝受益者，cause/reason＝原因，clausal coordination＝小句并列，co-agent＝共同施事，conjunctive＝并列，comitative＝伴随格（标记），co-participant＝共同参与者，duration＝持续，existence＝存在，instrumental＝工具，location＝处所，locative＝处所格（标记），manner＝方式，material＝材料，N-conjunction＝名词并列，NP-coordination＝名词短语并列，passive＝被动，passive agent＝被动施事，physical proximity＝物理邻接，possession＝领有，possessive＝所有格（标记），recipient＝接受者，route＝路径，source＝来源，temporal 'from'＝时间源点，V-conjunction＝动词并列。

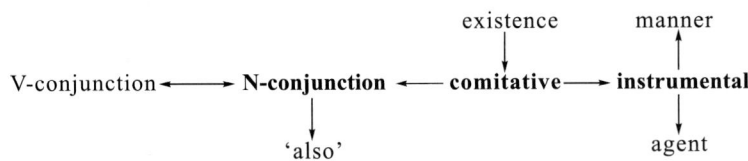

图 2 并列连词与相关功能之间的历时联系（Haspelmath，2004）

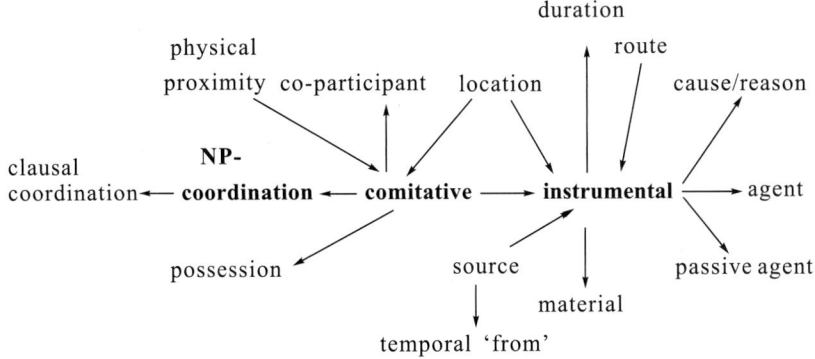

图 3 带有语义演变方向的"工具—伴随域"概念空间（Narrog，2010）

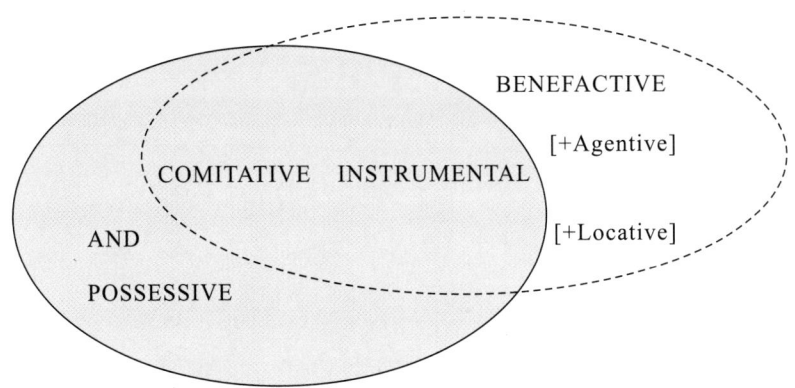

图 4 "伴随—工具"功能的概念空间（Stolz et al.，2006）

值得注意的是，图 4 中 Stolz et al.（2006：157）将概念空间切分为伴随和工具功能的两个主要关联区域：左边的灰色部分是伴随功能首选的区域，包括伴随、并列和领有等功能；右边的工具、受益、施事和方所等功能构成该概念空间的另一区域。有意思的是，本章讨论的甘青方言中的"伴随—工具（—方所）"以及非甘青方言中的"伴随—并列"两种多功能模式，正好大致分别对应图4概念空间中的右区和左区。

假如以图1至图4概念空间中"伴随"这一功能节点为概念源点，则不难看出，甘青方言中的"伴随—工具"和非甘青方言中的"伴随—并列"这两种多功能模式的对立，实则导源于这两类方言中伴随附置词演变方向的不同：甘青方言中的伴随附置词选择的是概念空间中的"右"向演变，演变的路径是"伴随＞工具"；而非甘青方言中的伴随附置词选择的是概念空间中的"左"向演变，演变的路径是"伴随＞并列"。[1]

不仅如此，我们进一步认为，这两类方言中的语义演变背后的动因也不相同：甘青方言中的"伴随＞工具/方所"是源于外在的区域扩散的压力，是接触引发的语义演变；非甘青方言中的"伴随＞并列/平比"是源于内部的结构类型的压力，是"沿流"（drift）驱动的语义演变。从这个意义上说，本章的研究或可表明，一种语言的不同变体可以基于不同的动因而选择不同的语义演变路径，从而产生不同的多功能模式。

---

[1] 这只是个大致的说法。甘青方言中有些附置词除表伴随、工具外，也表并列。这意味着甘青方言中的这些附置词的语义演变可能是朝两个方向进行的：既有"伴随＞工具"的"右"向演变，也有"伴随＞并列"的"左"向演变。

# 第 6 章　西宁方言的并列和伴随

## 第 1 节　引言

并列几乎是每种语言都会采用的编码手段，也是一种最为简单的组配方式，一般是指"由两个或两个以上语义地位相当的同语类成分通过显性（overt）或隐性/零形式（covert）连接件（coordinator）而构成的复合体，并列复合体的句法范畴一般与单个组成成分一致"（杨萌萌、胡建华，2017：719）。马清华（2004：18）把并列分为复合词内部的语素并列（简称"语素并列"）、词和词的并列（简称"词并列"）、短语和短语的并列（简称"语并列"）、子句和子句的并列（简称"子句并列"）等。

本章主要从语言接触的角度讨论西宁方言并列的形式语义类型，以及西宁方言并列和伴随标记的特点、来源、类型学意义等相关问题。

## 第 2 节　西宁方言并列的类型

从形式上看，西宁方言的并列可以分为无标记并列、有标记并列两类。无标记并列多为复合词,是由两个(或多个)具有并列关系的词或语素组成,构成并列的这几个词或语素在意义上往往相同、相近、相关或相反,如下面的"好歹""大大妈妈":

(1) 这个娃娃好歹不知道。这个孩子不知道好歹。
(2) 大大妈妈哈好好儿心疼的要咧。要好好心疼爸爸和妈妈。

西宁方言的并列标记有"带""嘛"等,它们的功能各有分工。例如:

(3) 袜子带鞋哈收拾掉。把袜子和鞋收拾掉。
(4) 面片嘛拉面呀?到底吃啥咧?面片还是拉面,到底吃什么?

多个并列项并列时,并列标记"带"通常加在前两个并列项之间,不能加在后两个并列项之间,其他并列项之间有相应的停顿。例如:

(5) 小张带小刘、小李去了说。听说小张和小刘、小李去了。
(6) 被套带床单、枕巾一挂洗掉。被套和床单、枕巾全都洗掉。

多个并列项并列时,如果使用并列标记"嘛",则所有并列项之间都需要添加"嘛"。例如:

(7) 面片嘛拉面嘛米饭呀?面片还是拉面,还是米饭?
(8) 你买上个苹果嘛香蕉嘛橘子。你买点苹果或者香蕉或者橘子。

从上面的几个例句可知,有多个并列项时,并列标记"带"和"嘛"的使用规则不同:"带"不允许添加在所有并列项之间,只允许添加在最前面的两个并列项之间;"嘛"则不同,要求添加在所有并列项之间,不允许只添加在最前面的两个并列项之间或最后面的两个并列项之间。

从语义类型来看，西宁方言的并列主要有等立型并列、选择型并列、转折型并列三种。

Ⅰ. 等立型并列。由两个或多个并列项组成，这几个并列项之间没有主次之分，最简单的测试方法就是观察变换前后位置是否会对语义产生影响。等立型并列的标记是"带"。例如：

（9）小张带小刘哈我骂给了一顿。<small>小张和小刘被我骂了一顿。</small>

Ⅱ. 选择型并列。一般由两个或两个以上并列项组成，但从多个并列项中选取一个或两个，标记为"嘛"。例如：

（10）你买上个苹果嘛香蕉。<small>你买一些苹果或香蕉。</small>

Ⅲ. 转折型并列。严格的转折型并列应该是 but-coordinate，即只在后一个分句之前使用表示转折的连词的复句（刘丹青，2008：132）。按此标准，西宁方言没有严格意义上的转折并列，只有表示让步关系的复句。这类复句在前一分句后面添加标记"们"，语义上相当于现代汉语的"虽然……但是"。例如：

（11）小张的房子大们，空荡荡的。<small>小张的房子大，但是空荡荡的。</small>
（12）衣裳质量好们，太贵了。<small>衣服质量好，但是太贵了。</small>

## 第3节　并列标记的句法位置及属性

就并列标记的位置而言，西宁方言的"带"是前置词，"嘛"是后置词。如果需要停顿，则分别在"带"的前面、"嘛"的后面停顿。其标记位置可表示如下（co 表示并列标记）：

带：[A] [co B]　　嘛：[A co] [B]

从句法属性看，西宁方言表示选择的并列标记"嘛"的性质比较清楚，是连词，相当于现代汉语的"或"。这里主要讨论一下并列标记"带"的性质，因为"带"总是和伴随纠结在一起，关于它到底是连词还是介词，观点不一。杨萌萌、胡建华（2017：722—723）认为，句法位置对词语的句法表现具有决定作用，比如现代汉语的"和"在主语位置上应为介词，而在宾语位置上表现为并列连词。

西宁方言的"带"在宾语位置上的性质很清楚，是典型的连词。例如：

（13）我小张带小刘哈骂给了一顿。我骂了小张和小刘一顿。

例（13）中宾语"小张带小刘"带有宾格标记"哈"，所以句法属性没有任何疑问，其中并列标记"带"是典型的连词。如果并列项不止两个，则宾格标记"哈"通常加在最后一个并列项之后。例如：

（14）我小张带小刘、小王哈骂给了一顿。我骂了小张和小刘、小王一顿。

以上的例句还可以用"把"字结构表达，如例（15）中介词"把"和"小张带小刘"构成介宾短语，"带"的性质也没有任何疑问。

（15）我把小张带小刘骂给了一顿。我骂了小张和小刘一顿。

在主语的位置上,我们参考杨萌萌、胡建华(2017)的方法,利用"张三和李四都是老师"作相应的句法测试,结果显示西宁方言主语位置上的"带"是介词。先看下面的例子:

(16)张三带李四俩一挂是老师。
(17)张三我想呵带李四俩一挂是老师。
(18)张三活像带李四俩一挂是老师。

有意思的是,用"张三和李四都是老师"作测试时,母语者最自然的表达方式是加一个伴随标记"俩"。虽然母语者明确表示无论用不用"俩",意思都一样,但是在我们采集的语料中,母语者脱口而出的句子一般都是由"俩"和并列标记"带"构成的一个框式结构(王双成,2012)。这里的"带"不是连词而是介词,所以西宁方言的"带"在主语位置和宾语位置上的性质是不对称的。

## 第4节 西宁方言并列和伴随的关系

并列和伴随是一对"孪生兄弟",Stassen(2000)曾对260种语言进行调查,结果显示并列、伴随采用相同标记的语言有103种,并列、伴随采用不同标记的语言有131种。Stassen(2000)以是否区分两种策略为参数来划分语言类型:以不同方式使用伴随策略、并列策略(明显区分伴随策略、并列策略)的为"AND型语言"(AND-language);以伴随策略为唯一选择,没有并列策略(不区分伴随策略、并列策略)的为"WITH型语言"(WITH-language)。根据Stassen的划分标准,西宁方言属于"AND型语言",并列、伴随采用不同标记,即并列标记用"带",伴随标记用"俩"。

例如：

（19）张老师哥哥<u>带</u>兄弟哈骂给了一顿。<small>张老师骂了哥哥和弟弟一顿。</small>
（20）哥哥夜来<u>带</u>兄弟<u>俩</u>去了。<small>哥哥昨天和弟弟去了。</small>

Stassen（2000）在定义"AND 型语言"和"WITH 型语言"时强调，纯正的"WITH 型语言"很少见，大多数"WITH 型语言"都有一个从伴随策略发展出并列策略的语法化过程，所以"WITH 型语言"具备纯正的伴随策略以及介于伴随策略、并列策略之间的混合手段。西宁方言的框式伴随标记就可以被看作这种混合手段，结构为"A＋带＋B＋俩"〔比如例（20）〕。

青海乐都方言则不同，采用同一个标记"连"表示并列和伴随。比较下面的例子：

（21）我把哥哥<u>连</u>兄弟骂给了一顿。<small>我骂了哥哥和弟弟一顿。</small>
（22）哥哥夜来<u>连</u>兄弟学里去了。<small>哥哥昨天和弟弟去了学校。</small>

乐都方言并列结构的复合词同样使用标记"连"，如"阿达连阿妈"（爸爸和妈妈）、"太阳连月亮"（太阳和月亮），这可以进一步证明乐都方言的"连"是并列连词。乐都方言的并列、伴随采用相同的标记"连"，但是工具格采用另外一个标记"俩"。例如：

（23）我手<u>俩</u>撕开了。<small>我用手撕开了。</small>

从语言的区域类型关系看，青海境内汉语方言的并列、伴随和工具格关系密切。为了方便比较，我们对青海主要汉语方言的并列、伴随、工具格标记的使用情况作了统计（见表1）。

**表1  青海汉语方言的并列、伴随、工具格标记的使用情况**

| 语言 | 方言点 | 并列标记 | 伴随标记 | 工具格标记 |
|---|---|---|---|---|
| 汉语方言 | 西宁 | tɛ- | -lia | -lia |
| | 大通 | tɛ- | -lia | -lia |
| | 湟中 | tɛ- | -lia | -lia |
| | 湟源 | tɛ- | -lia | -lia |
| | 互助 | tɛ- | -lia | -lia |
| | 乐都 | lian- | lian- | -lia |
| | 循化 | lian- | lian-/-la | -la |
| | 同仁 | lian- | lian-/-la | -la |

从表1提供的信息可知,青海地区的汉语方言可以分为以下两类。

第一类:西宁、大通、湟中、湟源、互助方言。这类方言的并列标记采用 tɛ-(通常写作"带"),伴随和工具格则采用相同的标记——后置词-lia(即"俩",详见后文)。根据我们的调查,这也是青海方言的主要特征。

第二类:乐都、循化、同仁方言。这类方言的工具格标记采用-lia/-la,并列和伴随则采用相同的标记 lian-。这类方言在青海地区的分布比较有限,主要集中在青海东部,特别是和甘肃接壤的地方,有一定的区域特点。此外,从调查的情况看,循化、同仁方言中伴随标记出现并行现象,既可以是前置词 lian-,也可以是后置词-la。不过根据我们的调查情况来看,后置词-la 的使用明显占优势。这种现象也正好反映了当地汉语方言在语言接触的过程中演变的路径和特点,是很值得关注的。

下面通过比较例(24)(25)来进一步了解两类方言中伴随、工具格标记同现时的共性和差异。

(24)西宁方言:我头儿里<u>带</u>阿妈俩手<u>俩</u>撕开了。<small>我刚才和妈妈用手撕开了。</small>

(25)乐都方言:我刚才<u>连</u>阿妈手<u>俩</u>撕开了。<small>我刚才和妈妈用手撕开了。</small>

通过上述两个例子可知，西宁方言和乐都方言的工具格标记都采用"俩"，而伴随标记存在明显的不同：虽然都是前置词，但是西宁方言常用"带"，而乐都方言常用"连"。

## 第5节　西宁方言"伴随标记＞工具格标记"的语法化

吴福祥（2003）通过对汉语、壮侗语的历时考察和共时分析发现，在SVO型语言里普遍存在"伴随介词＞并列连词""伴随介词＞工具介词＞方式介词"两种演变模式。这体现的是SVO型语言中伴随介词的两种演变类型，其中"伴随介词＞工具介词＞方式介词"的演变模式是隐喻操作促动的。

西宁方言的伴随标记"俩"也不例外，存在"伴随标记＞工具格标记"的语法化过程。不过需要说明的是，乐都方言的伴随标记为前置词lian-（连），工具格标记则是和西宁方言相同的后置词-lia（俩），所以虽然乐都方言并未发生"伴随＞工具"的演变，但是其工具格标记-lia（俩）和西宁等地方言中的工具格标记有相同的来源。

根据黄伯荣（1996：527、536、539）提供的材料，新疆乌鲁木齐回族汉话的伴随标记，以及新疆汉话的工具格标记、并列标记都使用前置词"连"。例如：

（26）这个少年吗，就<u>连</u>他母亲一同去。这位少年就和他母亲一道去。
（27）这个字我<u>连</u>钢笔写的。这个字我用钢笔写的。
（28）娃子<u>连</u>尕莲子是一搭呢长大的。尕娃子和尕莲子是一块儿长大的。

甘肃白龙江流域汉语方言的并列、伴随标记也都用前置词"连"，例如（莫超，2004：123）：

（29）你<u>连</u>他两该到青海去。你跟他两个到青海去。

（30）吃<u>连</u>住是一辈子的大事情。吃和住是一辈子的大事情。

新疆汉话、甘肃白龙江流域汉语方言的材料可以证明，青海乐都方言的并列、伴随标记 lian-（连）应该和这些方言中的并列、伴随标记是同源的，而且都是典型的前置词。新疆汉话和周边的阿尔泰语系语言也有密切的接触关系，但为什么它没有发生类似于西宁方言的变化？这是非常值得关注的问题。

除汉语外的其他语言中也存在"伴随格＞工具格"的语法化特点，比如埃维语（Ewe）的 kplé（和……一起）既是伴随格前置词，也可以用于工具格（Heine and Kuteva，2002：80、85）[1]。例句如下：

（31）é-         yi    kplé        wo.
　　第三人称：单数—去 和……一起 第二人称：单数：宾语
　　"她和你一起去。"

（32）wó-        tu   a  βɔtrú    kplé    safui.
　　第三人称：复数—开—惯常体 门 和……一起 钥匙
　　"门一般用钥匙打开。"

巴卡语（Baka）的 tɛ（和……一起）存在"伴随格前置词＞'用……'，工具格前置词"的变化，例如（Heine and Kuteva，2002：85）：

（33）ma          à   kɔnɔ   wà    tɛ    ngbala.
　　第一人称：单数 体标记 砍 柴 伴随格 大砍刀
　　"我用大砍刀砍柴。"

恩巴卡马伯语（Ngbaka Ma'Bo）的 tɛ́（和……一起）存在"伴随格前

---

[1] 例句引自 Heine and Kuteva（2002），标注和语言名称翻译同时参考了该书的中文版（Heine and Kuteva，2012）。下同。

置词＞工具格前置词"的变化，例如（Heine and Kuteva，2002：85）：

(34) ʔʼɛ      ˈbōkò    nzò-kánà-ngɛ́ɛ̀    tɛ    ndìká...
   后来：他   打    头—妈妈—她的      用   坚果
   "后来他用坚果打他妈妈的头……"

因巴布拉凯楚阿语（Imbabura Quechua）的-wan存在"伴随格标记＞工具格标记"的变化，例如（Heine and Kuteva，2002：86）：

(35) ñuka   wawki-   wan    kawsa-   ni.
   我的   兄弟—   伴随格   住—   我
   "我和我的兄弟一起住。"
(36) pamba-   pi     yunda-   wan    yapu-  ni.
   地—    在……里  两头牛—  工具格  耕—   我
   "我用两头牛在地里耕地。"

再如，多贡语（Dogon）的-le（和……一起）存在"伴随格后缀＞工具格后缀"的变化，土耳其语（Turkish）的ile（和……一起）存在"伴随格后置词＞工具格后置词"的变化，莫雷语（Moré）的né（和……一起）存在"伴随格前置词＞'用'，工具格前置词"的变化，拉丁语（Latin）的cum（和……一起）存在"伴随格前置词＞工具格前置词"的变化，匈牙利语（Hungarian）的-vel/-val（和……一起）存在"标记伴随格的后缀＞标记工具格的后缀"的变化，阿尔巴尼亚语（Albanian）的me（和……一起）存在"伴随格前置词＞工具格前置词"的变化，保加利亚语（Bulgarian）的s（和……一起）存在"置词＞工具格置词"的变化，奥托米语（Mezquital Otomi）的ko（和……一起）存在"伴随格标记＞工具格标记"的变化，雅瓜语（Yagua）的-ta（和……一起）存在"伴随格后缀＞工具格后缀"的变化（Heine and Kuteva，2002：85—86）。

"伴随＞工具"，甚至"伴随＞工具＞方式"的认知基础是隐喻，Lakoff and Johnson（1980：134）指出，"an instrument is a companion"（工具就是伴随者）。因为语言隐喻实际上是概念隐喻（conceptual metaphor）在语言中的体现，我们首先是在概念上将一个范畴隐喻化为另一个范畴，然后才会发生语言中将一个词语隐喻化为另一个词语的现象（胡壮麟，1997：51）。

正因为如此，典型的伴随成分是人（person）范畴，典型的工具成分是物（object）范畴，典型的方式成分是性质（quality）范畴，可以将三者之间的隐喻关系刻画为下面的等级序列："伴随＞工具＞方式"。这个等级序列能够有效地解释，为什么很多语言里伴随格语素可以获得工具义和方式义，反之则不然（吴福祥，2003：55）。

## 第6节　西宁方言伴随、工具格标记"俩"的来源

为了方便比较和讨论，我们对西宁及周边汉语方言、民族语言的并列、伴随、工具格标记的使用情况作了统计（见表2），从中可以很清楚地看到汉语方言和民族语言在使用这些标记方面的特点。

表2　汉语方言和民族语言的并列、伴随、工具格标记的使用情况

| 语言 | 方言点 | 并列标记 | 伴随标记 | 工具格标记 |
| --- | --- | --- | --- | --- |
| 汉语方言 | 西宁 | tɛ- | -lia | -lia |
| | 大通 | tɛ- | -lia | -lia |
| | 湟中 | tɛ- | -lia | -lia |
| | 湟源 | tɛ- | -lia | -lia |
| | 互助 | tɛ- | -lia | -lia |
| | 乐都 | lian- | lian- | -lia |
| | 循化 | lian- | lian-/-la | -la |
| | 河州 | -la | -la | -la |
| | 乌鲁木齐 | 连— | 连— | 连— |

续表

| 语言 | 方言点 | 并列标记 | 伴随标记 | 工具格标记 |
|---|---|---|---|---|
| 混合语 | 五屯话 | -mɑ | -liaŋə | -liaŋə |
| 阿尔泰语系语言[1] | 蒙古语 | -tɛɛ | -tɛɛ/-tee | -aar/-ər/-ɔɔr/-ɣɔɔr |
| | 土族语 | -da | -la | -la |
| | 保安语 | gədʑi | -ɢalə | -ɢalə |
| | 东乡语 | -dai/-dʑi-/-mu | -ɢala | -lə |
| | 撒拉语 | -mɑ | -la | -la（～lanə） |
| | 康家语 | -ma | -ɢala | -ɢala |
| 藏语 | 书面藏语 | -daŋ | -daŋ | -gis/-kjis/-gjis/-ɦjis/-is |
| | 泽库 | -ra | tʂoχɣa | kə |
| | 循化 | -ra | tʂoχɣa | kə |

从目前西北地区的语言背景看，历史上和当下同汉语接触的语言有阿尔泰语系语言（蒙古语、土族语、撒拉语等）和藏语方言（主要为安多方言）。从表 2 可以看到，藏语作为施格语言，书面藏语的施格和工具格采用相同的标记 -gis/-kjis/-gjis/-ɦjis/-is（一个标记的五个不同变体），安多藏语口语的施格和工具格标记都是 kə；书面藏语中并列、伴随采用同一个标记 -daŋ，安多藏语口语的并列标记为 -ra，伴随标记为 tʂoχɣa。[2] 所以从语音形式看，西宁及周边汉语方言的并列、伴随和工具格标记与藏语差别明显，而与阿尔泰语系语言关系密切。比如，西宁汉语方言的并列标记

---

[1] 根据我们的调查，民和土族语的并列标记用 -ma，这与撒拉语、康家语相同。孟达来（1996：59）认为，东乡语的 -la 和 -sla（＜-s＋-la）中的 -la，以及保安语的复数附加成分 -la/-lə 等形式，与突厥语族语言中广泛使用的复数附加成分 -lar/-ler 颇为相似。

[2] 青海南部的安多藏语的并列标记为 -ta，施格、伴随、工具格标记和青海北部方言基本相同。tʂoχɣa 义为"伴随""陪伴"，还不是典型的功能词，没有完全虚化。

"带"的实际读音为 tɛ-，无论是在语音形式上，还是在功能上，它与蒙古语-tɛɛ、土族语-da、东乡语-dai 之间的联系都无法被忽视。

青海境内的汉语方言除了乐都等少数地方方言的伴随和工具格采用不同的标记，大部分方言的伴随和工具格采用相同的标记-lia 或-la。使用-la 的方言比较有限，主要包括青海的循化、同仁、尖扎及邻近的甘肃临夏等地方言。关于这个-la 的来源，我们认为虽然不排除"lia＞la"的可能性，但是与土族语的-la、保安语的-Galə、东乡语的-lə、撒拉语的-lɑ、康家语的-Gala 进行比较后发现，直接借用周边的阿尔泰语系语言的-la 的可能性非常大。

陈乃雄（1987：121）指出保安语的凭联格标记-Galə来自数词"俩"的语法化；哈斯巴特尔（2001）通过对蒙古语、卡尔梅克语、达斡尔语、莫戈勒语、东乡语、保安语、土族语、东部裕固语进行比较，指出在蒙古语族语言中，联合格、工具格、集合数、复数之间存在采用同一种词缀形式的现象，认为蒙古语等语言中的集合数词缀-ɣula、-güle 是由早期的 qoyar（表示数词"二"）和 -la（＜-lan）（集合数词缀）构成的*qoyarlan（两个一起）经历了一系列语音缩减和脱落演变而来的，如土族语的-la 同时表达集合数、工具格和联合格三种语法意义。

据我们调查，青海互助、民和土族语的伴随格标记通常使用-Gulə/-Gula 而非-la[1]。母语者明确表示-Gulə/-Gula 就是"两个"的意思，但是对于两地土族语使用的工具格标记-la，[2] 母语者已经无法将其和-Gulə/-Gula 建立联系。由此可知，"伴随格＞工具格"的语法化程度是不一样的，工具格标记-la 的语法化程度高，伴随格标记-Gulə/-Gula 的语法化程度相对较低。

西宁及周边汉语方言的伴随、工具格标记-lia 即汉语的"俩"，"俩"来自"两个"的合音以及语法化（赵元任，1927；彭楚南，1957；徐思益，

---

[1] 表2中的-la 来自《土族语简志》(照那斯图，1981)。
[2] 哈斯巴特尔（2001：24）记录了民和土族语 mutu-Golə baGa ～ mutu-la baGa（用木头打）的用法。可能因调查点不同，我们在调查中没有发现类似的用法。

1958；太田辰夫，2003/1958；高名凯，1986；江蓝生，1994；冯春田，2002；孔祥卿，2005；彭晓辉、储泽祥，2008；荆亚玲、汪化云，2016）。这在五屯话中表现得更加明显，五屯话的工具格标记为-liaŋə，其实就是"两个"。例如（陈乃雄，1982，1989）：

(37) ˈŋɵtɕikə  ɕaŋˈtɕ·a-liaŋə[1]   tɕɵˈtsʅ   wanˈlənt ʂ.
　　 我们　　木头（用—凭借格）　桌子　　制作
　　 "我们用木头制作桌子。"

根据我们的调查，五屯话的伴随标记同样使用-liaŋə[2]，例如：

(38) aˈba   tsu   aˈna-liaŋə   ˈcɕiguəlio.
　　 爸爸　昨天　妈妈—伴随　去了
　　 "爸爸昨天和妈妈去了。"

发音人还给我们提供了例（39）。

(39) tsu   aˈba-da   aˈna-liaŋə   ˈcɕiguəlio.
　　 昨天　爸爸—并列　妈妈—伴随　去了
　　 "昨天爸爸和妈妈去了。"

我们在对互助、民和土族语的调查中发现这样的说法也很普遍，即表示并列的连词-da/-ma和表示"两个"义的-Gulə/-Gula前后配合使用。

---

[1] 五屯话的凭借格标记在陈乃雄的两篇论文中的写法不同：在《五屯话初探》（1982）中写作-liɑnkə，在《五屯话的动词形态》（1989）中写作-liaŋə。根据我们的核对，应该是-liaŋə，此处径改。
[2] 发音人 Blo bzang tshe brtan，30岁，男，本科，青海省同仁县五屯上庄（依据田野调查时的行政区划）人。

类似的说法在西宁方言中也存在,整个句法结构如出一辙,如上文例(20)。当然,西宁方言的伴随标记"俩"已经高度语法化,在伴随者是一个人的时候还可以将其理解为"两个",但是有多个伴随者的时候,显然不能再将其解释为"两个"了。例如:

(40)我小张、小刘、小王俩北京去了。我和小张、小刘、小王去了北京。

工具格标记"俩"的语法化程度更高,对于"我刀刀俩"(我用刀子)这样的结构,母语者已经无法将"俩"和"两个"联系起来,更不要说多个工具连用的时候。例如:

(41)我手钳子、锤锤、改锥、扳子俩修了。我用钳子、锤子、螺丝刀、扳手修了。

需要说明的是,西宁等地方言的"俩"并不是单个"二"的语法化(西宁方言"二"的读音为[ε³⁵],它与"俩"的语音形式相差甚远),而是"两个"先合音为"俩",再逐步从伴随标记类推到工具格标记。这一点结合五屯话可以看得非常清楚。西宁方言"俩"的这种演变,我们认为是当地原本使用阿尔泰语系语言的少数民族在转用汉语的过程中,在句法上直接"拷贝"母语的结果。当然,"俩"所处的句法位置为这种"拷贝"提供了便利。这在方位词的语法化中也表现得非常突出,即"俩"所处的位置和 SOV 型语言里后置词的位置"完美匹配",这为功能的"拷贝"和"强化"提供了便利(王双成,2020)。

Heine and Kuteva(2002)通过跨语言考察发现,名词性成分连接件的语法化来源包括伴随标记、原义为 ALSO 或 TOO 等的副词、表示 TWO 的数词或双数标记、表示 BOTH 或 ALL 的量化词等。

阿利亚瓦拉语(Alyawarra)的数词 athirra(二)先语法化为双数标记,然后进一步演变为协同格标记-athirra(和、与……一起)。瓦伊语(Vai)的数词 féra（二）语法化为连接两个名词短语的小品词"与……一起""和"，例如（Heine and Kuteva，2002：303）：

（42）wu　　　　féra　　　　wu　　　　bònu
　　　第二人称：复数　和……一起　第二人称：复数：领属格　朋友
　　　"你和你的朋友们"

塞舌尔克里奥尔法语（Seychelles CF）的基数词 de（二）语法化为在特定语境中连接两个参与者的标记，例如（Heine and Kuteva，2002：304）：

（43）nu　　de　　Gabriel，　nu　　ava　　ale.
　　　我们　和　 Gabrielle　　我们　将来时　去
　　　"加布里埃尔和我将会去。"

此外，西逊语（West !Xun）的基数词 tsa（二）语法化为连接名词短语的小品词 sá，这和科伊语（Kxoe）的双数标记-tcà 有联系。因此，数词"二"最常见的语法化过程很可能是"'二'＞双数标记＞名词短语—和"（Heine and Kuteva，2002：303—304）。

# 第7节　结语

青海是个多民族地区，使用汉语、藏语、阿尔泰语系语言的各民族在这里长期接触，相互影响，形成了错综复杂的族群关系和语言关系，有些接触和影响来自阿尔泰语系语言，有些接触和影响来自藏语（王双成，2016）。从目前的调查情况看，青海河湟地区的汉语方言的并列、伴随的形式和语义类型，特别是并列标记、伴随标记、工具格标记的使用特点，与周边的阿尔泰语系语言有很多共性,形成了一个区域类型。比如,西宁方言的并列标记 tɛ-（带）与蒙古语、土族语、东乡语等语言的并列标记的语音形式非常接近,尤其是伴随标记-lia（俩）来自"两个"的合音和语法化,以及"俩"进一步语法化为工具格标记的特点都和阿尔泰语系语言非常类似,而和同样是 SOV 型语言的藏语的差别则较为明显。仅从这一点看,西宁及周边汉语方言与阿尔泰语系语言的接触关系更为紧密和深刻。不过,正如前文所提到的,新疆汉话也是长期处在阿尔泰语系语言的包围下,却没有发生和西宁方言相同的演变,其中的原因是值得深究的。

我们认为甘青地区的语言区域类型的形成有语言接触的原因,但更主要的原因是早期语言转用并逐渐扩散,因为母语不同,所以在转用汉语的过程中形成了不同的"层次"。

# 第7章　西宁方言方位词的语法化

## 第1节　引言

汉语方言中方位词的语法化程度有很大的不同，比如吴语的"上"和"里"虚化程度最高，在一些吴语中，"'里'表现出更高的语义抽象度……实际上已不再区分处所的表面还是里面，只是抽象地标明是方所题元"（刘丹青，2003：195）；昆山话、常熟话、无锡话、崇明话等吴语中的"里"还可以作复数人称代词词尾（张惠英，1995）。

青海西宁方言的方位词"里""上""下"的语法化程度较高，"上""下"已经语法化为宾格、与格标记，"里"已经初步具备了位格的功能。本章主要讨论"里""上""下"的使用特点及语法化过程。

## 第2节　西宁方言"里"的语法化

"里"始见于西汉，大约从魏晋时期起开始在口语中迅速发展，南北朝后期在文学语言中被广泛使用，已大体具备作为方位词的各种功能。

"至迟到晚唐五代，方位词"里"已完全发展成熟，此后一直沿用到现代汉语。"（汪维辉，1999：38）

根据汪维辉（1999）的考察，"里"在使用过程中有两个特点非常重要：一是可搭配的名词增加，这是泛化的第一步；二是可以表时间，这是虚化的重要表现。

西宁方言"里"的语法化主要从以下几个方面体现出来。

一是语音上的弱化。"里"在一些地方读为 $[l_1^{31}]$、$[i^{z31}]$ 或 $[z_1^{31}]$，语音上的销蚀或弱化是语法化过程中最常见的表现形式。

二是使用的强制性。比起前置词，西宁方言的后置词更加活跃（王双成，2012），而且在使用上具有强制性。例如：

（1）我俩门口里喧着。（* 我俩门口喧着。）我们俩在门口聊天。
（2）晚夕里一个人耍出去。（* 晚夕一个人耍出去。）晚上别一个人出去。
（3）明儿公园里浪走吧。（* 明儿公园浪走吧。）明天去公园玩儿。

三是语义的高度抽象化。在语义的高度抽象化方面，"里"最为典型。这表现在"里"不仅可以出现在表处所的名词之后，还可以出现在表时间的名词之后，而且也有强制性。例如：

（4）人岁数里去呵再干蛋呐。（* 人岁数去呵再干蛋呐。）人上了岁数就不中用了。
（5）月底里发点奖金哩说。（* 月底发点奖金哩说。）听说月底要发点奖金。
（6）一天里睡着不起，晚夕里酒喝着不睡。（* 一天睡着不起，晚夕酒喝着不睡。）白天一直睡觉不起床，晚上一直喝酒不睡觉。

西宁方言"里"的高度抽象化还表现在"里"可以出现在形容词之后，这种用法已经形成一种比较能产的框式介词——"往……里"。这个框式结构中可以填进很多表示性质、状态的形容词，例如：

(7) 灯盏哈往亮里挑给个。把灯再稍微挑亮一点儿。
(8) 抹布哈往湿里摆给个。抹布再弄得湿一点儿。
(9) 你再娃娃哈往坏里耍教个。你别再把孩子教坏了。
(10) 晒下的草哈往开里摊给个去啊。把晒的草再摊开一点儿。

以上例句中的前置词"往"和后置词"里"都无法省略，"往……里"是一个比较典型的框式结构（刘丹青，2002）。其他常用的组配形式如下：

| 往大里 | 往小里 | 往长里 | 往短里 |
| 往好里 | 往坏里 | 往胖里 | 往瘦里 |
| 往端里 | 往歪里 | 往满里 | 往浅里 |
| 往早里 | 往迟里 | 往贵里 | 往贱/便宜里 |
| 往硬梆里 | 往细法里 | 往舒坦里 | 往软和里 |
| 往聪明里 | 往糊涂里 | | |

我们在调查中也发现了"里"直接加在形容词后而不用前置词的情况，但是这种用法还不是很普遍。例如：

(11) 长里一拃，壮里一把。长有一拃，粗有一把。

在此次调查中，这样的用法虽不多，但仍然提供了非常重要的信息：在初期的使用过程中，前置词"往"和后置词"里"相互竞争，最后形成相互妥协的框式结构。随着西宁方言后置词逐渐"上位"，前置词"往"逐渐"退隐"也是情理之中。

王双成（2012：474）也曾讨论过西宁方言的前置词"带"和后置词"里"构成框式结构的情况，例如：

(12) 鸡儿带院子里吃食着。鸡在院子里吃食呢。

不过有一个比较突出的特点是，随着普通话的进一步普及，一些年轻人的口语中出现了有些原本不用的前置词，如"你在阿里咧？""你到阿里去了？"这是值得关注的现象。

## 第3节　西宁方言"上""下"的语法化

江蓝生（1998）利用历史文献和方言材料，详细考证了元代汉语的后置词"行"和"合"的来源，指出"行"是"上"的变音，"合"是"下"的变音，"下"在山西等方言中的白读音为 [xa] / [xaʔ]。王双成（2012）曾指出西宁方言的"下"和"哈"语音形式相同，所以西宁方言的后置词"哈"来自"下"，语流中的"啊"应该是"哈"的语音弱化形式。根据我们的进一步考察，"哈"来自方位词"下"，其在语流中弱化为"啊"的可能性也是很大的。但是"啊"还有一个重要的来源——方位词"上"，[1] 因为"上"在西宁方言中也可以和"啊"互换。[2] 例如：

(13) 桌子上/啊有个梨儿哩。
(14) 地上/啊哩。在地上呢。
(15) 墙上/啊胡蚕画吵。别在墙上乱画。

---

[1] 根据龚群虎老师提供的信息（2018年5月20日私人交流），关中方言中方位词"上"很多时候读为"啊"，看来这是西北地区汉语方言的一个比较普遍的语音弱化现象。
[2] 根据杨永龙（2014）的描写和我们的调查，青海民和甘沟话的情况和西宁方言基本相同。

此外，从使用情况看，西宁方言的后置词"哈"和"啊"也可以互换。例如：

（16）傢我<u>哈</u>/<u>啊</u>说了。他告诉我了。
（17）小王小张<u>哈</u>/<u>啊</u>大着三岁。小王比小张大三岁。
（18）哥哥兄弟<u>哈</u>/<u>啊</u>给掉了个铅笔。哥哥给了弟弟一支铅笔。

从空间到时间是最常见的概念隐喻之一，西宁方言的方位词"上""下"还可以出现于表示时间的名词之后，甚至可以直接加在数词之后。例如：

（19）你三点<u>上</u>/<u>啊</u>我<u>哈</u>/<u>啊</u>寻来。你三点钟来找我。
（20）再放给点，20<u>上</u>/<u>啊</u>还没站着啊。再发一点儿，还不到20。
（21）丫头18<u>上</u>/<u>啊</u>就打发掉了。姑娘18岁就嫁出去了。

根据北京话母语者刘辉的语感（2018年6月11日私人交流），北京话表示年龄的比较大的整数之后勉强可以加"上"，比如"50上"，但是其他情况下，不管是整数还是非整数，数词之后都不能加"上"。不过，另外一个北京话母语者刘嘉奕（2018年6月11日私人交流）指出，"上"不能加在任何形式的数词之后，她的语感中没有这样的说法。相比而言，西宁方言方位词的语法化程度要更深一些，从单纯地表示"空间"概念延伸到了表示"时间"概念。这是非常重要的认知范畴的转移，是方位词语法化过程中非常重要的一个环节。[1]

如果我们联系前面西宁方言方位词"里"的使用特点会发现，"里"和"上""下"虽然功能分工各不相同，语法化的程度也有一定的差异，但

---

[1] 现代汉语部分方言中虽然也有"十八上"这样的说法，但是相对而言限制较多，而且"里""上""下"作为后置词使用的强制性、规律性、系统性是无法和西宁方言相提并论的。

是语法化的路径基本一致，只是"里"发展得比"上""下"似乎更快一点，不但完成了"空间＞时间"的转移，还进一步转移到了"性质、状态"。

## 第4节 接触与共性：方位词语法化的跨语言考察

### 4.1 方位词语法化的共性

方位词的语法化并不少见，很多语言中都有此类现象并已见于相关研究，其语法化有很多共性。

"里"是南方方言，尤其是吴语、赣语、湘语中广泛使用的复数标记。张惠英（1995）认为它源自"居处、宅院"义的"里"，如江苏海门话第一人称的复数标记［li³¹］（俚）、常熟话［li³¹］（俚）、无锡话［li²³²］（俚）均来自方位词"里"。[1] 根据陈忠敏、潘悟云（1999：24）的考证，苏州、周浦的"伲"［ni］和罗店的"伲"也来自"里"。

陕西延川话中后置方位词的使用比较高频，前置的介词甚至可以不用。这种特点有时候会带来歧义，例如（黄伯荣，1996：767）：

（22）咱两个沟里<u>里</u>走。咱两个进沟里去。/咱两个从沟里进去。
（23）他窑里<u>里</u>下了。他进窑洞去。
（24）你学校<u>里</u>去格来？你去过学校吗？/你到学校去过？
（25）他山<u>里</u>下来了。他从山上下来了。

再如，吴语绍兴话中有比较典型的框式介词（刘丹青，2003：196）：

（26）挪望我<u>里</u>你往我这儿走几步。

---

[1] 戴昭铭（2000）则认为来自"俩"。

（27）我到老王<u>里</u>坐一歇｡我到老王那儿坐一会儿｡

这种框式介词和西宁方言后置词"里"的情况很接近，只是西宁方言后置词"里"的功能更加显赫。这和语言接触密切相关，同时方位词的这种语法化也有很多共性。

云南香格里拉汉语方言的格标记"上"是方位词"上"语法化的结果（周洋，2016：77—78），例如：

（28）狼狗<u>上</u>咬死喽｡狼咬死了狗｡
（29）我他<u>上</u>给了一个粑粑｡我给了他一个粑粑｡

云南澜沧拉祜族自治县境内的汉语方言的方位词"上"也可以用作宾格、与格等标记，并且在一些语流中弱读为"啊"[1]。例如（语料由云南民族大学张琪提供）：

（30）我你<u>啊</u>说给｡我对你说｡
（31）狼羊<u>上</u>咬死了｡狼把羊咬死了｡

从西宁方言以及云南德钦、澜沧的汉语方言看，其宾格标记都是从方位词演变过来的，而且主要来源是"上""下"。

有意思的是，云南德钦的东旺藏语发展出一个标记受事宾语的gō，其来源为古藏语的sgang（上），比如（Bartee，2007：271、272）：

（32）a$^{31}$lɤ$^{55}$=ji     khui$^{55}$     khĩ$^{55}$bɑ$^{53}$=gō     da$^{13}$     de     ŋ̥ō.
      猫＝ERG     3SGEN     脚＝OBJ     舔     CONT     VIS.IPFV
      "猫正在舔它的爪子。"

---

[1] 澜沧汉语的这个"啊"也有可能是"下"的语音弱化，但是将澜沧汉语与香格里拉汉语方言进行比较后发现，这个"啊"更可能是"上"的语音弱化。

云南建塘藏语（Gyalthang）也有一个可以标记宾格、与格的 go（音标遵从原文），例如（Hongladarom，1996：87、88）：

(33) pɔ̃     tɕi-gə¹³    ŋă-go    jǎnjū   tè    ɕaŋ.
     男孩   ——ERG    1S-DAT   土豆    给   AUX：SELF
     "一个男孩给了我一个土豆。"

(34) kho        ŋā-go       dẓô-de      nə.
     3S.ABS    1S-ACCRG    看——IMPF   COP：OTHER
     "他正在看我。"

景颇语的方位词"里""处"有的保留了实词的用法，有的已经语法化。"这类方位词在句中出现，不是表达实在意义的需要，而是为了语法结构的需要"，"不加也不影响意义的表达，但在语法结构上则是必不可少的"。"当名词、代词修饰动词时，如果没有方位词就难以成句，或使原义改变。"（戴庆厦，1998：15）例如：

(35) ʃi³³n⁵⁵    khuʔ⁵⁵ (koʔ⁵⁵)    ŋa³¹    ŋa³¹    ai³³.
     他         屋里              在      （助动）（句尾）
     "他在屋里。"

(36) kǎ³¹nau³³    kǎ³¹phu³¹ (thaʔ³¹)    kʒau³³    tset³¹    ai³³.
     弟弟         哥 处                  更        勤快      （句尾）
     "弟弟比哥哥更勤快。"

由例（36）可知，其差比标记来自处所词的语法化。

拉祜语的比较标记也是由方位词语法化而来的，其中含"上"方位义的比较标记表示"顺比"，含"下"方位义的比较标记表示"逆比"。例如（李春风，2012：367）：

(37) ŋa³¹ vi³⁵pa¹¹ ŋa³¹ tha̱³¹/qho⁵³ ŋa⁵³ qho̱³¹ ɯ¹¹ta¹¹.
　　 我　 哥哥　 我　(上面)/上　 五　岁　 大　 着
　　 "哥哥比我大五岁。"

(38) nɔ³¹ ŋa³¹ tha̱³¹/xɔ³⁵ ŋa⁵³ qho̱³¹ i³³ ta¹¹.
　　 你　 我　(下面)/下　 五　 岁　 小　 着
　　 "你比我年轻五岁。"

拉祜语的宾格标记 [tha̱³¹] 和从方位词语法化而来的比较标记语音形式相同，二者的关系显而易见。例如（李春风，2012：60）：

(39) ŋa³¹ nɔ³¹ tha̱³¹ ma⁵³ xe¹¹ ga⁵³.
　　 我　 你　 宾格标记　 不　 骗　 想
　　 "我不想骗你。"

普米语有一个处所助词 [to⁵⁵] 表示事物存在"××上面"，在句子中它有时候可以与 [khu¹³] 互换。[to⁵⁵] 除了表示事物存在"××上面"这个意思，还可以加在事物名称的后面，表示被比较的对象。例如（陆绍尊，1983：64—65）：

(40) tʂɑ⁵⁵ to⁵⁵ sɢiɑ̃u¹³ diɑ̃u⁵⁵.
　　 地　 上面　 草　 有
　　 "地上有草。"

(41) ɕo¹³sɛ̃⁵⁵ lɑu¹³sə⁵⁵ to⁵⁵ sɢyɛ̃⁵⁵.
　　 学生　 老师　 助词　 高
　　 "学生比老师高。"

独龙语的 [kɑi⁵³] 既可以标记工具格，也可以标记处所、从由。例如（朱艳华，2010：44）：

(42) ɕam⁵³ taʔ⁵⁵ kai⁵³ aŋ⁵⁵ dʑa⁵⁵ wa⁵³.
铁　　锅　工具格标记　饭　　做
"用铁锅做饭。"

(43) nɯ³¹ mai⁵³ lɯ³¹ka⁵⁵ kai⁵³ a³¹mɹa⁵⁵ wa⁵³.
你　妈　　山　　处所标记　地　　做
"你妈妈在山上种地。"

(44) sɯ³¹n̻it⁵⁵ niŋ⁵⁵ kai⁵³ dʑi³¹ʝɛ⁵⁵ dɔn⁵³.
七　　　岁　从由标记　书　　　读
"从七岁读书。"

柔若语的比较标记［tɯ⁵⁵］（孙宏开等，2002：126）、尔苏语的比较标记［tɕho⁵⁵］（孙宏开，2007a：965）、基诺语的比较标记［jə³³］（盖兴之，1986：91、107）等都来自方位词"在……上"。从这些语言的使用情况看，目前这些比较标记都能表示处所，即"在……上"。

汉藏语系的那迦语（Naga）的 ki（在……上）也进一步演变为比较标记，例如（Heine and Kuteva，2012：272）：

(45) Themma hau lu ki vi- we.
男人　　这个　那个　在……上　好—　系动词
"这个男人比那个男人好。"

泰米尔语（Tamil）里表示"在……上""在"的方所格后缀-il 进一步演化为表示"在……内""在"的时间后缀（Heine and Kuteva，2012：278）。

从上面的分析中不难看出，方位词语法化有一定的共性。这在很多语言中都有体现，比如分布在云南最南端的景颇语、拉祜语。这些语言与北方的阿尔泰语系语言几乎没有接触的可能性，其方位词语法化为比较标记或宾格标记等的特点，肯定是其自身演变的结果。

## 4.2 语言接触和方位词的语法化

在方位词的语法化过程中，除共性外，语言接触的因素也是不容忽视的。

汉语方位词的一些使用特点很早就引起了学者的关注，特别是元代白话可能受到阿尔泰语系语言的影响的问题。

据江蓝生（1998）考察，在元代汉语中"上"由处所后置词发展出了类似与事标记的用法。这种用法主要体现在《老乞大》《朴通事》等文献中，例如（江蓝生，1998：6）：

(46)"你是高丽人，却怎么汉儿言语说的好？""我汉儿人上学文书，因此上些少汉儿言语省的。"（《老乞大谚解》）

(47)到学里，师傅上受了文书。（《老乞大谚解》）

祖生利（2001）曾考察元代白话碑文中汉语方位词标记蒙古语静词格附加成分的功能，指出汉语方位词的后置性特征与蒙古语静词的变格成分相一致，认为宋元时期汉语方位词的意义、功能虚化与蒙古语静词的变格成分有相通之处，推测金元明初汉语文献里"介词＋NP＋方位词＋VP"结构中介词的省略现象，可能与北方阿尔泰语系语言静词变格形式的影响有关。例如（祖生利，2001：64）：

(48) 札木ᵗ合　因　帖ᵗ列　兀格　突ᵗ儿　成吉思　ᵗ合罕　札ᵗ儿里黑
　　　人名　　的　　那　　言语　里　　太祖　　　皇帝　　圣旨
孛鲁ᵗ仑。
做

"按照札木合的那言语，太祖皇帝下旨道……"

储泽祥（2011：46）也注意到《老乞大》《朴通事》中方位词的使用特点，认为近代汉语"体词＋方位词"里的方位词与朝鲜语的-esə等位格标记的作用十分相似，是语言接触的结果。比如：

（49）鞋子蹩头，自己睡卧房子里放着。（《老乞大谚解》）
（50）孙舍混堂里洗澡去来。（《朴通事谚解》）

李泰洙（2000）考察了《老乞大》《老乞大谚解》两个本子里方位词"上""里""根底"表示动作的对象、处所、受事、原因、工具以及相当于领格助词等用法，指出这些功能在元明以前的白话文献中有的没有、有的很少见到，而在清代乾隆年间刊刻的两种《老乞大》中大都消失了，故认为这些方位词的特殊功能是元代汉语与阿尔泰语系语言接触的产物。

我们认为语言接触对方位词语法化的影响主要表现在以下两个方面。

第一，后置词位置的强化。汉语的方位词后置于名词，这和 SOV 型语言的位格、宾格等后置词的位置"完美匹配"。这一原因使得西宁方言的方位词逐渐语法化为位格、宾格、与格标记成为可能。

根据 Greenberg（1984）提出的语言共性，优势语序为 VSO 的语言，总是使用前置词；以 SOV 为常规语序的语言，在远远超过随机频率的多数情况下，使用后置词。在 Dryer 提出的"以 V 和 O 的语序为核心参项的类型学模型中，PP（笔者注：介词短语）的位置是与 V 和 O 的位置最相关的语序，VO 语言的介词短语几乎都在动词后，OV 语言的介词短语几乎都在动词前"（刘丹青，2003：305）。

汉语虽然是不太典型的 SVO 型语言，但是从大部分汉语方言的特点来看，使用前置词还是比较占优势的。根据刘丹青（2002，2003）的研究，吴语中后置词的使用频率比其他汉语方言高一些。

在后置词的使用中，比较突出的还是方位词，一些方言中方位词已经语法化为比较典型的后置词，比如西宁方言的宾格标记"啊""哈"来自方位词"上""下",以及云南香格里拉的汉语方言的宾格标记"上"和拉祜语的比较标记［tha$^{31}$］;再如元白话中的方位词也是比较典型的后置词。从这些语言现象中我们能很清楚地看到,只要和 SOV 型语言有深度的接触,这些汉语方言的后置词会逐渐活跃,有些汉语方言甚至会演变为典型的后置词语言,其语序类型也会发生相应的变化,语序类型从 VO 到 OV 的演变也是非常重要的助推力。

第二,方位词格标记功能的强化。这是和"后置词位置的强化""语序类型的演变"相辅相成的。方位词作为后置词的位置得到强化以后,就为后面功能的延伸和发展创造了条件。语序演变过程中,方位词作为后置词的语序位置也得到了稳固和强化。这样就和 SOV 型语言的语序类型、后置词类型基本一致,很容易将 SOV 型语言后置词的相关功能"嫁接"过来,使汉语方位词的功能得到"拓展"或"延伸"。这也是语义泛化的表现形式之一。

此外,还需要考虑一种情况:当地一些原本讲 SOV 型语言的族群在语言转用的过程中,很容易将其母语的一些特征"迁移"到目标语,而在语序转变的同时需要有一个和 SOV 型语言的格标记相对应的成分,方位词由于本来就表示具体的位置和处所,和 SOV 型语言的位格标记功能相近,所以很容易被派上用场。

所以说,汉语方言的方位词进一步语法化为格标记的特点与和 SOV 型语言的接触有一定的关系。但是从前面我们的研究中也能看到,这种接触主要取决于 SOV 型语言的语序类型和后置词的类型特征。北方的汉语方言和阿尔泰语系语言接触,云南境内的汉语方言和藏缅语接触,这些语言都是比较典型的 SOV 型语言,所以青海的西宁方言以及云南香格里拉、澜沧的汉语方言的方位词有相同的语法化特点也就很正常了。这并不一定只是和阿尔泰语系语言接触的结果,来自藏语的影响也不容忽视。

## 第 5 节　方位词语法化的过程

西宁方言的"里""上""下"几个方位词在使用上是互补的:"里"只作位格标记,没有宾格、与格标记的用法;"上""下"一般用作宾格和与格标记,没有位格标记的用法。西宁方言"里"的语法化结果比较清楚,其正在向位格标记发展,即"方位词>位格标记"。

从我们的调查分析来看,"里"在很多情况下已经和 SOV 型语言的位格标记功能相当了,其语法化的原因和过程我们在前文中已有讨论,即"里"先完成后置词这一位置的强化,后逐渐将 SOV 型语言中位格的功能"移植"过来。

下面讨论"上""下"的语法化过程。从目前的研究来看,西宁方言方位词"上""下"的语法化过程有以下几种可能性。

第一,"方位词>与格标记>宾格标记"。这种语法化过程和方位词的语义特征密切相关,即"空间位置的转移",从"我这里"到"他那里"本来就是"位置的转移"。西宁方言、云南香格里拉的汉语方言等已经出现格标记的方言中,有些受事不需要添加受事标记,但是与事通常必须添加标记。如西宁方言的例子:

(51) 我糖儿<u>傢哈</u>给掉了。我已经给他糖了。

再如云南香格里拉的汉语方言的例子:

(52) 我他<u>上</u>给了一个粑粑。我给了他一个粑粑。

藏语作为作格语言，受事一般不加标记，但是与事要添加标记。比如下面的两个例子：

（53）rge rgan-gji　dpe tɕha　　lta　　bʑin ɦdug.
　　　老师—施格　　书　　　看：现在　正在
　　　"老师正在看书。"

（54）rge rgan-gji　　ŋa-la　　dpe tɕha　　bjin.
　　　老师—施格　我—与格　　书　　　给：过去
　　　"老师给我书。"

例（53）中只有受事宾语，受事宾语没有加任何的宾格标记；例（54）是个双及物结构，所以其中的与事带有标记。从这些特点来看，与事更具有标记性，在一些语言（方言）中进一步拓展到受事。

第二，"方位词＞与格标记＞比较标记"。从人类认知的角度看，空间位置的"上""下"很容易引申到时间、性质、状态等层面，而且往往"上"对应"大""长""好""高"，"下"对应"小""短""坏""低"。因此，在比较的过程中，方位词作为比较标记也就比较好理解了，顺比用空间范畴的"上"，逆比用"下"。比如拉祜语含"上"方位义的比较标记表示"顺比"，含"下"方位义的比较标记表示"逆比"（李春风，2012：366）。而且，从景颇语、普米语、那迦语的情况看，大都是来自"上"的比较标记表示"顺比"。这显然不是偶然现象。

此外，通过跨语言考察发现，世界上很多语言有"与格＞比较格"或"与格＞受事"的语法化路径（Heine and Kuteva，2012：137、271、422）。这种语法化特点不是个别语言的"专利"。

## 第 6 节　结语

语法化包含以下四个相互关联的机制（Heine and Kuteva，2012：2）：①去语义化（desemanticization）[或语义漂白（semantic bleaching）]，指（语素的）意义内容的丧失；②扩展（extension）[或语境泛化（context generalization）]，指（语素）推广到新的语境；③去范畴化（decategorialization），指语法化了的词汇形式（或其他语法化程度较低的形式）逐渐丧失原有的形态句法属性；④销蚀（erosion）[或语音缩减（phonetic reduction）]，指语音实体的磨损。

总体来看，西宁方言方位词的语法化都符合这些语法化的机制，这是共性之一；而从其他语言的情况来看，方位词的语法化有一定的普遍性，不少语言中存在方位词语法化为宾格标记、与格标记、比较标记的情况，这是方位词语法化的共性之二。当然，从西宁方言的情况中我们也可以看到，语言接触也是方位词语法化过程中不可忽略的重要因素，这主要表现在和 SOV 型语言的接触过程中方位词的语序、功能得到进一步的强化。

# 第 8 章　重建西南粤语体标记"嗲"的演变过程
## ——一项粤语和客语之间被忽视的关联

## 第 1 节　引言

以往有关粤语的研究通常以流行于广州、香港和澳门的标准粤语为核心，而不同粤语方言的语法特征则一般被认为是高度相似的（詹伯慧，2004：111—114）。然而，近来的一些研究却显示，不同粤语方言的语法分歧比我们之前所预想的要显著得多。比如甘于恩（2011）仅在广东省内的粤语方言里就发现了至少 16 种不同的完整体标记。如果再加上广西、海南的粤语方言，那么这个数字恐怕要超过 20。[1]在广东西南部的茂名、廉江、信宜、化州、电白、遂溪、高州、吴川、湛江的粤语方言里，存在着一种完整体标记"嗲"[te]。本章的主要目标是通过确定这个体标记的来源和发展历程，从共时和历时的角度更好地认识一些我们之前了解甚少的粤语方言以及它们与周边客家方言的接触史。需要注意的是，"嗲"只是一个记音字，不包含任何历史来源的信息。

本章考察了以下四种粤语方言的语料（方言分区依照中国社会科学院语言研究所等，2012）：①化州长岐，吴化片，语料来自李健（1996）；②化州良光，吴化片，语料来自田野调查（2008）；③廉江市区，高阳片，

---

[1] 有关粤语完整体标记的分歧，请参看本章第 3 节。

语料来自田野调查（2009—2010）；④信宜市区，高阳片，语料来自罗康宁（1987）。在讨论部分，我们会从甘于恩（2011）的文章中摘录一些其他方言（如高州曹江）的语料，尽管相关内容不足以与上述四种方言作深入比较。

下图显示了广东西南部的语言分布以及本章所考察的四个方言点的地理位置：

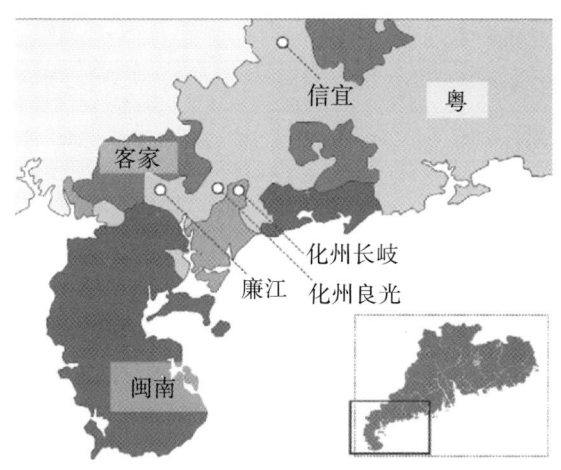

**图 1　广东西南部的方言分布及本章所考察的方言的地理位置**（基于 Wurm et al.，1987）

在本章的讨论中，那些以"嗲"为完整体标记的粤语方言被统称为"西南粤语"，这是考虑到它们的地理分布。需要强调的是，这一组方言是根据区域而不是根据系属来定义的。如果按照中国社会科学院语言研究所等（2012）对汉语方言的划分，那么"西南粤语"中有一部分属于高阳片（如茂名和信宜），另一部分则属于吴化片（如吴川）。

作为多种汉语方言共存的地区，广东西南部是观察语言接触（language contact）的绝佳场所。比如在廉江，粤语是市区的权威方言，大约有 30 万使用者；而客语约有 50 万使用者，主要分布在周边的山区；另有 20 万闽南语使用者，大部分分布在南部郊区。化州和信宜的情况或多或少与廉江类似。广东西南部活跃的多语现象有助于语言成分在区域内的迁移和扩散。有关这方面的讨论可参看林华勇、马喆（2008），林华勇、郭必之（2010），以及郭必之、林华勇（2012），本章第 3 节也会展开更多论述。

本章所讨论的体标记有几个变体，它们的形式基本一致，并且存在规律性的对应关系，如下表所示：

表 1　西南粤语四个方言点的完整体标记的语音形式

| 方言点 | 语音形式 |
| --- | --- |
| 化州长岐 | $tɛ^0$ |
| 化州良光 | $dɛ^{21}$ |
| 廉江市区 | $tɛ^{21}$ |
| 信宜市区 | $tɛ^{11}$ |

这些语音对应的规律性似乎表明这些变体是同源的，即它们都直接继承自某个单一祖语的特定语素，该语素的原始形式可以构拟为 $[*tɛ]$。不过，本章将论证这个完整体标记无法从原始粤语（粤方言的共同祖先）中找到来源，它很有可能是从邻近方言中移借的。换句话说，西南粤语中的"嗲"是语言接触的产物。本章第 3 节将对该问题进行详细说明。

## 第 2 节　共时描写

在对西南粤语展开讨论之前，需要先对汉语普通话中标记完整体和完成体的方式作一个简要说明。这一步是必要的，因为后文将会用到我们熟悉的普通话的例子来说明完成体的概念以及完成体和完整体之间的关系。

在普通话里，表达完整体意义的语法标记是"了"，习惯上一般写作"了$_1$"，以便与句末的"了$_2$"相区分。作为一个动词后缀，它通常直接跟在动词的后头。如果出现宾语，那么就会形成"V 了$_1$ O"的结构。例如：

(1) 我　泡了　茶　喝
　　　wǒ　pào-le　chá　hē.（Li and Thompson，1981：199）

正如 Li and Thompson（1981：185）所注意到的，普通话的完整体有一个重要的特点，那就是被观察的事件需要在时间、空间或认知上具备有界性。因此，当有人单说"我泡了茶"时，听者会感到句子不完整且不明所以，这是由于简单动词短语和这种直接宾语的组合是无界的（Li and Thompson，1981：200）。若要补救这种不完整性，其中一个策略便是在原句的句末添加"了$_2$"。加入这个语法成分后，原先的结构就变成了"V 了$_1$ O 了$_2$"。例如：

(2) 我　理了　发　了
　　　wǒ　lǐ-le　fà　le.（Li and Thompson，1981：201）

一般认为，"了$_2$"的主要功能是表达"现实相关性"（Li and Thompson，1981）。尽管目前存在多项针对该语素的归类方案，但近来的趋势是将其视作完成体标记（参看 Chappell，1992；Bybee et al.，1994；望月圭子，2000；陈前瑞，2008；陈前瑞、王继红，2011）。根据 Bybee et al.（1994：54）的定义，完成体[1]表示情状先于参考时间，且该情状与发生在参考时间的情状相关。完成体的另一种用法是指明"新情状"或"新信息"（Bybee et al.，1994：62）。[2] 从这个角度看，普通话中的完整体和完成体

---

[1] 完成体（perfect）在 Bybee et al.（1994）的文章中被称为先时体（anterior）。本章采用更通用的"完成体"这一术语。
[2] 有学者注意到"了$_2$"有时与近将来义联系在一起，比如"快下雨了"。陈前瑞、王继红（2011）认为这里的"近将来义"（该文称"近将来时"）由完成体发展而来。这种由完成体到近将来义的发展过程虽然在世界语言中并不十分普遍，但是在汉语方言里相当常见。如古汉语、部分吴语方言以及本章所要讨论的四种方言中都存在这一发展过程。

均靠同一个语法标记来表达，即"了"。如此一来，在缺乏语境的情况下，当该语法标记被置于简单的动态动词后时，"了$_1$"和"了$_2$"的功能便变得难以区分——此时的"了"可以被看作"了$_1$"和"了$_2$"的融合，也可以简单地被看作"了$_2$"（完成体）。[1] 只有在宾语出现的情况下才可以根据"了$_1$"和"了$_2$"的位置来辨认二者：直接跟在主要动词后的是"了$_1$"，出现在句末的是"了$_2$"。请比较例（3a）（3b）：

(3) a. 我　吃了
　　　wǒ　chī-le（了$_1$＋了$_2$/了$_2$）.
　　b. 我　吃了　　　饭　了
　　　wǒ　chī-le（了$_1$）　fàn　le（了$_2$）.

将"了$_2$"归为完成体标记不仅对普通话来说十分重要，而且对本章所要讨论的西南粤语来说也极具参考价值。

## 2.1　廉江市区

林华勇（2005）区分出廉江粤语"嗲"的两个功能，并将它们分别标记为"嗲$_1$"和"嗲$_2$"。前者表示"事件实现"，大致对应普通话的"了$_1$"；后者表示"现实相关性"，可以与普通话的"了$_2$"相联系。[2] 依照上述的两个功能，"嗲$_1$"和"嗲$_2$"可能分别为廉江粤语的完整体标记和完成体标记。如前所述，当普通话的"了$_1$"和"了$_2$"出现在一个简单动词后时，往往无法区分它们的功能。这一点对"嗲"来说同样适用。因此，例（4）中的"嗲"允许有两种解读：①完整体加完成体；②单纯的完成体。

---

[1] Chappell（1992: 81）对"了$_1$"和"了$_2$"的功能作了简洁的描述："在汉语普通话中，'了'的两个功能目前还没有完全分开……'了'的完成体功能（笔者注：翻译为英语的 past perfect）只能在语境中而非句法中得到确定。"

[2] "嗲$_1$"和"嗲$_2$"这组意义标签同样适用于其他的西南粤语，在我们考察的四种方言里均有相应的意义区分。

第8章　重建西南粤语体标记"嗲"的演变过程——一项粤语和客语之间被忽视的关联　　159

(4) 佢　　走嗲

k$^h$ei$^{23}$　tsɐu$^{35}$-tɛ$^{21}$.

"他走了。"

不过，在VO结构中，普通话的"了$_1$"与廉江话的"嗲$_1$"有着不同的表现。比如，"嗲$_1$"不能出现在动词和光杆名词宾语之间［见例（5a）］，相应的结构在廉江话里更倾向于说成"VO嗲"［见例（5b）］。

(5) a. *佢　　去嗲　　　北京　　嗲

　　k$^h$ei$^{23}$　hui$^{33}$-tɛ$^{21}$　pɐk$^5$keŋ$^{55}$　tɛ$^{21}$.

　　"他去了北京了。"

b. 佢　　去　　北京　　嗲

　　k$^h$ei$^{23}$　hui$^{33}$　pɐk$^5$keŋ$^{55}$　tɛ$^{21}$.

　　"他去北京了。"

对廉江粤语中这类"嗲"的解读高度依赖语境，因为当地话的完整体和完成体共用一个语法标记，而且它们通常都出现在句末位置。

此外，"嗲$_1$"基本不能出现在动宾复合词的内部［见例（6a）］以及关系小句中［见例（7a）］。廉江话使用者一般会用动词"完"［in$^{21}$］来表示事件的完结［见例（6b）和例（7b）］。例如：

(6) a. *我　　冲嗲　　凉　　正　　睡觉

　　ŋɔ$^{23}$　tsʰoŋ$^{55}$-tɛ$^{21}$　lɛŋ$^{21}$　tsɛŋ$^{33}$　sui$^{21}$kau$^{33}$.

　　"我洗了澡再睡觉。"

b. 我　　冲　　完　　凉　　正　　睡觉

　　ŋɔ$^{23}$　tsʰoŋ$^{55}$　in$^{21}$　lɛŋ$^{21}$　tsɛŋ$^{33}$　sui$^{21}$kau$^{33}$.

　　"我洗了澡再睡觉。"

（7）a. *攞嗲　　　奖品　　　个　　　人　　　可以　　　走　　　啦

　　　　lɔ³⁵-tɛ²¹　tsiɛŋ³⁵ pʰɐn³⁵　kɔ³³　ɳɐn²¹　hɔ³⁵i²³　tsɐu³⁵¹　a³³.

　　　　"拿了奖品的人可以走了。"

　　b. 攞　完　　奖品　　　个　　　人　　　可以　　　走　　　啦

　　　　lɔ³⁵　in²¹　tsiɛŋ³⁵ pʰɐn³⁵　kɔ³³　ɳɐn²¹　hɔ³⁵i²³　tsɐu³⁵　a³³.

　　　　"拿了奖品的人可以走了。"

这里再次申明，普通话的"了₁"并不存在上述使用限制。

即便如此，"嗲"也并非完全不能出现在动词和宾语之间。当动词或宾语被量化时，"嗲"是可以出现在两者之间的。在此情形下，被观察的事件有一个终结点并且达到完结。此类量化可以用数量词如"三碗"，或者相对量化词如"好多"来表达。可以将相应的语序概括为"V嗲O$_{NUM}$"，其中"NUM"代表量化。这里列举三个例子：

（8）我　　　食嗲　　　三　　碗　　饭　　嗲

　　ŋɔ²³　sek²-tɛ²¹　łam⁵⁵　un³⁵　fan²¹　tɛ²¹.

　　"我吃了三碗饭了。"

（9）我　　打　　烂嗲　　　一　　　□[1]　　窗　　嗲

　　ŋɔ²³　ta³⁵　lan²¹-tɛ²¹　jɐt⁵　sak³　tsʰɔŋ⁵⁵　tɛ²¹.

　　"我打破了一扇窗了。"

（10）我　　睇嗲　　　好多　　　只　　　钟头　　　电视

　　ŋɔ²³　tʰɐi³⁵-tɛ²¹　hou³⁵tɔ⁵⁵　tsiɛk³　tsoŋ⁵⁵tʰɐu²¹　tin²¹si²¹.

　　"我看了好几个小时电视。"

值得注意的是，动词和宾语之间的"嗲₁"并不是强制出现的。当地话

---

[1] "□"代表本字不明的语素。

亦可用仅句末有"嗲"的句式来表达相同的意思。比如例（9）"我打烂嗲一□窗嗲"也可以说成"我打烂一□窗嗲"。

廉江粤语的完成体标记"嗲$_2$"总是占据着句末的位置。它可以跟带有近将来义的副词如"就快"共现〔见例（11）〕，也可以接在带有时间参照性或序列义的名词短语后〔见例（12）〕。在这方面，廉江粤语的"嗲$_2$"和普通话的"了$_2$"具有平行的表现。

（11）火车　　就快　　到　　广州　　嗲
　　　fɔ$^{35}$tsʰɛ$^{55}$　tsɐu$^{21}$fai$^{33}$　tou$^{33}$　kɔŋ$^{35}$tsɐu$^{55}$　tɛ$^{21}$.
　　　"火车就快到广州了。"

（12）六月　　嗲
　　　lok$^2$ȵit$^2$　tɛ$^{21}$.
　　　"六月了。"

## 2.2　化州长岐、良光

化州长岐、良光粤语的"嗲"在功能上十分相似，因此本节将一并讨论。化州长岐、良光粤语的"嗲"与廉江粤语的"嗲"的一个主要区别在于它们的出现位置。在化州的这两种方言里，"嗲"可以自由出现于动词和宾语之间，其中的动词既可以是简单动词，也可以是动宾复合词。该语素在化州长岐粤语中读作轻声（李健，1996），这表明它已高度语法化了。例（13）（14）来自化州长岐，例（15）（16）来自化州良光。

（13）虽则然　　　係　　杀嗲　　凌铁
　　　ɬɵi$^{52}$tɐt$^5$jin$^{214}$　hɐi$^{21}$　ʃat$^{33}$-tɛ$^0$　liŋ$^{214}$tʰit$^{33}$…
　　　"虽然是杀了凌铁……"（李健，1996：320）

(14) 嗰 阿 年 出 嗲 阿 件 大 事
kɔ³⁵ ʔa⁰ nin²¹⁴ tʃʰɐt⁵-tɛ⁰ ʔa⁰ kʰin²¹ tai²¹ ʃi²¹.
"这一年出了一件大事。"（李健，1996：319）

(15) 你 吃 嗲 晚饭 未
nei²³ hɐkʰ⁵-dɛ²¹ man²³fan²¹ mei²¹?
"你吃了晚饭吗？"

(16) 台风 吹 冧 嗲 嗰 间 屋
tʰɔi²³⁻²¹foŋ⁵³ tsʰui⁵³ lɐm³³-dɛ²¹ kɔ³³ kan⁵³ ok⁵.
"台风吹倒了这栋房子。"

不过，化州长岐、良光粤语也可以把完整体标记置于句末，尤其是当动词或宾语未被量化时。[1]换句话说，"V嗲O"和"VO嗲"在某些场合下是自由变体。下面意思相同的两句话来自我们对化州良光粤语进行的田野调查。

(17) a. 佢 打 烂嗲 阿爸 只 花瓶
kʰui²³ da³⁵ lan²¹-dɛ²¹ a³³ba⁵³ tsek⁵ fa⁵³pʰeŋ²³.
"他打碎了爸爸的花瓶。"
b. 佢 打 烂 阿爸 只 花瓶 嗲
kʰui²³ da³⁵ lan²¹ a³³ba⁵³ tsek⁵ fa⁵³pʰeŋ²³ dɛ²¹.
"他打碎了爸爸的花瓶了。"

此外，"嗲"还可以充当完成体标记，此时"嗲"只出现在句末。请看下面化州长岐［例（18）］和良光［例（19）］的例子：

---

[1] 在化州良光粤语里，当动词或宾语被量化时，完整体标记具有出现于动词和宾语之间的强烈倾向。举例来说，"佢吃嗲三只苹果"不能改说成"佢吃三只苹果嗲"。

(18) 佢　　　就　　　阿边　谂　　嗲
　　　$kʰɐi^{214}$　$tʰɐu^{21}$　$ʔa^0$　$bin^{52}$　$nɐm^{35}$　$te^0$.
　　　"他就一边想了……"（李健，1996：323）

(19) 人客　　　　就　　　快　　来　嗲
　　　$nɐn^{23-21}hak^3$　$tʰɐu^{21}$　$fai^{33}$　$lɔi^{21}$　$de^{21}$.
　　　"客人就快来了。"

毋庸置疑，"嗲"在化州长歧、良光粤语中所受的限制要比廉江粤语少，因此当地方言中"嗲₁"和"嗲₂"的区别可以通过它们在 VO 结构中的句法位置体现出来。

## 2.3　信宜市区

信宜粤语的情况与化州长歧、良光粤语类似："嗲₁"一般出现在动词和宾语之间［见例（20）］，而"嗲₂"则都出现在句末［见例（21）］。

(20) 食嗲　　　饭　　爱　　慢慢　　　　　行
　　　$sek^{23}$-$tɛ^{11}$　$fan^{21}$　$ʔɔi^{33}$　$man^{11}man^{↗[1]}$　$hɐŋ^{23}$.
　　　"吃了饭要慢慢儿地走。"（罗康宁，1987：222）

(21) 个篇　　　　论文　　　上下　　写　齐　　嗲
　　　$kɔ^{33}pʰɐn^{53}$　$lɐn^{22}mɐn^{23}$　$sɐŋ^{22}ha^{23}$　$ɬœ^{35}$　$tsʰɐi^{23}$　$te^{22}$.
　　　"这篇论文差不多写完了。"（罗康宁，1987：294）

与其他三种方言相比，信宜粤语的特别之处在于它似乎拥有两个完整体标记，其中一个即前文提到的"嗲₁"，另一个则是"开"。我们有理由把二者看作自由变体，正如例（22）所示：

--------

[1]　"↗"代表高升变音。

(22) 讲开　　　　一　　运，　　又　　　讲嗲　　　一　　运
　　　kɔŋ³⁵-hɔi⁵³　jɐt⁵⁵　wɐn¹¹　jɐu¹¹　kɔŋ³⁵-tɛ¹¹　jɐt⁵⁵　wɐn¹¹.
　　　"说了一遍，又说了一遍。"（罗康宁，1987：223）

例（22）中两个分句的基本结构相同，但前一句和后一句里的完整体用不同的语法成分来标记。这意味着这两个语法标记在一定程度上可以互换。[1]更有趣的是，在例（23）中"开"和"嗲"分别充当完整体标记和完成体标记。

(23) 食开　　　　饭　　正　　　去　　就　　有　　　来得及　　　嗲
　　　sek²²-hɔi⁵³　fan¹¹　tseŋ³³　hɔi³³　tsɐu¹¹　mau²³　lɔi²³tɐk⁵⁵kap²²　tɛ¹¹.
　　　"吃了饭再去就来不及了。"（罗康宁，1987：223）

值得注意的是，在我们收集的语料里，"开"从不表达完成体。实际上，"嗲"和其他完整体标记共存于同一方言的现象在西南粤语里并不罕见。根据甘于恩（2011）的研究，在化州河西话里，例（24a）和例（24b）可以自由替换。

(24) a. 佢　　洗　　身　　嗲
　　　　keoi　sai　san　te.[2]
　　　　"他洗澡了。"
　　 b. 佢　　洗咗　　身
　　　　keoi　sai-zo　san.
　　　　"他洗了澡。"

---

[1] 有专家建议将信宜粤语的"开"处理成动相补语（就像普通话的"完"）。我们这里所作的判断主要基于罗康宁（1987）给出的例句译文，该书将"开"一律译为普通话的"了"。甘于恩（2011）也把信宜话的"开"分析成完整体标记。
[2] 例（24）和例（25）的原出处未提供相应的音标，这里列出的是按照香港语言学学会的"粤语拼音系统"转写的标准粤语的罗马字注音。

"咗"和"嗲"可以搭配着使用,如下面徐闻南华话的例子。

(25) 佢　　洗咗　　身　　嗲
　　　keoi  sai-zo  san   te.
　　"他洗了澡了。"

这个完整体标记"咗"显然是一个来自标准粤语的借词。
下表总结了信宜粤语"嗲"和"开"的功能和句法分布情况。

表 2　信宜粤语"嗲"和"开"的功能和句法分布情况

|  | 完整体 | 完成体 |
| --- | --- | --- |
| 嗲 | V嗲$_1$O | VO嗲$_2$ |
| 开 | V开O | — |
| 嗲+开 | V开O嗲$_2$ | |

## 2.4　小结

本节采用适当的例子说明我们所讨论的四种方言里"嗲"的功能、出现位置,以及与其他体标记之间的关系。这四种方言可以依此被分成三类。表 3 概括了这四种方言的"嗲"所能构成的所有动词性结构。表 4 列明了这些结构在标准粤语和普通话中的对应形式。

表 3　西南粤语中带有完整体和完成体标记的动词性结构

| | 廉江市区 | 化州长岐/良光 | 信宜市区 |
|---|---|---|---|
| 完整体 | V哆 | V哆 | V哆～V开 |
| | VO哆 | VO哆 | （?） |
| | — | V哆O | V哆O～V开O |
| | VO$_{NUM}$哆 | — | （?） |
| | V哆O$_{NUM}$ | V哆O$_{NUM}$ | V哆O$_{NUM}$～V开O$_{NUM}$ |
| 完成体 | V哆 | V哆 | V哆 |
| | VO哆 | VO哆 | VO哆 |
| 完整体+完成体 | V哆 | V哆 | V哆～V开哆（?） |
| | VO哆 | VO哆 | VO哆 |
| | — | V哆O哆 | V哆O哆～V开O哆 |
| | VO$_{NUM}$哆 | — | （?） |
| | V哆O$_{NUM}$哆 | V哆O$_{NUM}$哆 | V哆O$_{NUM}$哆～V开O$_{NUM}$哆 |

表 4　标准粤语和普通话中带有完整体和完成体标记的动词性结构

| | 标准粤语 | 普通话 |
|---|---|---|
| 完整体 | V咗 | V了 |
| | V咗O | V了O |
| | V咗O$_{NUM}$ | V了O$_{NUM}$ |
| 完成体 | V喇 | V了 |
| | VO喇 | VO了 |
| 完整体+完成体 | V咗喇 | V了 |
| | V咗O喇 | V了O了 |
| | V咗O$_{NUM}$喇 | V了O$_{NUM}$了 |

## 第 3 节 "嗲"的来源、发展和迁移

"嗲"的发展史是否可以仅根据粤语内部的语料构拟出来？绝大多数的粤语方言都用动词词缀来表达完整体。然而，这些词缀在来源上差别颇大。表 5 列举了相关的资料。

表 5　部分粤语方言的完整体标记[1]

| 方言点（所属区片） | 语法标记 | 词汇义 |
|---|---|---|
| 香港（广府片） | 咗 [tʃɔ³⁵] | ? |
| 东莞（广府片） | 休 [hau³²⁴] | 休息 |
| 台山（四邑片） | □ [ə³³] | ? |
| 阳江（高阳片） | 都 [tou³³] | ? |
| 廉江（高阳片） | 嗲 [tɛ²¹] | ? |
| 化州长岐（吴化片） | 嗲 [tɛ²¹] | ? |
| 封开开建（勾漏片） | 哈 [ha⁵²] | ? |
| 玉林（勾漏片） | 了 [lɛ⁰] | 完成 |
| 南宁（邕浔片） | 晒 [ɬai³³] | 完成 |

用"嗲"作完整体标记的方言基本只局限在广东省的西南角。考虑到粤语的完整体标记有多个不同的系列，"嗲"的来源可能无法追溯到原始粤语的层面。加之早期粤语口语文献里找不到任何关于"嗲"的记录，这

---

[1] 资料来源：香港，张洪年（2007）；东莞，陈晓锦（1993）；台山，甘于恩（2010）；阳江，甘于恩（2011）；南宁，林奕、覃凤余（2008）。其他来自我们的田野调查材料。

就让追踪它的来源变得难上加难。[1] 由于粤语内部的因素不足以解释西南粤语"嗲"的发展，我们转而诉诸外部因素，例如语言接触。

语言接触指至少一部分人使用多于一种语言的场合，它不需要说话人会流利地操纵两种或更多种语言，但要求来自不同群体的说话人有一定的交流（Thomason，2001：1）。语言接触的一个常见结果是语言特征的迁移。在本节中，我们采用 Hickey（2010：18）对"迁移"的定义：在语言转用的过程中，当说语言 X 的人转用语言 Y 时，他们把母语 X 中的特征带到语言 Y 里。

从使用人口上看，客语是广东西南部的第二大方言（仅次于粤语），[2] 其使用人口约有 190 万（李如龙等，1999：1）。客家人迁入该区域的历史可以追溯到清代初期，这意味着客语和粤语有着长达几个世纪的密切接触。从这点来看，将本章的目标方言与其周边的客语作比较就显得十分有吸引力。据报道，高州新垌［例（26a）］、化州新安［例（26b）］、电白沙琅［例（26c）］的客语也用"嗲"作完整体标记（李如龙等，1999：209）。

(26) a. 食嗲　　饭

　　　sɛt²-tɛ²⁴　fan³¹.

　　　"吃了饭。"

　　b. 食　饭　嗲

　　　sɛt⁵　fan³³　dɛ⁵⁵.

　　　"吃饭了。"

　　c. 食嗲　□　　□　　饭

　　　sət⁵-tɛ²　ti³¹　tɛ³⁵　fan³¹!

　　　"吃了这碗饭！"

---

[1] 早期粤语（19世纪至20世纪早期）口语文献中出现的完整体标记包括"了"、"晓"和动词变音（Cheung，1997）。 在廉江方言和化州良光方言中，"了"仍然经常用作相补语。 我们将另文论证"了"是众多完整体标记中唯一能够追溯到早期粤语或原始粤语的。

[2] 中国社会科学院语言研究所等（2012）提出，流行于广东西南部的客语构成客语的粤西片。

例（26c）涉及完整体标记用在祈使句中的情况，这种用法在汉语方言里十分普遍，通常反映正在发生中的动作的紧迫性［可参看 Li and Thompson（1981：207—213）对普通话的描述，以及张洪年（2007：154）对标准粤语的描述］。在跨方言比较中，沙琅话扮演了关键的角色。这表现在两个方面：一是"哆"在例（26c）中读阴入调，这强而有力地说明了它曾经拥有塞音韵尾；二是该语素更通用的语音形式是 [e]，没有 [t-] 声母［见例（27a）］。正如 Bybee et al.（1994：19—21）所指出的，像体标记这种高度语法化的语素往往会伴有语音弱化。因此，我们有理由为沙琅话的完整体标记构拟出这样的音变链条："* teC[1]＞te＞e"。在其他客语如信宜思贺、廉江石角、廉江青平话里，只存在语音上高度弱化的 [e]。李如龙等（1999）将该语素记为"欸"，但这不足以否定"哆"[te] 和"欸"[e] 的关系。沙琅话和青平话中"欸"的用例分别如例（27a）和例（27b）所示（李如龙等，1999：209）：

(27) a. 食　　饭　　欸

　　　 $sət^5$ 　 $fan^{31}$ 　 $ɛ^{213}$.

　　　 "吃饭了。"

　　 b. 食过　　饭　　欸

　　　 $sit^5\text{-}kɔ^{33}$ 　 $fan^{33}$ 　 $ɛ^{33}$.

　　　 "吃了饭了。"

在青平话中，"食饭欸"的形式也可以被接受，被认为是"食过饭欸"的自由变体。从出现位置和可替代的语素来看，青平话中的"欸"不像是一个发展完善的完整体标记：当句中出现"过"时［如例（27b）］，它的

---

[1] "C"代表辅音韵尾，包含 [-p]、[-t] 和 [-k]。

表现像是完成体标记;当句中不出现"过"时,它的表现像是完整体和完成体标记的结合体。有关"欸"的出现位置,一些客语将其置于句末。根据我们的田野调查,最极端的例子是廉江的吉水和塘蓬方言,在这两种方言中,"欸"在任何类型的动词短语中都必须出现在句末。我们将以上对"嗲/欸"的语音形式和句法位置的描述总结如下:

表6 粤西客语中带有完整体标记的动词性结构

| 方言点 | 带有完整体标记的动词性结构 |
| --- | --- |
| 高州新垌 | V嗲O |
| 化州新安 | VO嗲 |
| 电白沙琅 | VO欸 |
| 廉江青平 | VO欸～V过O欸 |
| 廉江吉水 | VO欸 |
| 廉江塘蓬 | VO欸 |

尽管广东西南部的客语为论证西南粤语和客语之间的关联提供了有价值的线索,但是有关"嗲"的来源问题仍然未解决。为了绘制出更清晰的图景,我们有必要考虑更多的客语方言甚至是被认为与客语有密切关系的赣语方言的情况。新近的研究表明,连南(属广东西北部)、醴陵(属湖南东部)、修水(属江西西北部)等地方言的完整体标记在语音上非常接近"嗲"。下表罗列了相关方言的完整体标记在同一句子中的用例。

表7 广东西南部以外六种客赣方言的完整体标记

| 方言点(所属区片) | 用例(李如龙、张双庆,1992:442) |
| --- | --- |
| 连南(客语,粤台片) | 食嗲饭了 $ʃit^5\ tet^2\ fan^{51}\ nei^0$ |
| 醴陵(赣语,宜浏片) | 吃嗲饭嗲 $tɕ^hia^{45}\ tə^0\ faŋ^{33}\ tə^0$ |
| 修水(赣语,昌都片) | 吃嗲饭 $dz^hiaʔ^{32}\ tə^{32}\ fan^{22}$ |
| 安义(赣语,昌都片) | 吃嗲饭 $tɕ^hiaʔ^{53}\ tə^0\ fan^{23}$ |

续表

| 方言点（所属区片） | 用例（李如龙、张双庆，1992：442） |
|---|---|
| 都昌（赣语，昌都片） | 吃嘚饭 iak$^{24}$ tɛ$^0$ ɸuan$^{213}$ |
| 余干（赣语，鹰弋片） | 吃嘚饭 tɕ$^h$iak$^{21}$ tɛ$^0$ fan$^{24}$ |

此外，项梦冰（2002：141）研究了连城新泉客语（属福建西部，汀州片）的"得"[tɛ$^{35}$]（当地五种完整体标记之一）的使用限制。上面提及的几种方言散布在中国东南部的大面积区域。就地理分布来看，我们相信该语素是客语和赣语所固有的。需要特别注意的是连南和连城方言，它们的完整体标记与动词"得"（词汇义是"获得"）同音，这不仅仅是巧合。我们认为该"获得"义动词就是完整体标记"嘚"的最初来源，本论断主要基于以下两方面的考虑。

一方面，这个语法成分的音变过程完全可以在赣语和客语的内部得到解释。表 8 对该语法成分和带有原始客赣语的[*-ɛt]韵母的单字进行了比较。我们把这个语法标记的早期形式构拟为[*tɛt]，它与"获得"义动词"得"同音。

表 8　原始客赣语完整体标记[*tɛt]的语音构拟[1]

| 完整体标记 | 连南 | 醴陵 | 高州新垌 | 电白沙琅 | 原始形式 |
|---|---|---|---|---|---|
| 嘚 | tɛt$^2$ | tɛ$^0$ | tɛ$^{24}$ | tɛ$^2$ | *tɛt |
| 北 | pɛt$^2$ | pe$^{45}$ | pɛt$^{21}$ | pɛt$^2$ | *pɛt |
| 墨 | mɛt$^5$ | me$^{45}$ | mɛt$^2$ | mɛt$^5$ | *mɛt |
| 得 | tɛt$^2$ | te$^{45}$ | tɛt$^{21}$ | tɛt$^2$ | *tɛt |
| 贼 | ts$^h$ɛt$^5$ | ts$^h$e$^{45}$ | ts$^h$ɛt$^2$ | ts$^h$ɛt$^5$ | *ts$^h$ɛt |

连南话的[tɛt$^2$]看起来似乎保留了原始形式。关于高州新垌话和电白

---

[1] 表 8 列举的只是以"嘚"或其变体为完整体标记的客赣方言，其他的客语方言，例如经常被看作客语代表方言的梅县话并不包含在内。

沙琅话的不规律性（其完整体标记不带［-t］韵尾），我们推测是由与高度语法化伴生的语音弱化所致。电白沙琅话的完整体标记的其中一个变体是读入声调的［tɛ²］［见例（26c）］，这一声调特征忠实地反映了该语法标记原本的［-t］韵尾。[1] 在广东西南部的其他客语方言里，相关的音变程度更高。比如新安话中，所有带清声母［t-］的字都读成了浊声母［d-］；思贺话和青平话的［tɛ］则弱化成了［ɛ］，只有主元音得以保留下来。总体而言，我们可以从不同的客语方言中找到此完整体标记的每一个发展阶段。

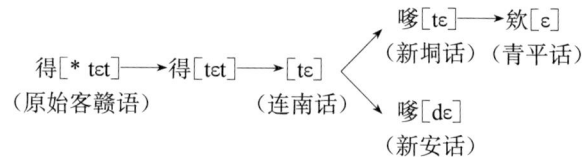

图2　客赣方言完整体标记的音变过程

另一方面，"获得"义动词语法化[2]为完整体标记的情况并不罕见。在古汉语文献中就有大量源自"获得"义动词的完整体标记的例证（参看曹广顺，1995：72—75；Lamarre，2001：106；吴福祥，2002：25—26），如：

（28）嫁得瞿塘贾。（李益《江南词》）
（29）失得柏与马。（韩愈《招杨之罘》）
（30）行得廿余里。（《伍子胥变文》）

客语和赣语当然不是现代汉语方言中唯一保留"获得"义动词的体貌用法的方言。在多种吴语方言如绍兴话，官话方言如贵阳话（黄伯荣，

---

[1] 在电白沙琅话里，"得"的读音为［tɛt²］（李如龙等，1999：73）。需要注意的是，在［-p］［-t］［-k］三个韵尾中，只有［-t］可以出现在元音［ɛ］之后。
[2] 有关语法化的定义，我们采用Hopper and Traugott（1993：2）的说法：语法化通常被认为是由词汇项在某些用法下发展成语法项，或由语法项发展成更虚的语法项的一类语言变化。

1996：178；吴福祥，2002：26）里，"获得"义动词同样具有完整体标记的用法。[1]

关于"获得"义动词的语法化路径，汉语历史语法学家已经进行了大量的研究讨论。比如，曹广顺（1999）将上古汉语晚期（公元前1世纪前后）的连动结构"$V_1 V_2$＝'获得'义动词 O"视为这一语法化过程的起点，而作为该结构中第二个动词的"获得"义动词在中古汉语早期（公元3世纪前后）失去了及物性并语法化为动相补语。这一过程涉及重新分析，即 $V_2$（"获得"义动词）变得与 $V_1$ 密不可分且不能够再带宾语 O。又经过了五六百年，这个动相补语进一步语法化为体标记，相关的证据是它此时已经没有明显的语义限制了。同样，吴福祥（2009a）也认为"获得"义动词的语法化包含两个主要阶段：①从动词到动相补语；②从动相补语到完整体标记或其他语法成分。他的分析如图3所示：

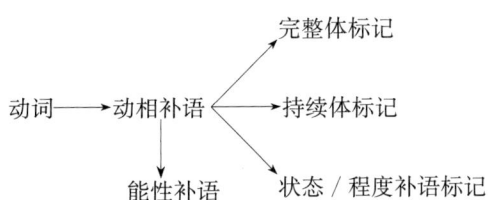

图3 汉语"获得"义动词的语法化路径

尽管他的分析得到了中古汉语语料和现代汉语方言语料的支持，但其未解释完成体标记也可以由"获得"义动词来编码的情形。在这个方面，我们可以参考 Bybee et al.（1994：81—87）和陈前瑞（2008：102—104）的观点，他们都认为完成体是完整体的主要来源，例子包括普通话的"了$_2$（完成体）＞了$_1$（完整体）"。Bybee et al.（1994：86）指出，历时上"了"在句末的用法明显先于其在动词后的用法，且后者是由前者引发的，

---

[1] Wu（1999）曾指出一些湘语方言的完整体标记可以追溯到"获得"义动词，如长沙话的"咖"[ka$^{41}$]。不过，这一论断仍有争议，可参看梅祖麟（1988）的另一种观点。

尽管它们现在同时存在于现代汉语中。关于完成体标记在该语法化路径中的位置只有两种可能：①"动相补语＞完成体标记＞完整体标记"；②"完成体标记＞动相补语＞完整体标记"。鉴于人们一般认为体标记的虚化程度比补语标记高，路径①看上去更加顺理成章。我们据此将"获得"义动词的语法化路径修改如下：

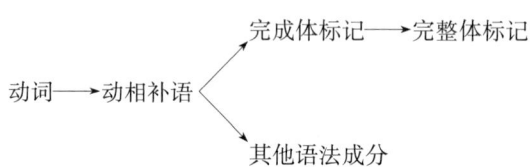

图 4　汉语"获得"义动词的语法化路径（修改后）

现在我们可以依据客语"获得"义动词的音变过程（见图 2）及其语法化路径（见图 4）来重构其体标记的整体发展脉络。图 5 显示了"获得"义动词的发展过程，其中下标的"1"和"2"分别代表完整体标记和完成体标记。

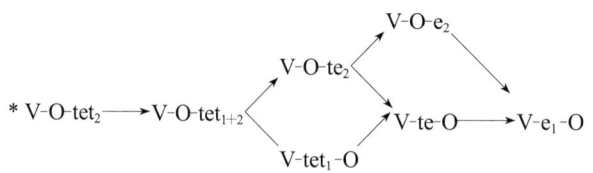

图 5　客语方言源自"获得"义动词的体标记的整体发展脉络

现代客语方言中所有包含源自"获得"义动词的体标记的结构都可以追溯到"V-O-tet$_2$"，其中的"tet$_2$"用作完成体标记并且出现在句末。在发展的第二个阶段，"tet$_2$"受语法化的作用演变为"tet$_{1+2}$"，此时它兼具完成体和完整体标记的功能。"获得"义动词发展的后期阶段表现出两个特点：第一，语音弱化，即"*tet＞te＞e"；第二，完整体标记的出现位置发生变化，即从句末变为动词之后，这与普通话的"了"是完全平行的。因此，由"获得"义动词虚化而来的成分出现在句末的用法可以被看作对早期结构的保留。事实上，将完整体标记置于句末的情况在汉语方言里并不罕见，比如在早期上海话和西安话里就有这样的例子（参看曹广顺，1999：31—32）。

为确定西南粤语"嗲"的体貌用法是语言接触的产物，可以 Heine and Kuteva（2005：33）提出的识别接触所引发的迁移的原则为参考：如果一个语言成分 x 同时存在于 M 和 R 两种语言中，而且这两种语言直接相邻并/或在很长一段时间里相互接触，x 也见于与语言 M 有亲缘关系的其他语言，却不见于与语言 R 有亲缘关系的其他语言，那么我们假设这是一个由接触引发的迁移现象，更具体地说，x 由语言 M 迁移到语言 R。

若将这条原则应用在本章的案例上，那么语言成分 x 即体标记"嗲"，语言 M 和语言 R 则分别是客语和西南粤语。尽管客语和粤语都是汉语方言，但是"嗲"及其变体在这两种方言中的不均衡分布暗示它曾经发生过跨方言的迁移。我们认为这一迁移的方向是从客语到西南粤语而非相反。因为从地理上看，使用"嗲"及其变体作完整体标记的客语方言分布在中国东南部的多个省份，它们分属不同的客语次方言。这一情形与西南粤语构成鲜明的对比，其体标记"嗲"只出现在广东省的有限区域内。正如表 5 所示，粤语的其他成员拥有自己的完整体标记，它们与"嗲"都没有明显的关系。此外，在广东西南部，客语和粤语也的确直接相邻，并且长期密切接触。综上所述，我们可以假设这正是从客语到西南粤语的一种由接触引发的迁移现象。

我们现在还可以对这一迁移所发生的年代作出一些推测。时间节点应该在客语的该语法标记丢失［-t］韵尾之后（即"*tɛt＞tɛ"发生之后），原因是显而易见的：在西南粤语中该语法标记的构拟形式为［*tɛ］（参看本章第 1 节），它是一个没有塞音韵尾的开音节。

与其他的粤语次方言一样，西南粤语的"获得"义动词通常都是"得"。然而，这个动词的读音与同方言的完整体标记没有多少相似之处（见表9）。正因为如此，西南粤语的使用者往往没有意识到这两个词之间的联系。这再次说明西南粤语的完整体标记并不是由粤语自身的成分发展而来的。

表 9　西南粤语中完整体标记和"获得"义动词的语音形式的比较

| 方言点 | 完整体标记 | 得 |
| --- | --- | --- |
| 化州长岐 | tɛ$^0$ | dɐk$^5$ |
| 化州良光 | dɛ$^{21}$ | dɐk$^5$ |
| 廉江市区 | tɛ$^{21}$ | tɐk$^5$ |
| 信宜市区 | tɛ$^{11}$ | tɐk$^{55}$ |

在广东西南部，粤语的声望应该吸引了该区域内相当数量的客语使用者转用粤语。据李如龙等（1999：2）调查，广东西南部几乎所有年轻的客语使用者同时精通粤语。客家民众内部如此高比例的双语者暗示语言转用应该已经开始发生（参看邹嘉彦等，2009）。在语言转用的过程中，我们推测有一批转用者未能完全精通目标语，这一情形导致他们掌握的目标语受到底层成分的干扰，而该干扰通常首先来自语音和句法（参看 Thomason and Kaufmann，1988：38—39）。西南粤语中的客语底层已经由林华勇、郭必之（2010）和郭必之、林华勇（2012）揭橥，他们发现这种底层干扰已经深入粤语的句法和词汇层面。西南粤语"嗲"的完整体标记的用法也可以归因于客语的底层干扰。

Yue-Hashimoto（1976，1991）、Bauer（1987）、Peyraube（1998）和 Matthews（2006）等曾令人信服地论证了标准粤语中的壮傣语支语言底层，包括相关例子中后置于动词的副词如"先"和"添"。这些特征同样存在于本章所讨论的方言里。因此，西南粤语中可能有两个来源不同的底层层次：一个来自壮傣语支语言，另一个来自客语。有关这个问题，下一节将会展开更多讨论。

我们假设廉江、化州长岐/良光和信宜的情况可以代表西南粤语"嗲"的三个不同的发展阶段。试想"嗲"的体貌用法是几个世纪以前说西南粤语和说客语的群体发生接触时，经早期双语者或客家群体的语言转用者从客语迁移到西南粤语中的。基于"嗲"在客语方言里的发展过程（参看图

5），我们主张西南粤语"哆"的最早期形式只有置于句末的用法，那时候的"哆"兼具完成体和完整体标记的功能。这一情况很大程度上保留在现代的廉江粤语里。或许早期西南粤语和现代廉江粤语的唯一差别是，后者在动词/宾语被量化的情况下允许"哆$_1$"出现在动词之后。至于"哆$_1$"由句末到动词后的位置变化是缘于廉江粤语的内部发展，还是缘于语言接触，仍是一个开放的问题。

西南粤语"哆"发展的第二个阶段反映在化州长岐/良光方言中，无论动词/宾语是否被量化，当地方言中的"哆"均能出现在动词之后。这是一个典型的"功能扩展"的例子，它可以被概括为从规则中移除限制条件（Harris and Campbell，1995：102）。在这个个案中，"限制条件"指的是动词/宾语的量化；当我们考虑动词类型时，动词的终结性也可算作其一。早期普通话中"了$_1$"被证实的发展过程（即"V了$_1$O$_{NUM}$"＞"V了$_1$O"）（陈前瑞，2008：202—203），令我们相信西南粤语"哆"的功能扩展是由"V哆$_1$O$_{NUM}$ 哆$_2$"到"V哆$_1$O 哆$_2$"的，而不是相反。这一演变的结果是，通常可以依据"哆$_1$"和"哆$_2$"在 VO 结构中的句法位置识别出它们的功能。我们也知道"V哆$_1$O"在许多情况下可以和"VO哆"互换。后一种结构也出现在廉江粤语中，比前者更加古老。

信宜粤语的情况要比化州粤语更进一步：当地方言中"哆"的完整体用法正在衰退。根据罗康宁（1987）在 20 世纪 80 年代中期收集到的语料，"哆$_1$"与另一个语法标记"开"处于竞争状态。这使该方言产生两个带有完整体标记的结构层次，即"V哆$_1$O"和"V开O"。然而，在甘于恩（2011）的记录中，信宜粤语的完整体标记只有"开"。这或许意味着"哆$_1$"在过去 20 余年间已经被"开"替代了。[1] 有趣的是，"开"本身似乎也是一个来自客语的借词。[2] "哆"和"开"的竞争关系也促使混合形式"V开O哆"出现，其中的"开"和"哆"互为补充，而"哆"则保留了

---

[1] 这是一个典型的"择一"例子，即语法形式的选择会因某一个形式在意义和使用上变得广泛而减少（Hopper and Traugott，1993：113）。

[2] 有关客语"开"的发展和语法功能，参看庄初升（2007）。

其作为完成体标记的身份。至于在徐闻南华话中发现的"V咗O嗲"结构[见例（25）]，其成因也可以沿着同样的思路去解释。考虑到这些结构中的语法标记有不同的来源（"开"和"嗲"来自不同的客语方言，"咗"来自粤语），我们相信"V开O嗲"和"V咗O嗲"都是"句法形式杂糅"的例子，即"本土的和借入的句法手段……折中地结合成一个新的形式"（Chappell，2001：341）。

下图显示了西南粤语"嗲"的三个发展阶段：

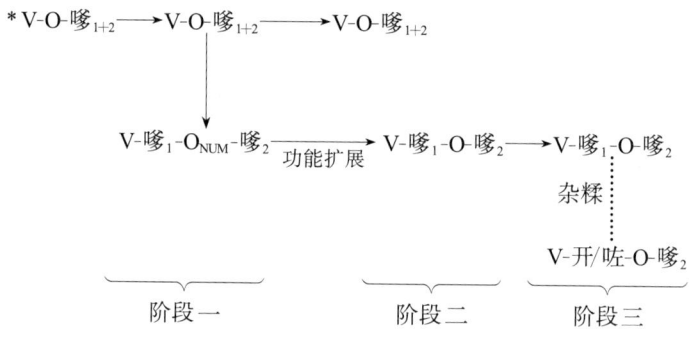

图6　西南粤语"嗲"的三个发展阶段

## 第4节　语言学意义

语言接触经常会引发语言成分的迁移。如果接触十分强烈，那么几乎没有任何语言成分可以"幸免"于此。Heine and Kuteva（2010：86）曾分析出五个类别的语言成分的迁移：

a. 形式，即语音或语音的组合；
b. 意义（包括语法意义）或意义的组合；

c. 形义结合体或形义结合体的组合；
d. 句法关系，即有意义的单位的组合顺序；
e. 由 a 到 d 的任何组合。

本章的案例中的迁移包括形式（"嗲"的语音形式）、意义（完整体和完成体的体貌义）和句法关系（句末位置），自然应当涉及 e 类。

本节将讨论三个问题：①语言接触在西南粤语体貌系统的发展中扮演了什么样的角色？②鉴于客语对粤语的影响常常遭到忽略，我们是否有必要重新考虑粤语的形成问题？③在东南亚语言区域内，"获得"义动词往往会经历语法化并发展成各式语法标记，本章的案例能否为建立这一语言区域提供新的启示？

尽管西南粤语和周边的客语分属两个不同的方言群，但是二者的体貌系统相当近似。相比之下，从语法标记本身及其出现位置来看，西南粤语的体貌系统与标准粤语截然不同。为方便比较，表 10 对举了标准粤语、廉江粤语（西南粤语的代表）、吉水客语（广东西南部客语的代表）的基本体貌范畴及其语法标记。

表 10　标准粤语、廉江粤语和吉水客语的体貌系统的比较

|  | 标准粤语 | 廉江粤语 | 吉水客语 |
| --- | --- | --- | --- |
| 完整体 | 咗 [ʧɔ³⁵] | 嗲 [tɛ²¹] | 欸 [ɛ⁵⁵]（< [tɛ]） |
| 完成体 | 喇 [la³³] | 嗲 [tɛ²¹] | 欸 [ɛ⁵⁵]（< [tɛ]） |
| 进行体 | 紧 [kɐn³⁵]<br>喺度 [hɐi³⁵ tou²²] | 在 [tsʰɔi³³]<br>在呢 [tsʰɔi³³ nei⁵⁵] | 紧 [kɐn²¹]<br>开□ [hɔi⁵⁵ kɔ²⁴] |
| 持续体 | 住 [tsy²²] | 倒 [tou³⁵] | 倒 [tɔ²¹] |
| 惯常体 | 开 [hɔi⁵⁵] | Ø | Ø |
| 经历体 | 过 [kwɔ³³] | 过 [kɔ³³] | 过 [kɔ³³] |
| 起始体 | 起嚟 [hei³⁵ lei²¹] | 起身 [hei³⁵ sɐn⁵⁵] | 起身 [hi²¹ sin⁵⁵] |

廉江粤语与其邻近的吉水客语使用同样的持续体和起始体标记，这些形式在标准粤语里没有相应的体貌用法。关于它们从客语到粤语中的迁移问题，郭必之、林华勇（2012）已经有所讨论。通过上述研究，我们又知道吉水客语的"欸"与廉江粤语的"嗲"具有词源上的联系。从这个意义上讲，语言接触在塑造西南粤语的体貌系统中发挥了重要作用，将西南粤语变得与客语更加相似。

尤其值得注意的是，大多数经历迁移的语法标记在两种方言里都是多功能的。例如，"嗲"本身可以同时标记完成体和完整体；"倒"不只是一个持续体标记，还具备一系列的功能，包括动相补语、假位可能补语、补语标记以及确定体标记（郭必之、林华勇，2012）。这些语素的多功能性直接促使它们高频出现，因为它们可以应用在多种场合之中。其他语言接触的案例也指向特定语素的出现频率和其被迁移的可能性之间的关联（参看 Ansaldo，2009：134）。因此，一种语言的部分/全部体貌系统向另一种语言迁移的现象并不奇怪。

现有的关于粤语形成过程的理论虽然已经强调了壮侗语支语言底层的重要角色（Yue-Hashimoto，1991；Matthews，2006），但是仍在很大程度上忽略了早期粤语与邻近汉语方言（如客语）的互动所带来的影响。本章论证了西南粤语中的客语底层，并将客语的影响视为西南粤语从主流粤语中分离出来的一个主要因素。换句话说，西南粤语获得了一定的客语特征，这使它可以在某种程度上与其他的粤语方言区分开来。这些特征包括不同的体标记、连词"捞"（而不是"同"），以及多功能语素"分"——可作为"给予"义动词、"致使"义动词、被动标记和间接宾语标记（而不是"畀"）。林华勇、郭必之（2010）曾对上述问题作了基本介绍。本章的论述印证了陈保亚（2005）的观点，即底层干扰是导致汉语方言分歧的一个关键因素。

东南亚语言（包括侗台、南亚、苗瑶、藏缅语等多种语言）中"获得"义动词反复出现的语法化现象已经成为该语言区域最引人注目的特征之一（参看 Enfield，2003；Heine and Kuteva，2005；吴福祥，2009a；等等）。在"获得"义动词的多项衍生功能里，有一种在现实性语境下出现在动词后的用法十分倾向于作"达成"（attainment）解〔参看 Enfield（2003：116—117）对老挝语的讨论〕。吴福祥（2009a）从比较的视角论证了作此种解读的"获得"义动词衍生项有可能被范畴化为动相补语或完整体标记。下面的例子分别来自仫佬语〔例（31）〕（属侗台语）、白苗语〔例（32）〕（属苗瑶语）、白语〔例（33）〕（属藏缅语）和芒语〔例（34）〕（属南亚语）。

(31) taŋ$^1$[1] lai$^3$ ti$^5$ ŋo$^4$ fan$^1$.
come ACQ[2] 4 5 days
"来了四五天。"（王均、郑国乔，1980：67）

(32) kuv ua tau tsev lawn.
1SG do/make ACQ house PFV
"我盖了房子了。"（Enfield，2003：201）

(33) ŋɯ$^4$ tsʰu$^1$ xɑ̃$^4$ tɯ$^6$ ŋo$^3$ jɑ$^6$kɯ$^4$.
my sister-in-law see ACQ 1SG return
"我的嫂嫂看见我回来。"（徐琳、赵衍荪，1984：64）

(34) kon$^2$ ho$^2$ hok$^5$ an$^3$ bôn$^3$ nạm$^2$ hrôj$^1$.
child my study ACQ 4 year PFV
"我孩子学了四年了。"（Enfield，2003：335）

正如吴福祥（2009a）所指出的，这些东南亚语言中的平行现象是"语法复制"的产物，其中汉语充任了模式语，而其他东南亚语言则充当了复制语。如果真是如此，那么我们需要重新检验客语和其他东南亚语言之间

---

[1] 音标右上角的数字代表调类而不是实际调值。
[2] "ACQ""1SG""PFV" 分别表示"获得"义动词、第一人称单数代词及完整体标记。

的关系。在此可以提出两种假设：一是古代客语是将"获得"义动词的体貌用法传入其他东南亚语言中的一种模式语；二是客语中源自"获得"义动词的完成体和完整体标记仅仅是从一个古代的强势语言中借入的形式，或者只是中古汉语的遗存。从这个意义上来说，客语对其他东南亚语言的影响是微乎其微的。以上两种假设还有待更多研究的检验。

## 第5节 结语

尽管目前已经有多项研究讨论粤语"获得"义动词的语法功能（比如 Matthews and Yip，1994：179—180；张洪年，2007：125—128；等等），但是本章可能是第一项以充足的证据论述其体貌用法的研究。在上面的讨论中，我们为广东西南部四种粤语方言中"获得"义动词的体貌用法提供了共时描写，并从语法化的角度重构了该语素的发展路径，其后还指出了它能够标记完整体和完成体的原因。我们亦提出西南粤语中"获得"义动词的体标记用法是从客语中迁移过来的，这可以看作底层干扰的一个结果。事实上，西南粤语的体貌系统整体上都和与它邻近的客语十分相像，前者可能有一部分就是由后者迁移而来的。我们的研究揭示了这两个方言群之间被忽视的关联性。

本章也牵涉了粤语方言内部的语法分歧，这个问题过去一度被忽视。在那些弱势方言被标准粤语或普通话取代以前，对其予以描写和存档是当务之急。

# 第9章　南宁地区语言"去"义语素的语法化与接触引发的"复制"[1]

## 第1节　引言

众所周知，"去"（GO）这类表达空间位移的动词特别容易衍生出抽象的语法概念或演变为语法标记［参看吴福祥（2010）所引文献］。Heine and Kuteva（2002：155—160）在他们的语法化词库中列出了"去"的七条常见的语法化路径：

a. GO＞ANDATIVE（远离指示中心的运动）
b. GO＞CHANGE-OF-STATE（状态转变）

---

[1] 本章使用的语法术语的简称如下所示：1SG＝第一人称单数代词（first person singular），1PL＝第一人称复数代词（first person plural），2SG＝第二人称单数代词（second person singular），3SG＝第三人称单数代词（third person singular），CLF＝量词（classifier），CM＝补语标记（complement marker），COMP＝比较标记（comparative marker），Dd＝指示趋向词（deictic directional），Dp＝路径趋向词（path directional），EXP＝经历体标记（experiential aspect marker），IDEO＝状貌词（ideophone），NEG＝否定（negation），NP＝名词短语（noun phrase），NUM＝数（number），O＝宾语（object），PASS＝被动标记（passive marker），PC＝动相补语（phase complement），PFV＝完整体标记（perfective aspect marker），PREP＝介词（preposition），PRT＝助词（particle），R＝结果补语（resultative），V＝动词（verb），VP＝动词短语（verb phrase）。

c. GO＞CONSECUTIVE（连续）
d. GO＞CONTINUOUS（持续体/时）
e. GO＞DISTAL DEMONSTRATIVE（远指代词）
f. GO＞HABITUAL（惯常体）
g. GO＞HORTATIVE（劝告情态）

这七条路径分布在世界各地不同的语言中，例如英语的 go 既可以标志"状态转变"［如 he went mad（他变疯了）］，也可表"劝告情态"［如 go and finish your essay（快把你的文章写完）］。至于汉语"去"的历时演变，学者比较关注的问题主要集中在三个方面：第一，词义演变，探讨"去"如何由上古的"离开"义发展出后来的"前往"义（如孙占林，1991；张敏，1998；王国栓，2003；王锦慧，2004；徐丹，2005；Xu，2006；胡敕瑞，2006；等等）；第二，趋向补语的形成，考察"去"怎么样/什么时候由趋向动词演变为趋向补语，或者是趋向补语的一部分（复合趋向词的后一成分）（如尹玉，1957；潘允中，1980；王锦慧，2004；徐丹，2005；Peyraube，2006；梁银峰，2007；梁银峰等，2008；等等）；第三，语法标记的产生过程，研究"去"作为补语标记、比较标记、体标记、话题标记等语法标记的形成过程（如陈泽平，1992；曹广顺，1995；刘丹青，1996；吴福祥，2001，2002，2010；冯力，2003；李明，2004；徐丹，2005；梁银峰等，2008；邢向东，2011；等等）。吴福祥（2010）认为用"去"充当补语标记和比较标记，其实是趋向补语进一步语法化的结果。

本章的研究对象是广西南宁地区三种语言（含汉语方言）的"去"义语素。[1]"去"义语素在这三种语言中是一个多功能（poly-functional）语素，其中一些功能罕见于该区域以外的其他语言。我们一方面会重构它的语法化路径并说明产生语法化的环境，另一方面会证明三种语言中"去"

---

[1] 这里所说的"南宁地区"，包括南宁市及其所辖的隆安、武鸣、马山、上林、宾阳、横县六县（本章依据 2012 年的行政区划），常住人口约 666 万（2012 年数据）。

义语素的语法化路径的高度平行性是语言接触造成的。

南宁地区通行的语言主要有粤语、桂南平话、西南官话和壮语四种（林亦、覃凤余，2008：5—7）。粤语进入南宁地区并成为权威方言，只是近百年来的事情。不少学者都认为，南宁粤语所属邕浔片粤语，可以直接溯源于早期的广府片粤语（李锦芳，2000；麦耘，2009；郭必之，2010a）。[1] 邕浔片粤语和广府片粤语也因此具有特别密切的亲缘关系。桂南平话曾经是南宁地区的主流语言，但当南宁粤语成为权威语言后，平话便退至郊区。今天南宁平话主要分布在邕宁区、宾阳县及横县。关于平话的系属，目前还有很大的争议。一派认为它和粤语比较接近，应该将其视为粤语的一支；另一派则着眼于移民史，认为它源自山东胶东一带的官话（王福堂，2005：108—118）。西南官话产生于明清时期的官府和军队之中，属桂南小片，主要分布在武鸣、邕宁等地。据 21 世纪初的抽样调查，南宁市区约有 36% 的人口是壮族，但他们中有相当一部分人已经改说各种汉语方言了（陈海伦、李连进，2005：191—192）。真正会说壮语的人分布在市郊部分农村及郊县。中国境内的壮语分为南部方言和北部方言，以流经南宁的邕江作为分界。无论是南壮语还是北壮语，都和周边汉语方言有紧密的互动关系。

本章所讨论的三种语言分别是南宁粤语、宾阳平话和武鸣壮语，以下是语料的出处。

南宁粤语（下文例子中或简称"NY"）：主要根据笔者的田野记录（2012 年 4 月）和林亦、覃凤余（2008）的研究，随文注明出处。例句在一般情况下只标汉字。笔者自 2007 年起曾多次调查南宁粤语，在进行这次主题式调查以前，已记录了 300 多个例句，包括各种主要的语法结构。在初步掌握了"去"义语素的多功能性以后，笔者又编制了一张有针对性的例句表，大约有 50 个例句。调查期间，笔者也特别关注"去"义语素在发音

---

[1] 除特别说明者外，方言分区及方言区/片的命名均依 Wurm et al.（1987）。

人日常会话中的用法。

宾阳平话（下文例子中或简称"BP"）：主要根据覃东生（2007，2012）的研究。例句在一般情况下只标汉字。宾阳平话是覃东生的母语，文中所举的例句大部分取自日常生活，或由覃东生自拟。

武鸣壮语（下文例子中或简称"WZ"）：武鸣壮语属壮语北部方言，被视为壮语的标准点，而且是壮文的基础方言，语料十分丰富。由于地缘的关系，它和周边汉语方言的互动十分频繁。本章主要引用《燕齐壮语参考语法》（韦景云等，2011）中的武鸣（燕齐）壮语语料，此外还参考了李方桂（2005b/1956）、梁敢（2010）的研究和中央民族大学李锦芳教授提供的资料。上述四家所据的方言读音略有小异，标音亦不全同，[1] 我们依照他们原来的写法。这些都不会影响本章的论述。

南宁地区多语人口的比例相当高。据陈海伦、李连进（2005：192—193）的调查，南宁市能说超过一种语言的人口比例竟高达93.71%，其中能说南宁粤语、壮语和普通话的人口占总人口的15.96%。毫无疑问，多语的环境促进了词汇和语法成分在不同语言之间的扩散（diffusion）。这也使南宁地区成为研究语言接触的一个非常理想的场所。前人已经留意到，南宁地区的几种语言不约而同地都有以下这些罕见于华南其他地区语言的语法特征：第一，采用VOR语序，如南宁粤语"饮酒醉"（林亦、覃凤余，2008；郭必之，2010b）；第二，以动词或形容词后的"多"（MANY）义语素表程度的加剧，如南宁粤语"佢怕人识多"（他很害怕人家知道）（谢建猷，1994b；欧阳觉亚，1995）；第三，以动词后的"执持"（TAKE）义语素表动作的方式，如宾阳平话"只只猪都抢取吃"（每只猪都抢着吃）（欧

---

[1] 韦景云等（2011）所记的是武鸣陆斡镇燕齐村的壮语，李方桂（2005b/1956）所记的是武鸣马头村（今马头镇）的壮语，梁敢（2010）所记的是武鸣罗波镇梁彭村的壮语，李锦芳教授所提供的是武鸣双桥镇的壮语（即"标准壮语"之所本）。它们都属于广义的武鸣壮语，引用例句时或都简称为"WZ"，不作细分。燕齐、马头和梁彭都在武鸣东部，彼此不过十数公里，读音比较接近。

阳觉亚，1995；覃东生，2012；黄阳、郭必之，2013）；第四，以动词前的"得到"（ACQUIRE）义语素表情态，如南宁粤语"教室里底得食吗？"（教室里可以吃东西吗？）（Kwok et al.，2011）；第五，大量使用状貌词（ideophone）后缀，如武鸣（燕齐）壮语［ʔbau²⁴ fai³¹ lon³⁵ plok⁵⁵ plok⁵⁵］（叶—树—落—IDEO="树叶纷纷落下来"）（谢建猷，1994b；韦景云等，2011；郭必之，2012）。

除了上文所述，谢建猷（1994b）和欧阳觉亚（1995）其实早已注意到南宁地区粤语和壮语动词后的"去"义语素有平行的用法，指出它们都表示"动作的结果或趋向"（欧阳觉亚，1995：51），并认为这是语言接触的结果。可是他们既没有提及"去"义语素的其他语法功能，也没有说明它的语法化路径，更没有对语言接触的过程作详细的论证。覃东生（2012）专门讨论了"去"义语素的多功能性在广西不同语言中的扩散。他把"去"义语素的功能分为"'到往'义动词""趋向补语""事态发展助词""程度感叹助词"等七种，并列举了大量一手例子。经过分析，覃东生（2012：160）认为，"广西汉语方言中'去'的多功能平行现象是语言接触导致的结构扩散的结果，这是一种典型的语言区域特征。在这个扩散过程中壮语是模式语，汉语方言是复制语"。乍看起来，本章的论述和覃东生的论述非常相似，但其实无论是在"去"义语素的功能分类、命名、语法化路径的描述方面，抑或是论证语言接触的具体方法方面，本章的观点与覃东生的观点都不太一样。从大方向来说，我们不会把"去"只当作一个单纯的趋向词处理。本章的第 2 节将指出，南宁地区语言的"去"义语素除了表"前往"外，还可以作"花费"义动词。我们认为"去"的许多语法功能来源于"花费"义，而和"前往"义没有太大的关系。关于"花费"义的来源本身也需要认真探究。此外，我们还特别强调语法演变的内部机制和外部机制之间的互动。只有三种机制能产生新的语法形式：类推（analogy）、重新分析（reanalysis）和外借（borrowing）（参考 Harris and

Campbell,1995;贝罗贝、徐丹,2009;等等)。[1] 前两种是内部机制,后一种则属外部机制。本章研究的个案清楚显示了内部机制与外部机制之间互相作用,环环相扣,既有重新分析(如"程度事态助词"的形成),也有外借(如南宁粤语和宾阳平话从壮语中迁移了"去"作为"使令事态助词"的功能)。三种语言中的"去"义语素因而产生了一些罕见的演变模式,其过程非常复杂,并非用一条简单的语法化路径就能解释清楚。本章的论证不仅可以加深我们对汉语语法史的认识,而且可以反馈给语法化理论和语言接触理论。当然,覃东生的研究还是给予笔者极大的启发。至于本章和覃文在其他细节上的不同,我们会在稍后的章节中再作交代。

## 第 2 节 "去"义语素的功能:描述和比较

先列出"去"义语素在南宁地区三种语言中的形式:

a. NY:"去"[hy$^{33}$]
b. BP:"去"[hu$^{55}$]
c. WZ:[po:i$^{24}$] ~ [pi$^{33}$] / [pi$^{55}$](壮文 bae)

毫无疑问,南宁粤语的[hy$^{33}$]和宾阳平话的[hu$^{55}$]同源。武鸣壮语的[po:i$^{24}$]来源于原始壮侗语[* pəi](go)(Li,1977:61、285),与汉语完全无关。[po:i$^{24}$]有两个变体:[pi$^{33}$]是自由变体,[pi$^{55}$]则是充当助词时的变体。为了方便讨论,下文会用加黑粗体"**去**"代表"去"义语素。也就是说,这个"**去**"不单指南宁粤语和宾阳平话的"去",也包括武鸣

---

[1] 这些术语采用了贝罗贝、徐丹(2009)的译法。 Harris and Campbell(1995)把"类推"称为"扩展"(extension)。

壮语的 [poːi²⁴]、[pi³³] 和 [pi⁵⁵]。

据笔者的观察，"去"的七种功能可以同时在粤语、平话和壮语中存在，但具体的出现语境并不完全一样。这些功能中颇有一部分属于语法化路径上的不同阶段，以下逐一介绍。

## 2.1 趋向动词

在粤语、平话和壮语中，"去"最基本的功能是作趋向动词，表"前往"义，后头可接处所名词宾语，表示位移的目的地［如例（2）（4）（6）］。

(1) NY：你去，我又去。你去，我也去。

(2) NY：你敢独一个人去北京？你敢一个人去北京？

(3) BP：你去，我□[ji⁴¹]去。你去，我也去。（覃东生，2007：49）

(4) BP：我去南宁过，□[maŋ²¹³]去北京过。我去过南宁，没去过北京。（覃东生，2012：131）

(5) WZ： ʔbou⁵⁵ te²⁴ poːi²⁴, haːu³⁵ mɯŋ⁴² poːi²⁴.
NEG 3SG GO then 2SG GO
"不是他去，就是你去。"（韦景云等，2011：307）

(6) WZ： kou²⁴ poːi²⁴ lan²⁴ he⁵⁵ ʔbaːt³⁵ hu⁵⁵ kwa³⁵.
1SG GO place 3SG CLF 1 EXP
"我去过他家一次。"（韦景云等，2011：157）

## 2.2 "花费"义动词

"去"在三种语言中均可用作"花费"义动词，相当于普通话的"花"或"用"。李方桂（2005b/1956：269）首先在武鸣壮语中发现了这个用法。[1]至于南宁粤语和宾阳平话的情况，则由覃东生（2012）明文揭橥。[2]下面是几个例子：

(7) NY：熬一斤酒着去几多米？熬一斤酒要用多少米？
(8) BP：买件衫去一百文银。买这件衣服花了一百块钱。（覃东生，2012：132）
(9) WZ：xun$^{21}$   poi$^{33}$   ŋan$^{21}$   fu$^{21}$θø$^{24}$.
       people    GO    money   unlimited
   "人家花钱无数。"（李方桂，2005b/1956：269）
(10) WZ：kau$^{33}$   poi$^{33}$   hau$^{55}$   lai$^{33}$   ŋan$^{21}$   lo$^{33}$.
        1SG      GO     very    much    money    PRT
   "我失了或输了许多钱。"（李方桂，2005b/1956：269）

覃东生（2012：146）指出，"**去**"作"花费"义动词时，宾语一般都是可以作为某种客体被花费或消耗掉的事物名词。我们进一步发现，"花费"义动词"**去**"很多时候只接受带数量的名词充当受事宾语，不太接受光杆名词，例如南宁粤语里"*去米"是不合语法的。"花费"义动词"**去**"常出现在"**去** SPEND NP$_{NUM}$"这样的语法格式中。

## 2.3　趋向补语

"**去**"作趋向补语有两种情况：其一是单独充当趋向补语，构成"V**去**"格式［如例（11）（13）］；其二是和"上""落（下）""过"等组合为"**上去**""**落去**""**过去**"等复合趋向词，构成"V**上去**""V**落去**""V**过去**"等格式［如例（12）（14）（15）（16）］。

---

[1] 查李方桂（2005b/1956：269）所罗列的武鸣壮语词汇，"去"用作动词时有三个意思："去""费去""失去"。"费去"和"失去"有明显的语义联系，"费去"相当于本章中的"花费"。
[2] 覃凤余（2007：5）也提到广西有些汉语方言中的"去"有"花费"义，但没有清楚说明到底是哪几种方言。

(11) NY：佢送两瓶酒去。他送去两瓶酒。（林亦、覃凤余，2008：285）

(12) NY：佢拥嚟石头落屎坑去。他把石头推进粪坑里了。（林亦、覃凤余，2008：343）

(13) BP：□[na⁴¹] 送两瓶酒去。他送去两瓶酒。（覃东生，2007：45）

(14) BP：□[na⁴¹] 爬上木根去。他爬上树去。（覃东生，2007：46）

(15) WZ： juːŋ³³ŋ⁴² muŋ⁴² ɕam³³ hou⁵⁵ ɕaːŋ²⁴ jaːu²⁴ poːi²⁴ la⁵⁵?
　　　　　so　　　2SG　also　enter　Zhuang　school　GO　PRT
　　　"那你也进壮校去了？"（韦景云等，2011：400）

(16) WZ： kjaːŋ²⁴ŋon⁴² ɕuk³³ɕiːm³³ tok⁵ ɣoŋ⁴² pla²⁴ poːi²⁴.
　　　　　the.sun　　　gradually　　fall　down　hill　GO
　　　"太阳渐渐下山了。"（韦景云等，2011：205）

柯理思（2002，2003）在 Talmy（2000）对位移事件所作的分析的基础上，探讨了汉语述趋式（"动词＋趋向成分"）的性质。简单来说，汉语复合趋向词的基本格式是"V Dp Dd"，其中 Dp 代表客观位移的路径趋向词，Dd 则代表主观参照的指示趋向词。在柯理思的框架中，"去"是个远指的指示词，它的作用是表示以说话者为参照点的位移。南宁粤语、宾阳平话和武鸣壮语中的述趋式都可同时带受事宾语［表示位移的客体（theme）］和处所宾语（代表位移的起始点或终结点），采用的格式都是"V NP₁ Dp NP₂ 去Dd"［参看例（12）］，这里的 NP₁ 和 NP₂ 分别代表受事宾语和处所宾语。

## 2.4 动相补语

动相补语的功能是为所表述的事件增加一种终结（telic）的意义。与表示完成或实现的体标记相比，它其实是"准体标记"（quasi-aspectual marker）（梁银峰，2007：152）。它经常出现在"V 去PC [NP_NUM(PATIENT)]"这种格式中。请看下面的例子：

(17) NY：屋揸火烧去晒哦。房子被火烧掉了。

(18) NY：佢一口气食去廿几只饺子。他一口气吃掉二十几只饺子。（林亦、覃凤余，2008：329）

(19) BP：举次去桂林游使去两千文银。这次去桂林玩花掉了两千块钱。（覃东生，2012：132）

(20) BP：电脑死机了，先关去，再开一铺。电脑死机了，先关掉，再开一次。（覃东生，2012：132）

(21) WZ: hat⁵⁵　　　n⁴²　　tak³³ nuːŋ³¹　　kɯ²⁴　poːi²⁴　søːŋ²⁴
　　　　　morning　this　younger.brother　eat　GO　2
ʔan²⁴　kjoːi⁵⁵.
CLF　banana

"今天早上弟弟吃掉了两个香蕉。"（韦景云等，2011：159）

(22) WZ: tiːu⁴²　fai³¹　n⁴²　tat⁵⁵　poːi²⁴　søːŋ²⁴　cøːn²⁴　ɕi⁵⁵
　　　　　CLF　tree　this　cut　GO　2　inch　just
pan⁵⁵　　tɯŋ³¹.
become　walking.stick

"这根木棍削掉两寸才能当拐杖。"（韦景云等，2011：159）

"去"作为动相补语，有以下五点需要特别说明。

第一，动相补语和结果补语之间有时候没有一道清晰的界线（覃东生，2012：122），所以这里不刻意对它们进行区分。不过，含结果补语的 VP（"V R NP"，如"吹倒了房子"）一般都可以变换为"NP R"（如"房子倒了"），但含动相补语的 VP 不可以。我们列举的例子基本上都不能变换，如例（18）"食去廿几只饺子"就不能变换为"* 廿几只饺子去"。

第二，在例（17）中"去"和完整体标记"晒"共现，这证明了它还没发展为高度语法化的体标记。

第三，"**去**"只能与具有［+减少］、［+分解］或［+闭合］的语义特征的动词结合。例（17）中的"烧"、例（20）中的"关"、例（22）中的"［tat⁵⁵］（削）"，莫不如此。假如动词没有这些语义特征，"**去**"便不能在其后充当动相补语。例如，南宁粤语中不能说"*赚去几百文哂"（赚了几百块钱），宾阳平话中不能说"*电脑先开去"。

第四，有受事宾语的例子中，宾语一定是带数量的。例（18）的宾语是"廿几只饺子"，例（19）的宾语是"两千文银"，例（21）的宾语是［søŋ²⁴ ʔan²⁴ kjoːi⁵⁵］（两个香蕉），若把数量短语删去便不合语法。

第五，例子中的"**去**"都指向受事成分（宾语或主语），表示动词造成受事成分的减少、消失等结果［参考韦景云等（2011：159）对壮语的说明］。

## 2.5 目标格介词[1]

"**去**"在南宁粤语、宾阳平话和武鸣壮语里可以充当前置词介引处所名词，表示客体位移的方向或目标，具有目标格介词的性质（参看吴福祥，2010：107）。例如：

(23) NY：佢边时又趯去北京哂？他什么时候又跑到北京去了？（林亦、覃凤余，2008：313）

(24) NY：我细妹嫁去广东哂。我妹妹嫁到广东去了。（林亦、覃凤余，2008：313）

(25) BP：举把飞机飞去北京。这架飞机飞往北京。（覃东生，2012：132）

(26) BP：村内边哦后生哥统走去广东打工啦。村里的年轻人都跑到广东去打工了。（覃东生，2012：132）

---

［1］覃东生（2012）没有特别提到"去"的这个功能，而把平话相关的例子［如例（25）（26）］都归入"趋向补语"一类。

(27) WZ: ɾou³¹ ŋon³¹ nai⁴² plaːi⁵⁵ poi³³ xaːk⁴².
　　　　1PL　　day　　this　　walk　　GO　　school
　　　"我们今天走路去学校。"（梁敢，2010：43）

"去"作为目标格介词与趋向补语最大的不同之处在于它们的基本格式：前者是"V 去$_{PREP}$ NP"，其中 V 不是路径趋向词；后者是"V NP 去$_{Dd}$"，其中 V 只能是路径趋向词。从这个角度看，两种格式呈互补分布。试比较南宁粤语"行去河边"（走到河边去）和"落河边去"（下河边去）：前一个例子中的"去"是目标格介词，后一个例子中的"去"是趋向补语。

## 2.6　程度事态助词

"去"义语素可以置于句末，强调事件的结果或状态达到极深或出人意料的程度，带有夸张的色彩，一般采用的格式是"VP 去$_{PRT}$"。覃东生（2012：124）把这一类"去"称为"程度感叹助词"。但由于相关的例子不一定带感叹语气，所以本章还是依照林亦、覃凤余（2008：339）的观点，把它视为事态助词。为了和另一类事态助词作区分，本章把这一类"去"称为"程度事态助词"。例子如下：

(28) NY：落雨落到心烦去。下雨下得使人心烦。

(29) NY：佢揾狗咬成几次去。他被狗咬了几次。

(30) NY：臭多，苍蝇都飞来去。太臭，苍蝇都飞来了。（林亦、覃凤余，2008：339）

(31) BP：呢果子甜到腻去。这些水果甜得发腻。（覃东生，2012：133）

(32) BP：今日有哪门事咁快，吃酒去？今天有什么事情那么高兴，要喝酒？（覃东生，2012：133）

(33) WZ: tiːu⁴² ta³³ n⁴² lak³³ ka⁴² ɣaːi³¹ poːi²⁴.
　　　　CLF　river　this　deep　really　GO
　　　　"这条河深极了。"（韦景云等，2011：161）

(34) WZ: tiːu⁴² ɣon²⁴ he⁵⁵ kwaːŋ³⁵ jup⁵⁵jup⁵⁵ poːi²⁴.
　　　　CLF　road　that　wide　IDEO　GO
　　　　"那条路宽宽的。"（韦景云等，2011：160）

(35) WZ: lɯːŋ³³ kwa³⁵ wun⁴² ʔjou³⁵ poːi²⁴.
　　　　pretty　COMP　people　live　GO
　　　　"比人住的还亮堂。"（韦景云等，2011：416）

尽管前人早已留意到南宁粤语中的"去"有这种特殊的用法，但是他们的描述与笔者的记录有所不同。如谢建猷（1994b：37）认为这个"去""常常用来表示某种行为、动作持续进行的趋向"，欧阳觉亚（1995：51）也有类似的看法。笔者曾经用他们所举的例子〔"啲雨落到天光去"（雨下到天亮了）〕向南宁粤语的发音人反复查询。发音人觉得句末的"去"还是强调下雨时间的长久，没有任何"动作持续进行的趋向"之义。此外，谢建猷（1994b）注意到句末的"去"常常和"到"合用，构成"VP 到 V(N) P 去"格式。他的观察无疑是正确的。在笔者的语料中就不乏这样的例子〔如例（28）〕。这里还有两点需要补充：第一，句末的"**去**"由于已经高度语法化，所以可以出现在趋向补语的后头。如例（30）"苍蝇都飞来去"，应该将其分析为〔［V 来］去〕。[1] "来"和"去"绝对不在同一层

---

[1] 南宁粤语中可以说"太冷多，狗都冇愿出去去"（太冷了，连狗都不愿出门），宾阳平话中可以说"个个星期都着去南宁出差，把你去得冇愿去去"（每个星期都得去南宁出差，让你去到不愿再去了）（覃东生，2012：129、133）。这两个例句中句末的"**去**"是程度事态助词，在它前面的"去"是趋向补语。这种句子的格式是〔［V **去**$_{Dri}$］**去**$_{PRT}$〕。

次之上,更加不是一个词。[1] 第二,壮语句末的[poːi²⁴]大量出现在"VP IDEO"结构之后[如例(34)]和比较句之后[如例(35)],而南宁粤语和宾阳平话的状貌词后缀和比较句均不能带"去"。从这个角度看,作为表程度的事态助词,武鸣壮语[poːi²⁴]出现的限制比南宁粤语和宾阳平话的"去"都要小。

## 2.7 使令事态助词

使令事态助词表达说话者希望、请求、建议或警告听话人朝着述补结构所指的方向发展。这种结构常常出现在祈使句中。林亦、覃凤余(2008:340)把"**去**"这种用法称为表祈使语气的事态助词,覃东生(2012:123)则将其称为"事态发展助词"。这一类"**去**"往往出现在述补结构之后(但不一定在句末),构成"V(NP)R **去**ₚᵣₜ"格式。例句如下:

(36) NY:扫干净间屋去,今晚给佢哋来住。把这房间打扫干净,今晚让他们来住。(林亦、覃凤余,2008:340)

(37) NY:拧铰剪剪兜绳断去!用剪刀把绳子剪断!

(38) BP:吃菜齐去,饭吃冇齐冇要紧。把菜吃完,饭吃不完不要紧。(覃东生,2012:133)

(39) BP:呢水着烧川去啊吃得。这些水得烧开才能喝。(覃东生,2012:133)

(40) WZ:ɣou⁴²　kuː²⁴　tiː³⁵　n⁴²　liːu³¹　poːi²⁴!
　　　　1PL　drink　some　this　finish　GO
"我们喝完这点(酒)!"(韦景云等,2011:161)

(41) WZ:kwe⁵⁵　ȵuɯ⁵⁵　kou³⁵　ɣaːp³⁵　poːi²⁴!
　　　　Cut　grass　reach.for　CLF　GO
"割草够一挑为止!"(韦景云等,2011:161)

---

[1] 近代汉语和许多现代汉语方言中都有"来去"这样的复合趋向词,如闽南语"我卜来去食饭"(我要去吃饭),参看徐丹(2005:342—343)。这种"来去"绝对不能和南宁粤语、宾阳平话的〔[V 来]去〕格式等量齐观。

显然，这些句子只能出现在未然的语境中，而且一般以说话的时间作为参照点。如说出例（36）这句话的时候，房间还没打扫好；当听话人听到例（41）这句话时，他割的草还不足一挑。这个现象不难解释："**去**"既然有祈使、建议或警告之意，那就表示事件还没发生。尽管如此，整个事件还是表达了"将现"（future accomplishment）的意思（Luo，1990：169—170）。前面提过，作为使令事态助词的"**去**"经常出现在述补结构之后，如例（37）的述补结构是"剪断"，例（38）的述补结构是"吃齐"。可以将补语成分理解为说话人要求听话人所做的动作或状态达到的程度（参考覃东生，2012：129）。再以例（37）（38）来作说明：前者不但要求听话人剪绳子，还要剪断；后者则建议听话人多吃菜，而且最好吃完。从句法位置来看，这一类"**去**"一般出现在句末，但也能出现在小句之后〔如例（39）〕。这和程度事态助词一律只出现在句末有所不同。

以上七种语法功能是南宁粤语、宾阳平话和武鸣壮语所共有的。下面介绍两种只出现在个别语言中的功能。

## 2.8 傀儡可能补语

傀儡可能补语（dummy potential complement）一般采用"V 得**去**"或"V NEG **去**"格式，其中的补语成分"没有什么特殊的意义，其作用在于使可能式成为可能"（赵元任，1979/1968：210），例子包括现代汉语"这饭我吃不了，里头净是沙子"中的"了"，近代汉语"度量褊浅，是他容受不去了"（《朱子语类》卷二十五）中的"去"（李明，2004：308—309）。根据我们的调查，南宁粤语和武鸣壮语的"**去**"在某些情况下都能充当傀儡可能补语，例如：

（42）NY：佢嘅普通话仲过得去。他的普通话水平也还可以。
（43）WZ： te$^{24}$　　ku$^{33}$　　pjak$^{55}$　　kwa$^{35}$　　dai$^{55}$　　pai$^{24}$.
　　　　　　3SG　 do　 dishes　 pass　 CM　 GO
　　　　　"他做菜过得去。"（李锦芳教授提供）

例（42）（43）分别表示施事者的普通话水平和厨艺还过得去。应该承认这种结构在南宁粤语和武鸣壮语中都不太能产，只能出现在一些业已凝固的结构中。其他一些邕浔片粤语（如百色粤语）和宾阳平话都不用"去"作傀儡可能补语。

## 2.9 完整体标记[1]

武鸣壮语的体系相当复杂，其中完整体标记至少有 [liːu³¹]（了）、[ʔdai⁵⁵]（得）、[poːi²⁴] 三个（Luo, 1990；梁敢，2010；韦景云等，2011）。[2] 它们有明确的功能分工，但在某些情况下也可以互换。先看两个以 [poːi²⁴] 作完整体标记的例子：

(44) WZ： te²⁴　ŋaːi⁴²　ma²⁴　hap³³　poːi²⁴　søːŋ²⁴　ʔbaːt³⁵.
　　　　　 3SG　PASS　dog　bite　GO　2　CLF
　　　"他被狗咬了两次。"（韦景云等，2011：159）

(45) WZ： te²⁴　mup³³　ɣaːi²⁴　poːi²⁴　søːŋ²⁴　tu⁴²　kuk⁵⁵.
　　　　　 3SG　beat　die　GO　2　CLF　tiger
　　　"他打死了两只老虎。"（韦景云等，2011：159）

通过这两个例子可以清楚地看到 [poːi²⁴] 作为完整体标记和作为动相补语的区别。在例（44）中，受事成分的数量并没有因为动作 [hap³³]（咬）的实现而减少，这里 [poːi²⁴] 的主要功能是标示动作的实现和完整性。例（45）中的 [poːi²⁴] 则出现在述补结构 [mup³³ ɣaːi²⁴]（打死）之后，

---

[1] 本章没有将傀儡可能补语和完整体标记并入动相补语，是为了彰显几种语言的"去"义语素在功能上的差异。

[2] 其实 Luo (1990)、梁敢（2010）和韦景云等（2011）所讨论的完整体标记不止这三个，例如梁敢（2010）提到 [pan³¹]（成），韦景云等（2011）讨论过 [lu³³]（语源不明）。这里列出的三个标记是三家共同提到的。

所以它肯定不是补语，[1]而是体标记，所在格式是"V R 去 NP"。[2]

当完整体标记[poːi²⁴]出现时，一般以说话时间作为参照点［如例（44）（45）］，但也可以配合假设完成的语境，例如：

（46）WZ：te³⁵　tou²⁴　hoːi²⁴　poːi²⁴　ʑou⁴²　ɕi⁵⁵　ʔdai⁵⁵　hou⁵⁵ poːi²⁴.
　　　　 wait　 door　 open　 GO　　1PL　 just　 allow　 enter
　　　　"等门开了咱们才能进去。"（韦景云等，2011：160）

例（46）可以理解为，只有前面分句所反映的情况（"门开了"）实现了，后续分句所反映的情况（"咱们进去"）才能成立。句中的完整体标记[poːi²⁴]可以用[liːu³¹]（了）替换。

如果由形容词充当谓语，那么[poːi²⁴]（去）表示行为对象发生了变化，而且情况还持续着，具有[＋实现][＋持续]的语义特征。这种用法往往是针对预期情况而言的，表示超过了或未达到目标（参考韦景云等，2011：160）。梁敢（2010：43）把这种用法称为"状态变化标记"。笔者认为它还是完整体标记，只是在配合动词和形容词时有不完全一样的表现而已。举两个例子：

（47）WZ：tiːu⁴²　　pu³³　　n⁴²　　rai⁴²　　poːi²⁴　　ti³⁵.
　　　　 CLF　　 clothes　 this　 long　　GO　　 a.bit
　　　　"这件衣服长了一点。"（韦景云等，2011：160）

（48）WZ：ta³³ ɕe⁵⁵　　saːŋ²⁴　 poːi²⁴　　ta³³ nuːŋ³¹　　ha⁵⁵　 ɕoːn³⁵.
　　　　 elder.sister　 tall　　 GO　　 younger.sister　 5　　 inch
　　　　"姐姐比妹妹高了五寸。"（韦景云等，2011：160）

---

［1］在讨论汉语南方方言的情况时，刘丹青（1996：17）即以"能否用在动结式后"区分"补语性体标记"（略相当于本章的"动相补语"）和"纯体标记"："补语性体标记"可以出现在动结式后，"纯体标记"则不能。他的标准也大致适用于壮语。

［2］和[liːu³¹]（了）不同，作为体标记的[poːi²⁴]不能出现在整个谓语之后，即"V R NP 去ₚꜰᵥ"是不合语法的（Luo，1990：162—163）。

例（47）中的[rai⁴²]（长）和例（48）中的[saːŋ²⁴]（高）都是行为对象已经发生变化并持续的状态。这种格式后面还可以加上数量短语，表示和预期情况/目标的差距。例（48）甚至出现了比较对象[ta³³ nuːŋ³¹]（妹妹），这使它的格式和比较句的格式十分接近[参看例（35）]。但由于表目标差距的数量短语[ha⁵⁵ ɕoːn³⁵]（五寸）不能删去，所以不能将[poːi²⁴]视为比较句的标志。

[poːi²⁴]充当完整体标记时，对动词的语义有较大的限制，[1] 相关的动词一定不能带[＋获得]义。如下面两个例句都不合语法。

(49) WZ: * ŋon³¹ nai⁴² te³³ to⁵⁵ hiŋ³¹ poi³³ ha⁵⁵ faːn³¹ moːn³¹.
day this 3SG gamble win GO 50000 money
"今天他赌赢了五万块。"（梁敢，2010：44）

(50) WZ: * hou⁵⁵ pi³³ nai⁴² tou⁵⁵ te³³ pi³¹ poi³³ ɕip⁴² kan³³.
enter year this come 3SG fat GO 10 catty
"这年来他肥了十斤。"（梁敢，2010：44）

要使这两句话符合语法，必须把完整体标记改为[ʔdai⁵⁵]（得）。[poːi²⁴]作为完整体标记时有这样的限制，应该和它本来的语义具有[＋消失][＋分解][＋闭合]的特征有关。从所结合的动词的语义类型来看，[poːi²⁴]和[ʔdai⁵⁵]（得）这两个完整体标记出现的环境几乎是互补的（Luo，1990：174—179）。

---

[1] Luo（1990：161—162）指出，壮语中作为完整体标记的"去"可以和"带目标的程序动词"（process verb taking targeting objects）结合，如"ɕwǎy pǎy sǎam lāai naà"（plough-PFV-3-CLF-field = "ploughed three patches of field"）。这一种"去"的语法化程度最高，可以和另一完整体标记[lieu]（了）互换。

## 第3节 "去"的语义演变路径及语法化路径

为南宁地区语言的"去"拟构语义演变路径及语法化路径，是一项十分困难的工作。其难处主要包括以下两点：第一，"去"的义位/语法功能极为丰富。我们一方面要把上述九种义位/语法功能都安排到合理的位置上，另一方面要清楚说明演化的过程，并给出充分的证据。第二，在本章所调查的三种语言中，"去"都有"前往"和"花费"这两个最基本的义位。这两个义位之间错综复杂的关系，使"去"的演变路径更难掌握。事实上，讨论汉语"去"语义演变/语法化的文献并不缺乏，可是前人的注意力往往只集中在某几个功能上，而且讨论的对象无论是古汉语，抑或是现代汉语方言，其"去"的多功能性似乎都无法与南宁地区那三种语言相媲美。可以说，"去"的语义演变路径和语法化路径的全景还没被揭示出来。

我们相信，语义演变的方向和语法化的方向都具有普遍性。因此，下述构拟应同时适用于这三种语言，尽管有些时候我们只会举其中一两种语言的例子。

这里还要稍微说明一下"语义演变"和"语法化"的区别。语义演变是指实义词通过引申等方法，使义位扩大、缩小或转移。但无论是演变前的义位，还是演变后的义位，都在实义词的范围内。语法化是指实义词在某一句法格式中演变为语法词，或语法词在某一句法格式中演变为更虚的语法词。

### 3.1 语义演变：趋向动词＞"去除"义动词＞"花费"义动词

上古汉语的"去"作为趋向词时只有"离开"义，没有"前往"义，因此"孟子去齐"（《孟子·公孙丑下》）只能理解为"孟子离开齐国"。

"去"由"离开"义演变为"前往"义，大概始于两晋，但到了唐代才真正普及。其中的过程非常复杂，并不是单纯的引申，本章不拟详探［参看徐丹（2005）和 Xu（2006）的综合讨论及其所引文献］。本章想探究的问题是，"离开"和"去"的其他义位之间到底有什么关系？

"去"早在上古汉语里就已经发展出"去除"这个义位，如"见恶如农夫之务去草焉"（《左传·隐公六年》）。这种用法还保存在许多现代汉语方言中，如香港粤语"呢种洗头水可以去头皮嘅"（这种洗发水能除头屑的）。由"离开"义发展为"去除"义，属语义演变中的"转移"（参看蒋绍愚，2005：77—81）。"去"作为趋向词时，指向由处所名词短语充当的宾语；作为"去除"义动词时，则指向由一般名词充当的宾语。参看下图：

$$\text{"去"}\begin{cases}\text{"离开"义动词："去 NP}_{\text{LOC}}\text{"（［离开］＋［处所］）}\\\text{"去除"义动词："去 NP"（［离开］＋［物件］）}\end{cases}$$

**图 1　上古汉语"去"出现的格式及包含的义位**

既然"去"的"去除"义是由"离开"义发展而来的，那么它与"前往"义（"去"后来发展出来的义位）就应该没有太大的关系了。这个认识相当重要，稍后还会谈到。

现代汉语的"去"已经没有"离开"这个义位了，而"前往"和"去除"这两个义位则从古汉语里保留下来。至于"花费"义，显然是源于"去除"义。具体来说，它是"去除"义范围的"缩小"（参看蒋绍愚，2005：76—77）。"去除"的义素是［离开］＋［物件］，而"花费"的义素则是［离开］＋［可消耗的事物］，"可消耗的事物"只是众多"物件"中的一种。也就是说，由"去除"义发展至"花费"义，原来的义位增加了限定性义素。虽然南宁粤语和宾阳平话的"去"作实义词时只有"前往"义和"花费"义，但是有理由相信它曾经也有过"去除"义，因为"花费"义是由"去除"义演变而来的。下文会作更详细的分析。

关于"去"作为实义词的四个义位——"离开""前往""去除""花

费",上文已经一一介绍过了。下图显示了它们之间的演变关系,虚线方框代表南宁粤语和宾阳平话所拥有的义位。

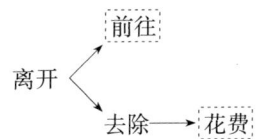

图 2  "去"的语义演变路径

如果我们所处理的只有汉语方言,那当然没有什么值得怀疑的地方。问题是武鸣壮语的"**去**"也同时有"前往"和"花费"这两个义位,而壮语的"**去**"并不像古汉语那样具有"离开"义。[1] 可是根据图 2,"前往"这个义位和"去除""花费"这两个义位之间是没有任何连接的。[2] 从这点出发,我们认为,早期壮语的"**去**"之所以有"去除"义,是因为受到了汉语的影响。也就是说,语言接触使壮语的"**去**"发展出"去除"义。至于这种现象形成的具体机制,留待第 4 节再作讨论。

## 3.2  语法化:趋向动词＞趋向补语＞目标格介词

关于"**去**"如何由趋向动词发展为趋向补语,前人已有相当充分的讨论[汉语方面,参看本章第 1 节所引文献;壮侗语方面,参看曹广衢(1994)],在此不赘述。至于目标格介词的形成,我们认为源于动趋式"V **去**"[参看吴福祥(2010:107)对南宁粤语相关格式的讨论]。当 V 不是"上、落"等路径趋向词时,处所名词便出现在整个格式的后方,构成

---

[1] 壮侗语"离开"(to leave)一词可能借自汉语的"离",如泰语 laa(Li, 1977: 133)。
[2] 我们不能完全排除"前往＞去除"这种语义演变的可能性。 正如李明(2004: 291)所指出的,"去"指明动作者向背离说话人在说话时间的方位移动。 因此,"前往"本身就隐含了"离开",而"离开"正是"去除"的其中一个义素。 但这种解释非常曲折,而且不能解决指向的问题["去除"指向宾语,即受动者被移动;"前往"则指向主语,是施动者自移(徐丹,2005: 352)。],远不如"离开＞去除"那样来得自然。 更何况在汉语方言中,"前往"和"去除"普遍都是用同一个"去"表达的。 这使我们深深怀疑壮语"**去**"的"去除"义是否源于语言的内部发展。

"V 去 NP_{LOC}"。"去"在这种格式中由趋向补语进一步语法化为目标格介词,其功能是介引处所名词。

## 3.3 语法化:趋向动词>程度事态助词

"去"表趋向时,表示背离指示中心的运动。它既可以是有目标、有限度的,也可以是无目标、无限度的。"去"由于有无限度的一面,所以能强调事件的结果或状态达到使人感到意外的程度(参考李明,2004:300—302)。关于程度事态助词的形成,我们认为是对连动式"VP₁ 去_{V2}"进行重新分析的结果。林亦、覃凤余(2008:339)举了南宁粤语中一个很有意思的例子:

(51) NY:今物有乜嘢重要嘅事,穿西装去?今天有什么重要的事,穿西装去[参加]?/今天有什么重要的事,要穿西装这样隆重?

这个句子是有歧义的:可以把句中的"去"理解为趋向动词,这样"穿西装去"就是连动式"VP₁ 去_{V2}";也可以把"去"看作程度事态助词,如此"穿西装去"所表达的是"穿西装这样隆重的程度",其格式为"VP 去_{PRT}"。这种带有歧义的句子,既提供了语法化过程中的"搭桥语境"(bridging context)(Heine,2002),也说明了对连动式的重新分析是"去"作为程度事态助词的源头。[1]需要注意的是,这个"去"无论在什么情况下都要出现在句末,后面不能带宾语,表示"去"的无限度。

汉语动词的句法演变和连动式息息相关(参见 Peyraube,1996;Djamouri and Paul,2006;Chappell and Peyraube,2011)。动态助词"了""着",助动词"能""会",介词"把""将",以及副词"还""就"的产生都源于对连动式的重新分析(邢志群,2003)。现在我们知道程度事态助

---

[1] 需要强调的是,南宁粤语并不是该地区唯一一种拥有这种歧义句的语言。事实上,宾阳平话和武鸣壮语中也有类似的现象,我们只是以南宁粤语作为代表而已。

词"去"也属于这一类。

## 3.4 语法化：趋向动词/"去除"义动词/"花费"义动词>动相补语

梁银峰（2007：152—174）仔细地考察了古汉语中趋向动词"去"语法化为动相补语的路径。西汉时期，"V 去"格式出现。如果 V 是动作动词（如"逃"），那么"去"表示从此地到彼地所发生的位移运动；如果 V 不是动作动词（如"灭"），那么"去"便有虚化的趋势，但还不能算是动相补语。南北朝时期，"去"慢慢引申出"后、以后"的意思。它经常跟在某些状态形容词和不及物动词之后，表示某种状态发生了以后接着发生另一件事，格式是"V 去 $VP_2$"。$VP_2$ 必须出现，这样语义才比较圆满。到了唐代，"V 去"的语义渐趋自足，不一定需要后续分句，这时候"去"最主要的功能是表情状的出现，可以被视为动相补语。南宁粤语和宾阳平话中某些"V 去$_{PC}$"的例子应该是古汉语的孑遗，例如"断去""偷去"等，它们都有相当程度的词汇化倾向。

可是，我们认为，三种语言中动相补语"去"的主要源头并不是趋向动词，而是"去除"义动词或"花费"义动词。徐丹（2005：352）敏锐地指出，古汉语"V 去"的句型可以分为两类：一类是"V 去［+掉］"，V 的语义内涵往往和"除"义有关；另一类是"V 去［+离］"，V 的语义内涵常常是移动动词。这种分类也大致适用于本章所讨论的三种语言。这里需要进一步指出的是，"去"作为"去除"义动词或"花费"义动词时，本身就经常带宾语（而且是带数量的宾语），所以，"使去两千文银"（这是宾阳平话的说法。南宁粤语和武鸣壮语的说法与之一致）既可以理解为连动式，即"使钱"＋"去两千文银"，也可以理解为简单的述宾式，即"花掉两千块"，"去"是动相补语，表示动作的实现。依照上述分析，这一类"V 去$_{PC}$ $NP_{NUM}$"格式是通过对连动式"$V_1$ 去$_{V2}$ $NP_{NUM}$"的重新分析而形成的。[1]由"去除"义动词演变为表动作实现的体标记的语法化路径还见于世界其他语言，如非洲南部科伊语（Kxoe）的 xū 既表"离开、放弃、失去"，又表"完结"（Heine and Kuteva，2002：189）。[2]

古汉语中作为动相补语的"去"一般出现在"V 去"格式中，极少带宾语，这是因为它"由实词变为动相补语不是由于前面动词语义类型的扩大，而是由于自身句法位置的改变"（梁银峰，2007：172）。相反，本章所调查的三种语言中，"V 去$_{PC}$"格式以带受事宾语为常。这也说明了古汉语和现代南宁地区语言的动相补语"去"有不同的形成过程。

以往学者讨论"去"的语法化过程时，常将它与另一趋向动词"来"作对比（如李明，2004；梁银峰，2007）。然而，南宁地区语言的动相补语**"去"**主要源自"去除"义动词或"花费"义动词。真正与**"去"**对应的似乎不是"来"，而是"得"。武鸣壮语［ʔdai⁵⁵］（得）和［poːi²⁴］作动相补语/完整体标记时呈互补分布，正好有力地证明了这一点。

这里还要说明三种语言中的**"去"**几乎都没有"去除"义的原因，这可能和"语法源义的消失"有关。邢志群（2003：100）把"语法源义"定义为一个词进入语法化时所表达的意思。她留意到不少汉语动词在语义演变（邢志群所说的"语义演变"不限于实义词）的过程中都会经历三个步骤：①语法源义发展阶段；②语法义发展阶段；③语法源义消失和语法义强化阶段。最后一个阶段最值得关注。邢志群（2003：104）认为，随着一个词的语法化程度加深，它的语法源义可能会随之丢失，这是由于说话人和听话人对有关句子结构和语用规范的主观理解差异所致。再以"使去两千文银"为例。"使去"最初的句子结构是连动式，它的语用规范是"去"表示"失掉、费掉"义，而它的受事名词（"两千文银"）同时又与另一

---

[1] 覃东生（2012：132）虽然注意到"使去一百文银"之类的格式中"去"的语义较实在，但是没有把"去除"义动词/"花费"义动词和动相补语联系起来。他认为动相补语是趋向补语语法化的结果（覃东生，2012：150）。

[2] 从类型学上说，"离开"义语素容易语法化为表"完结"的语法标记，而"前往"义语素却很少采取这种路径（Heine and Kuteva, 2002）。

动词"使"有某种关系。在这种情况下,"去"的语法源义便会被削弱,而它的语法义(动相补语)则不断被强化。汉语的"把"和"将"就是这样的例子。今天我们只知道它们的语法义,几乎不知道它们都是由动词演变而来的。"去除"义消失的另一个原因是,它在三种语言里都已经转化为"花费"义了。其实,"去"语素今天拥有"花费"义,已经足以说明它曾经有过"去除"义。

## 3.5 动相补语＞使令事态助词

使令事态助词是由动相补语进一步语法化而来的。我们可以以宾阳平话的例子作说明,先看看下面两个例子:

(52) BP: 呢旧报纸冇取啊,卖去。<sub>这些旧报纸不要了,卖掉。</sub>(覃东生,2012: 152)

(53) BP: 根木根拦路多,砍去。<sub>这棵树太挡路了,把它砍掉。</sub>(覃东生,2012: 152)

从格式上来看,这些出现在句末的动相补语"**去**"都承载了祈使的语气,为进一步语法化提供了契机。从语义上来看,表使令的事态助词虽然出现在未然的语境中,但是有"将现"的意思。Luo(1990: 170)甚至认为它属于"主观将来完整体标记"(subjective future perfective marker)。动相补语表动作或状态的实现,可以将这点与表"将来实现"的使令事态助词联系起来。上述两个例句都出现在所谓"搭桥语境"里,但其中的"去"还不能算是使令事态助词。真正的使令事态助词出现在例(38)("吃菜齐去")中。"**去**"的位置在述补式之后,不能再将其理解为动相补语,它已经语法化为一个表达类似祈使语气的助词。这类例子出现在 Heine(2002)所说的"转换语境"(switch context)中。而例(39)("呢水着烧川去啊吃得")中的"去"不需要依靠语境的烘托就能表达语法意义,其语法化程度比例（38）中的"去"还要高。Heine（2002）所界定的"固化语境"（conventionalized context），从这个例句中可以体现出来。

汉语普遍有这样的倾向：动词后的"来"可以表示结果是可见、可感知的，或者是说话人所期望的；相反，动词后的"去"表示结果是不可见、不可感知的，或者是说话人所不愿见到的（李明，2004：305—307）。南宁粤语和宾阳平话用动词后的"去"表祈使、建议、希望、请求，这在汉语方言中并不常见。[1]

### 3.6 动相补语＞傀儡可能补语

动相补语"**去**"的另一个语法化方向是演变为傀儡可能补语，这和普通话"了"的语法化路径（"动相补语＞傀儡可能补语"）是一致的。当"**去**"充当傀儡可能补语时，它的趋向义和实现义已经完全消失，它只是一个充数的补语（参看李明，2004：308—309）。[2]

### 3.7 动相补语＞完整体标记

动相补语是完整体标记最主要的来源之一，这点前人已反复论述过，殆无异议。例如 Bybee et al.（1994：57—61）认为完结体（completive）是完成体（anterior）和完整体的源头。完结体实质上就是动相补语的一种（参看陈前瑞，2008；董秀芳，2009）。汉语的完整体标记"了""着"都是由动相补语语法化而来的。壮语的 $[po:i^{24}]$ 的演变模式应该与其相同。这里需要再强调一下，壮语的动相补语 $[po:i^{24}]$ 主要源自"去除"义动词或

---

[1] 普通话"VP 去"中的"去"可表示目的（赵元任，1979/1968：221）。目的和使令的性质并不完全一样。

[2] 吴福祥（2010：101）指出，傀儡可能补语"来"的语法化路径为"趋向动词＞趋向补语＞傀儡可能补语"。本章认为傀儡可能补语"来"源于动相补语，原因有以下两点：一是可以参照"了"的语法化路径；二是用"来"作傀儡可能补语的方言也用它作动相补语，如香港粤语"人工加嚟（＝来）都有用"（意思是"工资涨了也没用"，"嚟"作动相补语），"呢件事咁难，我做唔嚟"（意思是"这件事这么难，我做不来"，"嚟"作傀儡可能补语）（张洪年，2007：128）。

"花费"义动词,而不是趋向动词。因此,如果要追溯壮语完整体标记[poːi²⁴]的语法源义,就应该从"去除"义动词或"花费"义动词着手。这点可从[poːi²⁴]不能与[+获得]义动词配合中得到确认。[1]董秀芳(2009)认为,某些闽语方言(如福州、汕头、海口)用"去"作为完整体标记,很可能是源于其"去除"义,而与"前往"义无关。如果属实,那么福州等地闽语方言的"去"和壮语的[poːi²⁴]便有着相似的语法化路径了。

## 3.8 语义演变及语法化路径

下图是南宁地区三种语言"**去**"的语义演变(以"⇒"表之)及语法化路径(以"→"表之):

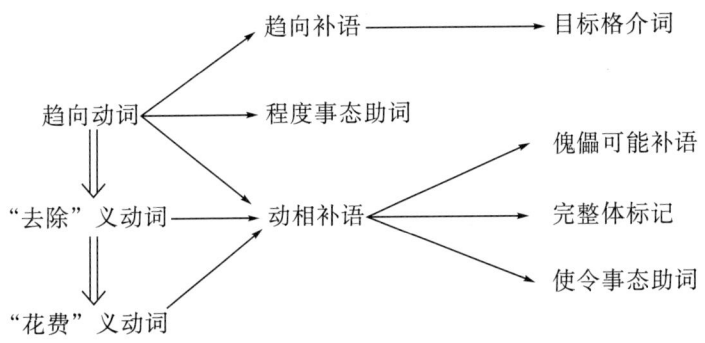

图3 "去"的语义演变及语法化路径

对于汉语和壮语"**去**"的语法化路径,前人已有颇多讨论,并达成了一定的共识。本章在论证的过程中吸收了他们的若干分析,但和他们的构拟相比,图3仍有以下几个特点。

第一,既关心语法化路径,也重视语义演变的方向。本章特别强调,"**去**"除了作为趋向动词,在南宁地区的三种语言中也能充当"花费"义动词,而"花费"义当来源于"去除"义。"**去**"作为实义词时已经有两三个义位,这为日后发生复杂的语法化埋下了伏线。

---

[1] 我们认为这和[poːi²⁴]本来的语义特征有关。Hopper(1991)把这种现象称为"滞留"(persistence)。

第二，动相补语是整个语法化过程的枢纽。动相补语有趋向动词、"去除"义动词和"花费"义动词三个来源，而它本身又进一步语法化为傀儡可能补语、完整体标记和使令事态助词，构成"多向语法化"（poly-grammaticalization）。可以说，南宁地区语言中"**去**"的大部分功能都与动相补语有关。有一点需要特别强调，图 3 中的动相补语主要源于"去除"义动词和"花费"义动词，源自趋向动词的是少数（可能只局限于两种汉语方言中某些已经凝固的结构），所以"去"的语法化和趋向义的关系其实并不突出。趋向动词的典型语法化路径也许不完全适用于我们的例子。这点和以往相关研究的观察角度有所不同。

第三，标示了特殊的语法功能。图 3 中有两个少见于其他汉语方言或古汉语的语法功能——程度事态助词和使令事态助词。前者源于对连动式"V **去**"的重新分析，后者则由动相补语发展而来。

第四，三种语言所拥有的义位/语法功能的数目并不一样。图 3 标示了"去"的十个义位/语法功能，除了"去除"义，拥有其余九个义位/语法功能的只有壮语这一种语言；南宁粤语有八个义位/语法功能；宾阳平话则只有七个义位/语法功能。在这三种语言中，只有壮语用"**去**"充当完整体标记。完整体标记由动相补语进一步语法化而来，语法化程度最高。我们知道，如果已证实一个多功能语素在同一地区的不同语言中被"复制"（replicate），那么它的语法化程度就决定了哪种语言是模式语（model language），哪种语言是复制语（replica language）。这是本章第 4 节讨论的一个重点。

## 第 4 节　词汇复制与语法复制

本章的个案最引人入胜的地方在于它牵涉到两次方向、形式不同，甚至可能连地点都不同的语言接触。"**去**"在南宁地区的语言中有那么丰富的义位/语法功能，即缘于此。这里先介绍一下概况。第一次语言接触，壮语的前身以汉语作为模仿对象，使自己的"**去**"增加了一个义位——"去除"。迁移的方向为"早期汉语＞早期壮语"。具体的发生时间可能在一千余年以前，地点是中国的西南方（但不一定在广西境内）。第二次语言接触，汉语方言（南宁粤语和宾阳平话的前身）把壮语"**去**"的多功能模式"复制"到自己身上，这属于"接触引发的语法化"（contact-induced grammaticalization）。这次接触迁移的方向是"壮语＞南宁粤语/宾阳平话"。至于发生时间，应该在邕浔片粤语迁入广西之后，最多只有两百年的历史，地点就在南宁一带。这两次接触相距可能有数百年，甚至上千年之久。其间，"**去**"在壮语（尤其是北部壮语）里经历了多向语法化，发展为多功能语素。下文将进行具体论证。

## 4.1 第一次接触

正如前文所说，早期壮语的"**去**"只有"前往"义，而"前往"义由于指向的关系，不太可能引申出"去除"义。加上"**去**"在汉语中早就发展出"去除"这一义位，所以我们有理由认为，早期壮语通过和某种汉语方言接触，把汉语"**去**"的"去除"义位借了过去。这种迁移只涉及语义，不涉及语音形式。也就是说，早期壮语没有把汉语"**去**"的读音借过去，它所借的"去除"义位不是一般意义上的借词（loanword）。在 Heine and Kuteva（2010：87）构建的体系中，这种个案属于"词汇复制"（lexical replication）的范畴。"词汇复制"和"语法复制"（grammatical replication）同处"复制"的下位，和涉及语音形式的"借用"（borrowing）相对。词汇复制在语言发展史上屡见不鲜，并非什么稀奇古怪的现象。例如汉语的"星"本来只是指天文学定义上的星体，但受英语 star 多义性的影响，现在也能指"歌星""影星"的"星"。图 4 概括了壮语"**去**"义语素中"去除"这个义位的形成过程。

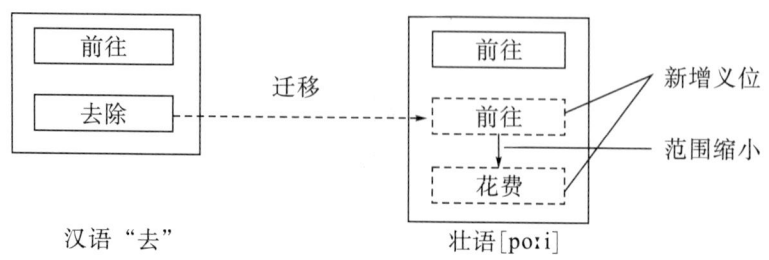

图 4　词汇复制:"去"义语素中"去除"义位的迁移

这次接触虽然规模可能比第二次接触("壮语＞南宁粤语/宾阳平话")要小,过程也相对简单,但重要性绝对不容忽视。如果没有发生接触,壮语的"**去**"便不可能发展出"花费"这个义位("花费"义由"去除"义演变而来),动相补语、完整体标记、使令事态助词等语法功能也都无从谈起。可以说,这次接触为壮语的"**去**"走向多向语法化埋下了种子。

## 4.2　第二次接触

至于第二次接触,其过程比第一次复杂得多。要充分理解这次接触,必须先回答三个问题:①如何知道三种语言中"**去**"的多向语法化和语言接触有关?②如果真的涉及语言接触,那如何知道迁移的方向是"壮语＞南宁粤语/宾阳平话"?③在这次接触中,"**去**"有什么义位/语法功能被迁移了?迁移的过程是怎样的?下面依次讨论。

几种语言拥有某个相同的语法范畴和语法化路径,不外乎五个原因:①它们具有发生学关系(genetic relationship),相同的语法范畴/语法化路径是共同存古(shared retention)的结果;②它们曾经发生接触,语法范畴/语法化路径由一种语言迁移到另一种语言中去;③纯属巧合;④平行发展或沿流(drift);⑤依照历史演变的普遍原则发展而来(参看 Dixon,1997:14—15;Aikhenvald and Dixon,2001:1—4;吴福祥,2009c:198)。壮语和汉语是否有发生学关系,容有争议。即使它们真的有发生学关系,距离也应该相当远。而且在其他汉语方言中,"**去**"的语法化都不像南宁粤语和宾阳平话那样发展出使令事态助词和程度事态助词等语法功能。因此,"**去**"的多向语法化应该和发生学无关。"纯属巧合"一说无助于解决问题。两种语言"巧合"地发展出相似的语法范畴,还能说得过去,但现在三种语言都有类似的现象,"巧合"的概率就大大降低了。"平行发展"一说又如何呢?它的一个不利的地方在于不能解释为什么拥有相同语法范畴的语言都集中在一小块区域里,而区域以外的语言却甚少出现类似的范畴。本章的个案与"历史演变的普遍原则"大概也没什么关系,因为程度事态助词和使令事态助词等几种语法功能在广西以外地区的语言中都不常见,Heine and Kuteva(2002)的语法化词库中也没有相关的记录。吴福祥(2009c:199)甚至认为,类似这种"跨语言罕见的语法化模式",是判定接触引发语法化的良好指标。

除了上述几点,还要留意相关的语法化模式是否属于"簇聚式"(clustered)语法化,即"一个语法范畴或语法标记的产生涉及两个以上互相关联而又相对独立的语法化过程"(吴福祥,2009c:200)。多向语法化是簇聚式语法化的一种。有证据表明,如果两种或更多毗邻的语言里对应的语法范畴或语法标记的形成过程涉及簇聚式语法化,那么其背后的动因通常是语言接触(Heine and Kuteva,2005:186;吴福祥,2009c:200)。这样看来,南宁地区几种语言的"**去**"共享的多功能模式,应该是语言接触的结果。

Heine and Kuteva(2005:33)还提出了一个辨别"接触引发的迁移"的准则,吴福祥(2009c:201)称之为"发生学关系的分布模式"。这条准则不但能辨别两种语言中相同的语法范畴/语法化路径是否源自接触,还能判定迁移的方向。简单来说,如果 M、R 两种不具发生学关系(或发生学关系较远)但地理上毗邻而又有长期接触的语言共同拥有语法范畴 x,这个 x 可以在和 M 有发生学关系的语言中找到,但不能在和 R 有发生学关系的语言中找到,那么 x 很可能是 R 语和 M 语接触后的产物,迁移的方向是"M>R"。现在来看看南宁地区三种语言的亲属语言。我们会把重点放在程度事态助词、使令事态助词和表动作实现的体标记[1]上。这三个范畴最能突显区域内外各种语言的"**去**"在功能上的不同。

武鸣壮语是壮语北部方言。事实上，壮语南部方言也普遍用"**去**"充当程度事态助词，其出现的格式和语义大体上与武鸣壮语一致。下面列举靖西壮语[2]（例子中或简称"JZ"）和龙州壮语（例子中或简称"LZ"）的例子：

(54) JZ： lo:n⁵　　to:ŋ²　　ɬa:i¹　wo²　　tsap⁷　　le:u⁴　　pai¹.
　　　　　shout　　CM　　throat　pain　　finish　　GO
　　　　"喊到喉咙都痛了。"（覃东生，2012：148）

(55) JZ： kən²　kəi³　pəi²　pəi²　pai¹，məi²　ɬo:ŋ¹　pa:k⁷　la:i⁴
　　　　　man　this　fat　fat　GO　　have　　200　　　　more
kan¹　pai¹.
catty　GO
　　　　"这个人真胖，有两百多斤呢。"（覃东生，2012：149）

(56) LZ： jo:m?³¹　　de:ŋ³³　　de:ŋ³³　　pai³³.
　　　　　dye　　　red　　　red　　　GO
　　　　"染得红红的。"（李方桂，2005a/1940：263）[3]

类似的现象也可以在境外一些壮傣语支语言中看到，不过其出现的环境有限制，例如标准泰语（例子中或简称"ST"）的程度事态助词 paj 只

---

[1] 包括动相补语、完成体标记（perfect/anterior aspect marker）和完整体标记，它们构成一个连续统（continuum）。

[2] 靖西壮语的声调标的是调类，不是实际调值。

[3] 李方桂（2005a/1940：263）认为，这个例子中"去"的功能是"在形容词后表示其情况或所变成的情况"。我们注意到句中的 [de:ŋ³³]（红）采用了重叠式。壮语重叠式有表示性状程度进一步加深的功能。这里的 [pai³³] 应该是程度事态助词，强调状态达到令人意想不到的程度。

能置于形容词之后。

（57）ST：rew　paj
　　　　　fast　GO
　　　　　"too fast"（Bilmes，1995：39）

（58）ST：mâag　paj
　　　　　much　too
　　　　　"too much"（Bilmes，1995：39）

至于以"**去**"作为使令事态助词，也不难在壮语南部方言中找到例子。

（59）JZ：pa:ŋ¹　ŋo:⁵　ɬak⁸　kai⁵　ɬi³kʰu⁵　kan¹tsəŋ⁶　pai¹.
　　　　　help　1SG　wash　CLF　clothes　clean　GO
　　　　　"帮我把这些衣服洗干净。"（覃东生，2012：147）

（60）JZ：ni²　au¹　kai⁵　toŋ¹ɬai¹　kəi³　po⁴　nai¹　nai¹　pai¹.
　　　　　2SG　take　CLF　stuff　this　put　well　well　GO
　　　　　"你把这些东西放好。"（覃东生，2012：147）

（61）LZ：dap⁵　　　　ŋe⁵⁵　təŋ³³　pai³³！
　　　　　extinguish　CLF　lamp　GO
　　　　　"把盏灯灭了！"（李方桂，2005a/1940：264）

最后看看表动作实现的体标记。例（62）（63）中"**去**"都出现在述补式之后，其作为完整体标记的地位甚明。

（62）JZ：ka:i⁵lau²　kin¹　kʰau³　əm⁵　pai¹　ja⁵　tsu⁵　kin¹　lau³.
　　　　　1PL　eat　rice　full　GO　PRT　then　eat　wine
　　　　　"我们吃饱了饭才喝酒。"（覃东生，2012：148）

(63) JZ：maːk⁷　pin²ko⁵　kin¹　leːu⁴　pai¹　ja⁵.
　　　fruit　　apple　　eat　finish　GO　PRT
　　"苹果吃完了。"（覃东生，2012：148）
(64) LZ：ʔi⁵⁵　pʰium³³　jəŋ³³ jaːk⁵⁵　pai³³　tʰuːn²⁴.
　　　CLF　　hair　　disheveled　　GO　completely
　　"头发是完全散乱的。"（李方桂，2005a/1940：263）

此外，个别水语支语言（如水岩水语，例子中或简称"SS"）和境外壮傣语支语言（如标准泰语）都用"去"表动作的实现，例如：

(65) SS：tsã³³　nai⁵³　pai¹¹.
　　　　eat　　meat　　GO
　　"把肉吃掉。"（李方桂，2005c/1977：246—247）
(66) ST：khanǒm-khéek　wɛ̀ɛŋ　pay.
　　　　cake　　　　　nibble　GO
　　"The cake has been nibbled at."（Iwasaki and Ingkaphirom，2005：163）
(67) ST：phɔ́-wâa　hěn　kɛɛ　hǎay　pay　mây　maa　lian.
　　　　Because　see　3SG　disappear　GO　NEG　come　study
　　"Because I noticed that she had disappeared and didn't come to study."（Iwasaki and Ingkaphirom，2005：164）

Iwasaki and Ingkaphirom（2005：163）指出，标准泰语 pay 所表达的是完成体，强调破坏动作或消失动作的完成，而这些动作往往和说话时间有关。完成体是完整体最重要的源头，两者关系密切（Bybee et al.，1994：81—87）。"去"在较多壮侗语里作为表事件实现的体标记，这说明它由动词语法化为体标记的时间相当早，可能在水语支和壮傣语支分裂前已经发生。

综上所述，可以得出这样的结论：以"**去**"充当程度事态助词、使令事态助词和表动作实现的体标记不只见于武鸣壮语，其他壮语方言，甚至其他壮侗语语言中也都有相似的现象。相反，广西以外的汉语方言基本上都不用"**去**"充当程度事态助词和使令事态助词。

用同样的例句作比较，便可以看到差异所在。与南宁粤语作比较的是香港粤语（例子或简称"HY"）。因宾阳平话来源不明，这里同时列出香港粤语和普通话（例子或简称"SC"）的例句以作参考。例（68）（69）是程度事态助词的例句，例（70）（71）则和使令事态助词有关。

（68）HY：落雨落到心烦。‖比较 NY［例（28）］：落雨落到心烦去。

（69）HY：啲生果甜到□［neu$^{22}$］。/SC：这些水果甜得发腻。‖比较 BP［例（31）］：呢果子甜到腻去。

（70）HY：扫干净间房，今晚畀佢哋来住。‖比较 NY［例（36）］：扫干净间屋去，今晚给佢哋来住。

（71）HY：食晒啲菜佢，饭食唔晒唔紧要。/SC：把菜吃完，饭吃不完不要紧。‖比较 BP［例（38）］：吃菜齐去，饭吃冇齐冇要紧。

可以清楚地看到，香港粤语和普通话都不用"**去**"作程度事态助词和使令事态助词。我们翻查过近代汉语和早期粤语的文献，也没找到"**去**"有这样的用法。

南宁粤语和宾阳平话的"**去**"虽然都可以作动相补语，但不能充当完整体标记。事实上，就大部分汉语方言而言，以"**去**"作为动相补语并不能产，[1]像"减去""删去""除去"这些都已经慢慢凝固为词。可是在南

---

[1] 台湾闽南语是一个例外，"去"经常以动相补语的身份出现，例子有"无去"（不见了）、"用去"（用掉）、"暗去"（暗了）、"煮了去"（煮完了）等（参看连金发，1995）。闽南语和南宁粤语、宾阳平话没有特别密切的发生学关系，因此这不会影响我们的论述。

宁粤语和宾阳平话中，动相补语"**去**"却异常活跃，很多时候其他方言根本不能用"**去**"对译它们的动相补语。看看两个先前援引过的例子，以及它们在香港粤语和普通话里的对应：

（72）HY：佢一口气食咗廿几只饺子。‖比较 NY［例（18）］：佢一口气食去廿几只饺子。

（73）HY：呢次去桂林玩使咗两千蚊。/SC：这次去桂林玩花掉两千块钱。‖比较 BP［例（19）］：举次去桂林游使去两千文银。

例（72）南宁粤语说"食去"，香港粤语则说"食咗"（香港粤语不能用动相补语，"咗"是完整体标记）；例（73）宾阳平话说"使去"，香港粤语说"使咗"，普通话说"花掉"。彼此之间的差异十分显著。我们有理由相信，南宁地区这两种方言中作为动相补语的"**去**"，是受到壮语的影响才被激活的。换句话说，假如没有和壮语接触过，南宁粤语和宾阳平话的"**去**"以动相补语身份出现的频率应该会大大降低。这种迁移与先前提及的程度事态助词和使令事态助词不同。因为"去"在南宁粤语和宾阳平话的祖语中已经可以作动相补语了（尽管数量不多，相关格式也不完全一样），只是和壮语的接触使它变得更活跃而已。这种现象属于 Aikhenvald（2006：22）所说的"业已存在的特征的强化"（enhancement of an already existing feature）。这是语言接触的一个常见的结果。

把上述现象代入先前所引 Heine and Kuteva（2005：33）的论证里可知，壮语是 M，南宁粤语和宾阳平话是 R，迁移的方向为"壮语＞南宁粤语/宾阳平话"。这个迁移的方向，还可以从以下两点中得到确认。

第一点是多功能语素的语法化程度。如果两种语言 M 和 R 中相同的语法范畴/语法化路径被证实源自接触，而迁移的方向为"M＞R"，那么相关范畴在 R 语中的语法化程度往往比 M 语低。语法化程度与"去范畴化"（decategorialization）、"去语义化"（desemanticization）和语音弱化等参数密切相关（Heine and Kuteva，2005：15—17；吴福祥，2009c：202）。在本章的个案中，武鸣壮语"去"的语法化程度明显比汉语方言高。具体来说，壮语的动相补语［poːi²⁴］已经进一步语法化为完整体标记，而这种情况还没在南宁粤语和宾阳平话中出现。由图 3 可知，完整体标记处于语法化路径的最后阶段。此外，武鸣壮语的"去"在充当动相补语、完整体标记、程度事态助词、使令事态助词等语法标记时都有语音弱化的倾向。它既可读作［poːi²⁴］，这和作趋向动词、趋向补语时的读音一样，也可读作［pi⁵⁵］。［pi⁵⁵］是［poːi²⁴］的弱化形式。两者相比，［pi⁵⁵］的韵母要短一些，声调也高一些。众所周知，短音节和高声调都是语言表"小"的重要手段（朱晓农，2004）。南宁粤语和宾阳平话的"去"无论是当动词用，抑或是标示语法功能，读音始终如一，没有弱化的痕迹。这进一步说明了壮语的"去"经历了程度较深的语法化。

第二点是语法范畴的分布范围。Heine and Kuteva（2005：119）和吴福祥（2009c：202—203）都强调，通过接触产生的语法范畴在使用上往往受到限制，例如频率较低，或只能出现在特定的语境中。也就是说，假设迁移的方向为"M＞R"，涉及迁移的语法范畴在 M 语中的使用限制应该比 R 语小。这样的情形的确发生在本章的个案中。根据前文的描述，壮语的程度事态助词［poːi²⁴］出现的范围相当广，它可以大量地出现在"VP IDEO"格式［如例（34）］中和比较句［如例（35）］之后。南宁粤语和宾阳平话虽然都有"VP IDEO"格式，其比较句的结构也与壮语相似，但是都不容许程度事态助词"去"出现在这些格式的后头。以上种种，都证实了第二次接触中迁移的方向。

根据移民史，说平话的族群迁入广西的时间比说邕浔片粤语的族群迁入广西的时间要早得多（参考洪波，2004）。或者有人会认为，邕浔片粤语"去"的多功能性是间接从平话中迁移过去的，而不是直接来源于壮语，即"壮语＞平话＞邕浔片粤语"。这也许是事实，但从纯粹语言学的分析来看，似乎并不支持这个观点。南宁粤语和宾阳平话"去"的功能没有明显的差别,出现的环境也没什么不同。因此,我们主张南宁粤语和宾阳平话"**去**"的个别语法功能都是从壮语中迁移过去的,即"壮语＞宾阳平话""壮语＞南宁粤语"。

在第二次接触中,南宁粤语和宾阳平话的前身把壮语"**去**"的部分语法功能(程度事态助词、使令事态助词和动相补语的部分功能)迁移过来,这属于接触引发的语法化现象。接触引发的语法化和一般语法化的唯一不同之处在于,前者是由语言接触引起的,而后者则是在语言内部独立发生的。语法化的普遍原则(如"单向性")也适用于接触引发的语法化。根据模式语是否提供可被复制的"语源＞结果"这种语法化过程模式,接触引发的语法化可以进一步区分为"通常接触引发的语法化"(ordinary contact-induced grammaticalization)和"复制语法化"(replica grammaticalization)两类[关于它们的区别,参见 Heine and Kuteva(2005)和吴福祥(2009c)的研究]。本章的个案显然属于"复制语法化"的例子,因为过程牵涉到对整条语法化路径的"复制"。事实上,南宁粤语动词前表情态的"得"以及动词后表方式的"攞",都已经被证实为"复制语法化"的例子(Kwok et al.,2011;黄阳、郭必之,2013)。

这里还要提一下作为"花费"义动词的"**去**"。如前所述,"去"的"花费"义来源于"去除"义。这个语义演变应该首先在壮语里发生,然后通过语言接触扩散到南宁粤语和宾阳平话中。之所以这样说,是因为以"**去**"表"花费"义的现象见于其他壮语方言,但未见于汉语方言。例(74)(75)是靖西壮语的例句:

(74) JZ: tuk$^8$ ta$^3$jɔ:$^2$ pəi$^1$ ne:u$^2$ pai$^1$ fa:n$^1$ man$^1$ ŋan$^2$.
study university year 1 GO 10000 CLF yuan
"读大学一年花一万块钱。"(覃东生,2012:145)

(75) JZ: ɬəi$^4$ kuŋ$^2$ ɬi$^4$ kəi$^3$ pai$^1$ pa:k$^7$ man$^1$ ŋan$^2$.
buy CLF clothes this GO 100 CLF yuan
"买这件衣服花了一百块钱。"(覃东生,2012:145)

如果我们的判断准确，那么南宁粤语和宾阳平话以"去"表"花费"义，是与壮语接触后进行"词汇复制"的结果。

下表概括了"去"在本章讨论过的几种语言里的语义和语法功能。通过比较其中的异同，我们不难确认"去"的多功能性在南宁地区语言中的迁移方向。

表1 "去"在不同语言中的语义和语法功能

|  | NY | BP | WZ | HY | SC | JZ |
|---|---|---|---|---|---|---|
| 趋向动词 | √ | √ | √ | √ | √ | √ |
| "去除"义动词 | × | × | × | √ | (√)[1] | × |
| "花费"义动词 | √ | √ | √ | × | × | √ |
| 趋向补语 | √ | √ | √ | √ | √ | √ |
| 动相补语 | √ | √ | √ | (√) | (√) | √ |
| 目标格介词 | √ | √ | √ | √ | × | √ |
| 程度事态助词 | √ | √ | √ | × | × | √ |
| 使令事态助词 | √ | √ | √ | × | × | √ |
| 傀儡可能补语 | (√) | × | (√) | (√) | (√) | (√) |
| 完整体标记 | × | × | √ | × | × | × |

总体而言，通过第二次接触，南宁粤语和宾阳平话从壮语中为它们的"去"迁移了"花费"这个义位（词汇复制）、动相补语的部分功能，以及程度事态助词和使令事态助词的全部功能（接触引发的语法化）。

---

[1] "(√)"代表少量存在。

## 第 5 节 结语

本章的贡献可以归纳为下述三点。

第一，对南宁地区三种语言"**去**"的多功能性进行了详细的描述，列举了大量例句，一定程度上弥补了谢建猷（1994b）和欧阳觉亚（1995）等前辈学者论述的不足。

第二，构拟了"**去**"的语法化路径，并说明了有关机制及出现语法化的环境。本章指出，在南宁地区的三种语言中，"**去**"的语法化路径之所以特别复杂，是因为"**去**"在实词的层面上已经包含了三个义位，而每个义位又有不完全一样的语法化路径。此外，在讨论的过程中，本章提出了两条较罕见的语法化路径，即"趋向动词＞程度事态助词"和"动相补语＞使令事态助词"。这两条路径都不见于 Heine and Kuteva（2002）的语法化词库中，即使是研究汉语的学者也鲜有论及。其中，"趋向动词＞程度事态助词"源于对连动结构的重新分析，可以和汉语史上不少助词的形成过程作比较。

第三，指出了语法化的背后牵涉到两次语言接触。第一次接触，在早期汉语的影响下，早期壮语的"**去**"[*pəi] 增加了"去除"这一义位。第二次接触，在壮语的影响下，南宁粤语和宾阳平话的祖语的"**去**"增加了"花费"这一义位、动相补语的部分功能，以及程度事态助词和使令事态助词等新的语法功能，既涉及"词汇复制"，亦涉及"语法复制"。这里需要进一步指出的是，"**去**"的多功能性，和 VOR 语序、表程度加剧的"多"义语素、表动作方式的"执持"义语素、表情态的"得"义语素以及状貌词后缀一样，都是可以把南宁地区定义为一个语言区域[1]（linguistic area）所凭借的重要特征。

通过考察南宁地区语言中"**去**"的多功能性的形成过程可知，语法演变的内部机制和外部机制并不是独立运作的，相反，它们能互相作用，比如外部机制会为内部机制制造条件等。这对于研究语法演变的学者来说应该是一个重要的启示。

---

[1]　"语言区域"是指一个拥有三种或以上语言的区域，这些语言共享若干源于语言接触而不是源于发生学关系或巧合的结构特征（Thomason，2001：99）。

# 第 10 章　南宁粤语的助词"晒"

## 第 1 节　引言

　　南宁方言属粤语邕浔片，系明清时期从广府片移民的结果（Yue-Hashimoto，1988；麦耘，2010）。明代以来，粤商开始入桂经商，近代广西各地从城镇到村圩，到处都有粤商活动（钟文典，1998）。粤语日益取代南宁平话和官话，最终成为主流方言（李连进，2000；李锦芳，2000；洪波，2004）。

　　南宁粤语和广东粤语有很强的音韵对应关系，可识度颇高。二者在语法上虽差别不大，但仍有些不同（参看谢建猷，1994b；郭必之，2010a，2014；Kwok et al.，2011；黄阳、郭必之，2013；等等）。本章将讨论南宁粤语的多功能助词"晒"语义演变的动因和机制。

## 第 2 节　南宁粤语的"晒"

　　白宛如（1985）和林亦、覃凤余（2008）都曾对南宁粤语虚词"晒"

[ɬai³³] 的"完毕"义副词、已然体标记、完成体标记的功能进行过描写，林亦（2012）作了补充。本章拟作更完整的描写。

## 2.1 "完结"义动词

可将南宁粤语的"晒"解读为"完毕、结束"义不及物动词，它和事件名词结合，陈述某一时间流程或事件的终结。例如：

（1）比赛啱啱晒哦。比赛刚刚完啦。
（2）乜嘢都晒啊！全都完了啊！

有时句中主语隐含某个事件完成的整个过程，"晒"强调前一事件的结束，预示后一事件的开始。如例（3），荔枝收获的季节结束后才到龙眼收获的季节，"晒"同样具有"完毕、结束"的意义。以下例（3）至例（6）中，第一个"晒"是动词，第二个"晒"是体标记。

（3）荔枝晒晒哦就到龙眼。荔枝完了就该龙眼了。
（4）啲扁菜，头苗晒晒到二苗。这些扁菜啊，头苗完了就到第二苗了。

当主语是容易被量化的名词时，"晒"不但有"完毕"义，还具有"完全、全部"的意味。例如：

（5）水啱啱晒晒啊，再买一樽。水刚刚全都用完了，再买一瓶。
（6）慢慢食，馒头晒晒哦仲有包。慢慢吃，馒头完了还有包子。

## 2.2　全称量化词/范围副词[1]

"晒"常以"V_{静态}+晒+（O）"结构出现在静态谓语句中。谓语 V_{静态} 多为动作性较弱的趋向动词、表心理和感官的动词或某些性质形容词。全称量化词"晒"量化句子的主语，赋予主语"齐全、全部"的意思，主语在语义上必须满足"复数、可被切分"的条件［例（7）（8）（9）中画波浪线处为被量化的名词性成分］。若将下列句子的主语都换成单数成分（带"*"的例句），句子则不合语法。目前此功能在南宁粤语中的使用范围很有限，多保留在60岁以上老派南宁人的口语谈话中。

(7) a. 洞里边有老虎，村民怕晒老虎。洞里有老虎，村民们都害怕老虎。
　　* b. 洞里边有老虎，阿个村民怕晒老虎。* 洞里有老虎，这个村民都害怕老虎。
(8) a. 个个□[ma$^{55}$]□[moŋ$^{35}$]（巴望）晒落雨。每个人都巴望下雨。
　　* b. 噜个女人婆□[ma$^{55}$]□[moŋ$^{35}$]（巴望）晒落雨。* 这个女人都巴望下雨。
(9) a. 老百姓嬲晒阿啲贪官。老百姓都讨厌这些贪官。
　　* b. 我嬲晒阿啲贪官。* 我都讨厌这些贪官。

## 2.3　程度副词

"晒"可与形容词谓语关联，它的"齐全、全部"义作用于谓语，表达形容词程度的最高点，相当于普通话的"太、最"（义项 ii）。若句子主语同时满足"复数、可被切分"的条件，"晒"还可对主语进行量化（义

---

[1] Gerner（2007）扩充了 Krifka（1992）有关"名词性结构和谓词性结构在语义上相似"的观点，认为彝语中的多功能助词[sa$^{55}$]不但能充当全称量化词/范围副词对名词性成分进行量化，而且能充当程度副词强化形容词的程度，还能作结果补语，对完成某一事件的不同阶段进行量化。本章借用 Gerner（2007）的文章中更为中性的术语，从语义角度入手，不过多考虑句法位置，这样便于和其他语言的情况作比对，观察这一语素的功能演变可能经历的路径。

项 i），这时句子具有歧义。例如：

(10) 阿箩果烂<u>晒</u>。i.这筐果都烂掉了。ii.这筐果实在太烂了。
(11) 园里底嘅花总红<u>晒</u>，至畀人参观。i.等园里的花都红的时候再让人参观。ii.等园里的花红透了再让人参观。
(12) 阿哋衫<u>盟</u>干<u>晒</u>。i.这些衣服［并非每个角落］都干了。ii.这些衣服没干透。

## 2.4 结果补语

充当结果补语的"晒"带有动作实现、事件变化的语义特征，语义上可指向动词或宾语成分，表示宾语随着动作完成而完全受到的影响程度（affectedness），在南宁粤语中通常以"V＋得/盟＋晒＋（O）"结构出现。例如：

(13) 咁嘅啲家务，佢做得<u>晒</u>，冇使忧。这样的家务，他做得完，别担心。
(14) 佢饮得<u>晒</u>一瓶白酒。他喝得完一瓶白酒。
(15) 一万蚊使<u>盟</u><u>晒</u>。一万块用不完。
(16) 好耐<u>盟</u>见，我哋啲话讲都讲<u>盟</u><u>晒</u>。好久不见，我们的话讲都讲不完。

有时将宾语移到主语前作话题，使之成为言谈者关注的中心或对比的焦点，强化事件完成对宾语所造成的影响。在此语用条件下，"晒"的结果补语功能被激活。例如：

(17) 今日啲报纸你睇<u>晒</u><u>盟</u>。今天的报纸你看完没？
(18) 你哋拧啲芒果食<u>晒</u>，<u>盟</u>是亲坏<u>晒</u>。你们最好把芒果吃完，不然的话全坏掉。

结果补语功能在南宁粤语中并不显赫，已处于消失状态。目前70多岁的南宁人还能勉强接受这种表达，但中青年一代已无法表达此功能，他们多用体标记"晒"替代。

## 2.5 完整体/完成体标记

作为体标记的"晒"在现在的南宁粤语中最常见。南宁人常常以"晒"对应普通话的"了$_1$"或"了$_2$"。它紧贴动词之后或位于动宾之间时，强调动作的完成，相当于完整体标记；它位于句末时，陈述所涉及事件的完成或实现，或预示某一新事件的开始，相当于完成体标记。例如：

(19) 佢问<u>晒</u>好多嘢。他问了好多事情。
(20) 你去<u>晒</u>跟呢我再去。你去了呢我再去。
(21) 间大间只大崽住<u>晒</u>四年。他哥哥在那间大屋子里住了四年。
(22) 本书捱撕去一页<u>晒</u>啊。他把这本书撕掉了一页。
(23) 阿明同阿辉总考得大学<u>晒</u>。阿明和阿辉都考上大学了。
(24) 只猫开始捉老鼠<u>晒</u>。猫开始捉老鼠了。

两个体标记同时出现在句中时，构成"V晒＋O晒"结构。不过母语者多认为这是复制普通话的结果。老派、地道的南宁粤语更多使用句末助词"晒"。例如：

(25) 佢上个月结<u>晒</u>婚<u>晒</u>。他上个月结了婚了。
(26) 渠老豆老姆都去<u>晒</u>世<u>晒</u>啊。他父母都去世了。

## 2.6 顺接/逆接连词

"晒"位于小句之间时，常和语气词"呢"连用，相当于一个连词。林亦、覃凤余（2008：326）曾将其定义为"顺序义标记"，认为表达此功能的"晒"常紧接小句或名词之后表示先后顺序。连词"晒"的意义与不同的句法环境有关：当两个小句的事件存在时间先后顺序时，"晒"相当于顺接连词"然后"[如例(27)(28)];当两个小句之间是因果关系时,"晒"相当于因果关系连词"所以"[如例(29)(30)];当两个小句之间是转折关系时,"晒"相当于"但是"[如例(31)(32)]。以下例(29)(30)(32)中第一个"晒"是体标记,第二个"晒"是连词。

(27) 佢先食苹果,<u>晒呢</u>再食沙梨。他先吃苹果,然后再吃沙梨。
(28) 我十岁来南宁做工,<u>晒</u>一直住喺南宁。我十岁来南宁工作,然后一直住在南宁。
(29) 今日老师病晒哦,<u>晒呢</u>我哋冇读书。今天老师病了,所以我们没上学。
(30) 细鬼太懒晒,<u>晒</u>揾冇到工。弟弟太懒了,所以没找到工作。
(31) 佢系中国人,<u>晒呢</u>冇讲中国话。他是中国人,但是不会讲中国话。
(32) 已经晚上10点晒哦,<u>晒呢</u>都盟落课。已经晚上10点了,可是都还没下课。

下表对南宁粤语"晒"的语法功能和句法结构作了小结。

表 1 南宁粤语"晒"的语法功能和句法结构

| 语法功能<br>句法结构 | "完结"义动词 | 全称量化词/范围副词 | 程度副词 | 结果补语 | 完整体/完成体标记 | 顺接/逆接连词 |
|---|---|---|---|---|---|---|
| S+晒+O | + | | | | | |
| S+V$_{静态}$+晒+(O) | | (+)[1] | | | | |
| S+Adj+晒 | | | + | | | |
| S+V得/盟+晒+(O) | | | | (+) | | |
| S+V+晒+(O)<br>S+V+O+晒<br>S+V+晒+O+晒 | | | | | + | |
| 小句$_1$,晒,小句$_2$ | | | | | | + |

---

[1] "(+)"表示不常见。表2同。

## 第 3 节　其他粤方言比较的启示

### 3.1　方言中的对应关系

南宁粤语的动词后置成分"晒"[ɬai³³]对应广州粤语的"晒"[sai³³]。由于邕浔一带粤语受到了当地壮侗语的影响，广州粤语的中古心母及少数生母字在南宁粤语中都读作边擦音/ɬ/（杨焕典等，1985）。南宁粤语的"晒"是一个阴去字，而广州粤语的"晒"也为阴去字，两者的对应关系十分明显。

张洪年（1972），莫华（1993），李行德（1994），李新魁等（1995），Tang（1996），欧阳伟豪（1998），彭小川（2010），Matthews and Yip（2011），Lei and Lee（2013），郭必之、李宝伦（2013）等都曾讨论过广州粤语"晒"的语法功能，主要观点如下。

第一，"晒"用于动词之后，表示动作的范围涉及全部对象，译成普通话要用副词"都、全"。它有时全盘概括施事，有时概括受事，是一个全称量词。

第二，"晒"是程度量化词缀，表示形容词的程度很高。

第三，"晒"量化的可及性层级是"直接宾语＞动词后介词词组/间接宾语＞动词前介词词组＞谓语"。

第四，"晒"有时可以用于能性式，但要求所指的是受事。它是个特殊的虚词，介于补语和词尾之间。

广州粤语的"晒"并不具有动词用法，而是动词后缀，出现在"V＋晒＋（O）"或"Adj＋晒"结构中，不出现在宾语之后；"晒"是全称量化词/范围副词，类似普通话的"全、都"，常量化句子的宾语，其量化对象存在一个可及性层级；"晒"可以是一个程度量化词/程度副词，紧贴在范围形容词后强化形容词的程度,相当于普通话的"太";"晒"也可以是一个结果补语,以"V+得/唔+晒"结构出现。

Yue-Hashimoto(1991:300)曾推测粤语"晒"是一个借自苗语的虚词:"粤方言中(广州、南海、顺德、东莞、高阳、化州的[saːi⁵],阳春的[-ɬoɔi⁵],台山、广西藤县和梧州的[ɬaːi⁵])有个动词后缀是'所有'的意思,它可能来自苗语中表'所有'的[sai]。"[1] 广东台山(Yue-Hashimoto,2005:397—415)、东莞和南海粤语的情况与广州粤语类似,"晒"都是一个动词后缀,具有全称量化词、程度副词和结果补语的功能。而广西各地粤语,如梧州、藤县、龙州、百色粤语,除梧州(余凯,2009)和藤县粤语外,都不同程度地保留了南宁粤语"晒"的"完结"义动词、体标记、连词的功能。藤县、百色粤语中表达体标记、连词的功能的"晒"十分常见。[2]

以下是藤县和百色粤语中"晒"用作全称量词、程度副词和结果补语以外的例句。

(33) 乜嘢都晒啊。*所有工作都做完了!*(动词)(藤县粤语)

(34) 水啱啱晒开啊,再买一樽。*水刚刚用完了呀,再买一瓶。*(动词)(藤县粤语)

(35) 你食先,你晒晒哦我跟手就食。*你先吃,你吃完了我跟着就吃。*(动词)

---

[1] 针对 Yue-Hashimoto(1991)的这一推测,我们查找了中国境内和境外的某些苗语语料。在中国西南某些苗语方言中有一个位于动词前的范围副词[sa³⁵],它量化主语,相当于汉语的"都"(罗安源,1990:43)。而在泰国、老挝、越南和缅甸的某些白苗、绿苗方言中,表示"都"的范围副词[sa³⁵]已词汇化为-si,作为构词语素,如 tib-si(全部)、huv-si(一起)(Heimbach,1979:316)。苗语中的[sa³⁵]只具有范围副词功能,且置于谓语之前,与粤语中"S+V+晒+O"的语序不同。因此还不能肯定 Yue-Hashimoto(1991)的观点必然正确。此外,林亦(2012)考证南宁粤语"晒"的本字为"摋",依据是《集韵》"摋,散失也,山皆切",恐未协。

[2] 除翻阅文献和田野调查外,部分材料采用问卷调查方式获得。笔者谨在此感谢诸位发音人的指导和帮助:李嘉豪(东莞粤语),无名氏(女,29岁,南海粤语),邓玉荣(藤县粤语),黄玉雄(龙州粤语),巴丹(百色粤语)。

（百色粤语）

（36）电影啱啱晒哦，我哋都翻屋晒啦。电影刚刚完，我们都回家了。（动词）（百色粤语）

（37）老师教晒只歌畀我哋。老师教了我们一首新歌。（体标记）（百色粤语）

（38）佢去北京得两日晒。他去北京［已经］两天了。（体标记）（百色粤语）

（39）我来先，晒跟尾晒佢哋一帮啷至来。我先来，然后跟了他们一大群人才来。（连词）（百色粤语，无横线标记的"晒"是体标记）

（40）细鬼太懒晒，晒搵冇到工。弟弟太懒了，所以没找到工作。（连词）（百色粤语，无横线标记的"晒"是体标记）

## 3.2 广东和广西粤语"晒"的功能比较

下表对广东和广西粤语"晒"的功能进行了比较。

表2 "晒"在广东和广西粤语中的功能比较

| 语素 | 功能 | "完结"义动词 | | 全称量化词/范围副词 | 程度副词 | 结果补语 | 完整体/完成体标记 | 顺接/逆接连词 |
|---|---|---|---|---|---|---|---|---|
| | | 完结 | 完全 | | | | | |
| 广东 | 晒广州 | | | ＋ | ＋ | ＋ | | |
| | 晒台山 | | | ＋ | ＋ | ＋ | | |
| | 晒东莞 | | | ＋ | ＋ | ＋ | | |
| | 晒南海 | | | ＋ | ＋ | ＋ | | |
| 广西 | 晒梧州 | | | ＋ | ＋ | ＋ | | |
| | 晒藤县 | ＋ | ＋ | ＋ | ＋ | ＋ | | |
| | 晒龙州 | ？ | ？ | ＋ | ＋ | ＋ | （＋） | ＋ |
| | 晒南宁 | ＋ | ＋ | （＋） | ＋ | （＋） | ＋ | ＋ |
| | 晒百色 | ＋ | ＋ | ＋ | ＋ | ＋ | ＋ | ＋ |

观察表2的内容，我们产生了疑问：为何"晒"在广东粤语中只具有全称量化词/范围副词、程度副词和结果补语的功能，只作为谓语后缀，

而在广西粤语中却还出现了"完结"义动词、完整体/完成体标记、顺接/逆接连词的功能,并出现在动宾之间、动宾之后及小句之间?

移民史的证据证明南宁粤语的前身是广府粤语(黄浜,1996)。查香港科技大学早期粤语语料库,在200多年前的粤语中并未发现动词"晒"。[1] 根据移民史和Yue-Hashimoto(1991)对"晒"的来源的推测,似乎可以作此解释:南宁粤语虚词"晒"脱离其祖语后自身发展出了动词或其他虚词的功能。但此解释难以令人信服。基于语义演变理论,语义演变可分为两大类:一类为词汇语义的增加或消失,一类为语法化的语义演变。语法化涉及"去语义化"(desemanticization)的过程(实词义的消失)(Heine and Kuteva,2005:80),并遵循从实到虚的单向性(unidirectionality)原则,反之则不然(Traugott and Dasher,2002:26)。那么由虚词"晒"演变为动词"晒"显然违背语言自身语义演变的规律。

## 第4节　接触引发的语法演变

南宁粤语"完结"义语素"晒"的动词、完整体/完成体标记、顺接/逆接连词的功能与广西境内某些语言中"完结"义语素的发展一致。黄阳、郭必之(2014)考察了广西五种壮语方言中"完结"义动词的语法功能,下面以柳江壮语的[le:u⁴]、[ju:n²]和[le⁶]([le:u⁴]的语音弱化形式)为例(Huang,2023:119—124)。

(41) ten⁴jiŋ⁴　le:u⁴/ju:n²　ha⁶　tsa:ŋ²?（"完结"义动词）
　　 电影　　　完　　　　了　　未曾
　　 "电影完了吗?"

---

[1] 粤语"晒"在早期文献中多记为"嗮"(方言字)或"曬"("晒"的繁体字)。

(42) ʔdau¹ tai⁶ tuık⁸ tseːn² leːu⁴/juːn². （全称量化词）
　　 内　　 袋　　 是　　 钱　　　完
　　 "袋子里都是钱。"

(43) tiŋ⁵ kaːŋ³ kaːu³ɕi⁴, kjau³ ŋaŋ⁶ leːu⁴ pai¹. （程度副词）
　　 听　 得　　 考试　　 头　 疼　 完　 去
　　 "听到考试，头太疼了。"

(44) te¹ kjaŋ⁵kjaŋ⁵ tuık⁷ θoːŋ¹ tu² pja¹ leːu⁴/juːn². （结果补语）
　　 他　 刚刚　　　 捉　 两　 条　 鱼　　 完
　　 "他刚捉完了两条鱼。"

(45) kaːu¹ koːn⁵ tsaːŋ² kje⁶hun⁵ kaːu¹ ni⁴ tau³ tsi⁶
　　 次　 那　　 未曾　 结婚　　 次　 这　 到　 就
kheː⁶hun⁵ leː⁶. （完成体标记）
结婚　　　 了
　　 "以前没结婚，现在结婚了。"

(46) te¹ ʔdai³ ɲi¹ ʔdak⁷ θeːu⁵θi³ ni⁴, juːn²/leːu⁴ leː⁶,
　　 他　 得　 听　 条　　 消息　　 这　 然后　　　 了呢
θoː⁶tsi⁶ tai¹. （顺接连词）
马上　　 哭
　　 "他听到这个消息马上就哭了。"

(47) kaːi⁴θaːu⁴ pu⁴ swaːi⁴ koː⁵ haːŋ³ te¹, leːu⁴ te¹ tsi⁶
　　 介绍　　　 个　 帅　　 男孩　 给　 她　 但是　 她　 就
ʔi³ ɲwun⁶haː⁵. （逆接连词）
不想　 结婚
　　 "介绍个帅哥给她，但她就不想嫁。"

笔者构拟了壮语中"完结"义动词所经历的多向语法化路径，如下图

所示[1]:

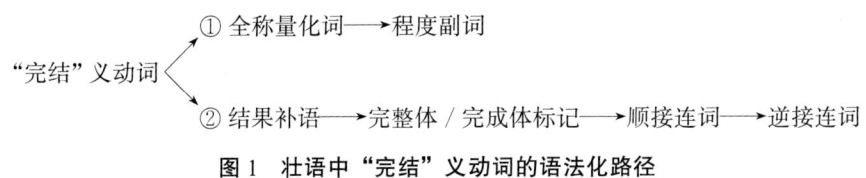

**图 1　壮语中"完结"义动词的语法化路径**

通过对比南宁粤语和壮语发现,"完结"义动词在两种语言中的功能特征极其相似,但在其他粤方言中很难发现这两种语言所共享的完整体/完成体标记、顺接/逆接连词的功能。同样,在南宁及周边的某些官话方言中,"完结"义语素也发展出某些不同于广西以外官话方言的功能。[2] 根据 Aikhenvald and Dixon(2001:1—3)的研究,若某一/某些语言特征发生汇聚(convergence),除存古等原因外,还极有可能从语言接触中找到答案。汉语与壮语属不同语族,共同存古的可能性可以排除。那么,只有语言接触一说。我们认为,南宁粤语"晒"所扩展出的功能应该源于语言接触。

首先,自先秦时期起,大量涌入的北方汉人移民都和广西当地的百越民族有过深入的接触,民族语和汉语在交融中发生演变(刘村汉,1998:12),而粤语、平话、官话方言与壮语的接触尤为明显(洪波,2004:115—116)。从移民史的角度看,在广府粤语迁入广西之时,南宁市区早已

---

[1] 黄阳、郭必之(2014)构拟了三条语法化的路径。 通过后期研究,笔者发现其中两条路径可合并为一条,而图 1 的语法化路径也见于某些南亚、东南亚语言(Huang, 2015)。
[2] 有学者指出广西早期官话方言中的"完结"义语素"完"和"了"的某些功能("完结"义动词、全称量化词、程度副词、结果补语、体标记)与南宁粤语的"晒"重合,唯一缺少的是连词功能。但和南宁粤语不同的是,官话方言中分别用两个语素"完"和"了"编码所有功能,这应是一个词汇替代过程。 由于调查的局限性,我们目前还未发现有官话方言像壮语和南宁粤语一样存在功能对应如此整齐的"完结"义语素。 但笔者 2013 年夏在扶绥那密村官话中调查出几例比较典型的顺接/逆接连词用法:
 (1) 他识脸个消息这了,了呢就高兴完了。　他听到整个消息,然后就高兴得不得了。
 (2) 小张个人还懒,了呢揾□[mi²¹]得工作。　小张这个人很懒,所以找不到工作。
 (3) 外婆八十岁咯,了呢未曾有白发。　外婆八十岁了,但是还没有白头发。

是早期官话的天下，南宁粤语和官话的接触程度很深（谢建猷，1994a）。

其次，Heine and Kuteva（2005：33）认为若两种在地理上邻近并有过接触的语言 M（模式语）和 R（复制语）共享某一语言特征 x，且 x 存在于和 M 具有发生学关系的语言中，而不见于和 R 具有发生学关系的语言中，则可推测这是"接触引发的迁移"，即 M 把特征 x 迁移到 R 中。广西以外的粤语或其他汉语方言中都未见到多功能模式的"完结"义语素，壮语方言中这一多功能形式却极其丰富。因此，我们认为在这一接触过程中，壮语是模式语 M，早期官话和南宁粤语是复制语 R。假设接触形式如下：

模式语 M：壮语
复制语 R：早期官话、南宁粤语
接触过程：壮语→早期官话→南宁粤语
复制的语法功能 x：图 1 中路径②的功能

广西早期官话使用者依照壮语的模式，加工出新的语法概念（多义模式的"完结"义语素）和语法结构（VO 之后的"了"及小句之间的"了"），继而通过接触将这一多功能特征迁移到南宁粤语的"晒"中。南宁粤语的使用者并非直接迁移此语法概念，而是复制了"完结"义动词的语法化过程，这属于"复制性语法化"（replica grammaticalization）的典型范例（Heine and Kuteva，2005：92）。[1] 按照此框架，便可对南宁粤语"晒"的演变情况作如下构拟：壮语母语者出于政治、经济、婚嫁等目的需要学习官话，因此都是

---

[1] Heine and Kuteva（2005）将接触引发的语法演变细分为"通常性接触引发的语法化"及"复制性语法化"。前者是利用某些策略将模式语中的某些语法概念迁移到复制语中，后者是将模式语中的具体语法化过程复制到复制语中（吴福祥，2007）。简言之，前者复制的是语法化的结果和产物，而后者复制的是语法化的具体过程。南宁粤语"晒"完美地复制了壮语"完结"义语素"'完结'义动词>结果补语>完整体/完成体标记>顺接/逆接连词"的语法化路径，应当属于"复制性语法化"。

双语者。说官话的壮族人发现自己的母语（壮语）中的"完结"义动词 [le:u⁴] 经历了一条多向语法化的路径。这些壮族人认为官话的"完结"义语素"完"和"了"也应当经历此多向语法化过程。于是，他们利用一组公式类推出他们认为曾发生于官话中的语法化过程："动词 [le:u⁴]＞结果补语 [le:u⁴]＞完成体标记 [le:u⁴]＞顺接连词 [le:u⁴]＞逆接连词 [le:u⁴]"，即"动词'晒'＞结果补语'晒'＞完成体标记'晒'＞顺接连词'晒'＞逆接连词'晒'"。说南宁粤语的移民和说官话的南宁人接触，根据官话中多功能模式的"完结"义语素扩展了南宁粤语"晒"的语法功能，将其语法化为完整体/完成体标记、顺接/逆接连词。双语群体数量的增加最终促成了该功能的迁移过程。据陈海伦、李连进（2005：39—48）调查，广西境内能熟练使用双语的人数约占总人数的80%。像隆林、龙州这样的官话、粤语、壮语杂居区，双语者所占比例甚至达到了100%。广西众多语言接触的事实表明，在很早的时候壮族人就积极学习汉语，否则今天的壮语不可能有那么多汉语借词。这些借词已经融入壮语，成为壮语的一部分。民族接触使壮族人民将母语的一些成分带入汉语，这些成分最终成为与壮语接触的汉语方言的一部分（覃远雄，2007）。

以上大致勾勒了"晒"从广东粤语到南宁粤语后的功能演变过程，其间还需对几个问题作特别说明。

第一，语法位置的变化。壮语的"完结"义语素多出现在动宾之间、动宾之后，或小句之间。而根据广东粤语的情况可知，语素"晒"只出现在"V＋晒＋（O）"结构中。官话和壮语接触后首先完整地复制了壮语的语序[如例（41）至例（47）]，继而将此语序迁移到南宁粤语中，造成"'V＋晒＋（O）'→'V＋O＋晒'，'V＋晒＋O＋晒'，'小句$_1$，晒，小句$_2$'"的语序变化。

第二，复制的具体的语法化路径。壮语的"完结"义动词经历了两条语法化路径（如图1所示）。南宁粤语在和广西境内的语言接触之前已经具备了第一条演变路径，因此在发生语言接触后，只复制了第二条演变路径:"结果补语>完整体/完成体标记>顺接连词>逆接连词"。虽然"'完结'义动词>结果补语>完整体/完成体标记>连词"的演变路径具有人类语言的共性(Bybee et al.,1994:105;Bisang,1996:568—570;Heine and Kuteva,2002:137),但是这条演变路径未见于广西以外的其他粤语,因此它不是"晒"内部演变的结果,应该是由接触造成的。

第三,动词功能的来源。广府粤语进入广西时,"晒"是具有全称量化功能的助词,但不具备"完结"义动词用法。"全称量化词>'完结'义动词"和"结果补语>'完结'义动词"的演变显然不符合语言演变规律。同样,按照Heine and Kuteva(2003)的观点,由接触引发的语法化也基本符合语法化的单向性特点:以"词汇成分>语法成分"或"较少语法化>较多语法化"的特定方式进行(吴福祥,2007)。所以不管是从内部演变来看,还是从接触引发的语法化角度来看,"晒"的动词用法都不符合常见的演变规则。

综观广西境内的语言接触事实,还能找到类似动词"晒"这样有悖于一般句法接触理论(Heine and Kuteva,2005)的事例。例如,由于和早期官话接触,南宁粤语的另一"完结"义动词"齐"获得了"完毕、结束"的语义。例句如下:

(48)一个钟头前,电影齐呃。一个钟头前,电影完了哦。
(49)古仔齐晒哦,么嘢都齐晒啊。故事讲完了,所有内容都完了!

此义项与官话和壮语"完结"义动词的义项完全匹配,而汉语史上及现代汉语方言中的"齐"只具有"齐备、完全"的语义(《古汉语常用字字典》编写组,1998:226;黄伯荣,1996:417),因此动词"齐"的"完毕"义项应该是语言接触的产物。

Heine and Kuteva(2003:560)曾断言:"接触引发的语法演变虽则一般都符合语法演变的单向性原则,但并非绝对。某些语法演变会按照无法预测的方向发展（如巴斯克语和罗曼语接触后将自己的语言中表'可能、意愿'的情态副词反向语法化为动词）。造成这一不规则性的原因在于有意识地互译（inter-translate）两种语言，从而达到进一步理解的目的。"

需要进一步确定的是，说南宁粤语的群体是将虚词功能的"晒"反向语法化为动词呢？还是将官话和壮语"完结"义动词的多种义项直接迁移到南宁粤语中呢？像百色粤语这一被壮语和官话团团包围的语言（见表2），接触痕迹更加明显，就连中青年都普遍使用表达动词功能的"晒"。当前的语法接触理论还不足以系统解释这一接触事实。根据南宁粤语"齐"动词义的扩展，我们目前只能推测动词"晒"应该和"齐"的演变方式相同——填补动词义项的空白。

## 第5节 结语

通过对南宁粤语"晒"语法演变事实的考察，我们可以得出以下几个结论。

第一，南宁粤语"晒"的功能与广西以外其他粤方言相比差异较大。这种差异可能是与广西官话接触造成的。南宁粤语完整地复制了官话中"'完结'义动词＞结果补语＞完整体/完成体标记＞顺接连词＞逆接连词"的语法化路径，最终使"晒"由量化标记向体貌标记及小句连接标记转变。而广西官话中，"完结"义语素的功能变化源于和壮语的接触。

第二，"晒"的动词用法是语言接触中语义迁移的结果。深度的语言接触使南宁粤语使用者将早期广西官话中的"完结"义动词与南宁粤语的"晒"完全对等，从而填补了南宁粤语动词"晒"的空白。

第三，广西境内的语言接触事实能在一定程度上对 Heine and Kuteva（2003）的句法接触理论作出补充：有关"复制语中复制范畴 $F_R$ 的语法化程度通常低于模式语中对应的模式范畴","接触引发的语法化受单向性制约"的定论并非绝对,在广西语言接触中都能找到反例。正如 Thomason (2001:11) 所推测的那样,假定有足够的文化及环境压力,任何语言结构都能被迁移。

# 第 11 章  壮语"完毕"义语素的语法化及其对广西汉语方言的影响[1]

## 第 1 节  引言

很多学者,如李方桂(2005a/1940),张元生、覃晓航(1993),李锦芳(2001),张均如等(1999),梁敢(2010),曹凯(2012)等,都曾讨论过壮语"完毕"义语素及其演变。潘立慧(2016)在此基础上进一步推测壮语中汉语借词[liu⁴]的全称量化词和最高程度标记功能是该词被借入后的创新性演变,这与黄阳(2016)所构拟的"完结"动词的第一条语法化路径基本一致。

也有一些汉语方言研究的成果与本章的研究有关。例如,白宛如(1985)以及林亦、覃凤余(2008)都曾对南宁粤语虚词"哂"[ɬai³³][2]的"完毕"义副词、已然体标记和完成体标记的功能进行过描写,林亦(2012)作了补充。黄阳(2016)认为南宁粤语助词"哂"语法功能的演变是受壮语影响,通过官话扩散到南宁粤语里的;"哂"出现动词用法也是

---

[1] 本章语料的来源如下:壮语,黄彩庆(田阳)、韦顺国(都安)、龙婵(马关);粤语,黄海燕(田东)、巴丹(右江)、黄小祥(崇左);官话,黄智亮、陈俏苗(柳州),莫帆(宜州),陆淼焱(武鸣),王季玉池(西林),许振华(那坡),郑敬文、李国俊(高山汉话);靖西壮语为笔者的母语;南宁粤语语料的来源随文注明。

[2] 有的文献写作"晒",本章依传统全部改成"哂"。

因为语言接触。还有一些学者讨论了邕浔片粤语的源头广府片粤语的相关问题，如陈永丰（2013）、欧阳伟豪（1998）。

黄阳、郭必之（2014）对壮语"完毕"动词的多向语法化模式进行了考察，黄阳（2016）作了进一步讨论，得出如下多向语法化路径：

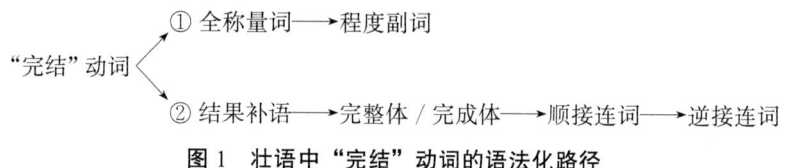

图 1 壮语中"完结"动词的语法化路径

整体来看，各家尚未注意到壮语中固有和借入的"完毕"义语素功能分工的原因。有的学者虽然注意到汉语方言中"完毕"义语素的功能及演变与壮语的影响有关，但未对其与壮语更深层的对应关系进行实质性的梳理。

本章拟在前人的基础上对壮语的"完毕"义语素进行更细致、详尽的考察。已有证据表明，多地壮语存在两个来源不同（固有和借入）的"完毕"义语素。我们认为，分开讨论它们有可能得到更接近事实的结论。此外，我们还将讨论壮语"完毕"义语素对汉语方言的影响。

本章涉及的各地壮语中的"完毕"义语素有固有词和汉语借词两种，如下表所示[1]：

表 1 部分壮语中的"完毕"义语素

|  | 靖西 | 田阳 | 都安 | 马关依 |
|---|---|---|---|---|
| 固有词 | ja⁵ | ʔjia²⁴ | ja⁵ | za²¹ |
| 汉语借词 | leːu⁴ | leu⁵⁵ | leːu⁴ | 无 |

---

[1] 本章讨论的壮语固有"完毕"义语素，大多与靖西壮语［ja⁵］同源，为行文方便，以［ja⁵］代表所涉同源语素；从汉语借入的"了"在各地壮语中的语音略有不同，为行文方便，以靖西壮语［leːu⁴］作为代表，不再一一列举。

## 第 2 节 壮语"完毕"义语素多功能模式的形成

本节试图分析壮语中不同的"完毕"义语素的语义演变过程，并证明壮语固有的"完毕"义语素和借自汉语的 $[leːu^4]$（了）在功能上的差异主要源于其本义的区别，它们的演变很可能是各自进行的。因此，对壮语"完毕"义语素的功能及演变的讨论应该分而述之。

### 2.1 $[ja^5]$ 的功能及演变

Ⅰ."结束"义动词，例如：

(1) te$^1$ tok$^8$ thaŋ$^1$ kaːu$^5$tsoŋ$^5$ tso$^3$ ja$^5$.（靖西）
　　她 读 到 高中 才 结束
　"她读到高中才结束。"

(2) ti$^{24}$ θɯ$^{24}$ khun$^{22}$ thaŋ$^{24}$ thət$^{21}$ tei$^{42}$ θaːm$^{24}$ tsu$^{45}$ za$^{21}$.（马关）
　　狮子 上 到 层 第 三 才 结束
　"舞狮登到第三层才停下（结束）。"

(3) te$^{213}$ tɔk$^{33}$ teŋ$^{31}$ kau$^{24}$tɕoŋ$^{24}$ tɕo$^{33}$ ʔjia$^{24}$.（田阳）
　　她 读 到 高中 才 停
　"她读到高中才停。"

Ⅱ.结果补语，仅见于靖西壮语，例如：

(4) ni$^5$ thei$^1$ maŋ$^1$ lai$^4$ tən$^4$ ja$^5$, tso$^3$ kho$^5$ʔi$^5$ taːu$^4$ pai$^1$ la$^0$.
　　你 犁 陇 地 这 完 就 可以 返 去 了
　"你犁完这块地，就可以回去了。"

Ⅲ. 时间副词，表已然，相当于"已经",[1] 例如：

(5) fa:ŋ³ kja³ ja⁵, ni⁵ tsaŋ² ta:u⁴ pai¹ a⁰? （靖西）
　　放　　假　了　你　未曾　返　去　语气词
　　"（已经）放假了，你还不回去吗？"

(6) faŋ²¹ jia³³ za²¹, mau³³ nɯ:ŋ³³ ʔbo²¹ ta:u⁴² pei²⁴ ʔda²¹? （马关）
　　放　　假　了　你　还　不　回　去　语气词
　　"（已经）放假了，你还不回去吗？"

(7) fa:ŋ³ kja³ ja⁵, məŋ² saŋ² pai³ la:n². （都安）
　　放　　假　了　你　还未　去　家
　　"（已经）放假了，你还不回家。"

Ⅳ. 状态变化标记，用于形容词、能愿动词短语、数量短语之后，指状态发生的变化，例如：

(8) te¹ łoŋ¹ ja⁵, kuŋ² khwa⁵ tan³ ja⁵. （靖西）
　　他　高　了　件　裤　短　了
　　"他（长）高了，裤子短了。"

(9) ti⁴⁵ θu:ŋ²⁴ za²¹, kuŋ³³ kha²¹ tan²² za²¹. （马关）
　　他　高　了　件　裤　短　了
　　"他（长）高了，裤子短了。"

---

[1] 曹凯（2012: 20—21）在进行相关调查时发现，发音合作人不断提醒 [ja²¹] 与汉语的"已经"功能相似，表示情状的实现与完整。

Ⅴ. 起始体标记，表示事件的起始，例如：

(10) se$^5$ kha:i$^5$si$^5$ o:k$^9$ma$^2$ ja$^5$. （靖西）
　　 车　　开始　　　出来　　了
　　 "车子开始出来了。"

(11) ka:u$^{24}$nei$^{42}$ an$^{24}$ ðun$^{33}$ ʔok$^{21}$ma$^{33}$ ʑa$^{21}$. （马关）
　　 现在　　　　个　　车　　　出来　　　了
　　 "车子开始出来了。"

Ⅵ. 比较标记，用于比较项之后，常与汉语借词［pi$^5$］（比）搭配使用。如果比较基准是双方共知的，可将其省略。比较标记分两类：A. 不同状态的比较；B. 与具体事物的比较。例如：

比较标记 A. (12) pai$^2$ kei$^5$ ɬa:n$^5$ khwa:i$^5$ ja$^5$. （靖西）
　　　　　　　 次　　这　　算　　　快　　　　了
　　　　　　　 "这次算快了（这次比往次快）。"

比较标记 B. (13) wa$^4$ te$^1$ pi$^5$, ŋo$^5$ ɬa:n$^5$ loŋ$^1$ ja$^5$. （靖西）
　　　　　　　 和　他　比　　我　算　　高　　了
　　　　　　　 "和他比，我算高了。"

(14) ta$^{22}$ ti$^{45}$ pi$^{22}$, ku$^{45}$ θua:n$^{21}$ θu:ŋ$^{24}$ ʑa$^{21}$. （马关）
　　 和　他　比　　我　　算　　　高　　　了
　　 "和他比，我算高了。"

Ⅶ. 程度副词$_1$[1]，分为两类：A. 达到预期的或应有的状态；B. 与预

---

[1] 壮语从汉语借入的［le:u$^4$］也可充当程度副词，但表示最高程度。此处我们将由壮语的［ja$^5$］充当的程度副词称为"程度副词$_1$"，将表最高程度的［le:u$^4$］的这种功能称为"程度副词$_2$"。

期、正常情况不相符的状态[1]。例如：

程度副词₁A.（15）an¹　tsoŋ²　ɬoŋ¹　mi⁵　neːu²　ja⁵，joŋ⁶　nai³　ja⁵　laº？（靖西）
　　　　　　　　个　桌　高　米　一　了　用　得　了　吧

"这个桌子高一米了，能用了吧？"

程度副词₁B.（16）noːi⁴　i³　neːu²　ja⁵.（靖西）
　　　　　　　　少　点　一　了

"少点儿了。"

（17）thei¹　tseːn²　po⁴　laːi¹　laːi¹　ja⁵，joŋ⁶　mi²　nai³　ka⁴laːi¹　laːi¹　naːu⁵.（靖西）
　　　持　钱　住　多　多　了　用　不　得　那么　多

"留的钱太多了，用不了那么多。"

程度副词₁A.（18）an²⁴　tsoŋ³³　θuːŋ²⁴　mi³³　ðu⁴⁵　za²¹，zuːŋ²¹　ʔdei²¹　pan³³　mi⁴²？（马关）
　　　　　　　　个　桌　高　米　一　了　用　得　了　吧

"这个桌子（已经）高一米了，能用了吧？"

程度副词₁B.（19）noi⁴⁵　ʔi²⁴　niu⁴⁵　za²¹.（马关）
　　　　　　　　少　点　一　了

"少一点了。"

Ⅷ. 语气助词，用在程度副词[laːi¹]之后，起强调作用，强调所涉状

---

[1] 刘丹青（2017: 284）指出，汉语"了₁"能表达边缘功能，即表过量，如"这只鞋大了一号"。这与壮语[ja⁵]的程度副词₁B的功能相似。不过，壮语不仅可以表过量，还可以表未达到应有的量。

态程度太高，以致产生不利的后果。例如：

(20) an$^1$  tsoŋ$^2$  ɬoŋ$^1$  laːi$^1$  ja$^5$，naŋ$^4$  ho$^3$.（靖西）
　　 个　　桌　　高　　多　　了　　坐　　难
　　"这个桌子太高了（超出正常值），不好坐。"

(21) an$^{24}$  kɯ$^{24}$  kaːn$^{22}$  laːi$^{24}$  ʑa$^{21}$，man$^{24}$maːu$^{45}$.（马关）
　　 池　　　塘　　　宽　　　多　　　了　　　害怕
　　"池塘太宽了（超出正常值），（让人）害怕啊。"

(22) kwaːŋ$^3$  laːi$^1$  ja$^5$，naːn$^2$  o$^0$.（都安）
　　 宽　　　多　　了　　难　　啊
　　"太宽了（超出正常值），难啊。"

Ⅸ. 动相补语，例如：

(23) te$^1$  kin$^1$  ja$^5$，ma$^5$saːŋ$^3$  kjap$^7$  tsoŋ$^2$.（靖西）
　　 她　　吃　　完　　马上　　　　捡　　　桌
　　"她吃完，马上收拾桌子。"

(24) ti$^{45}$  tɕin$^{24}$  ʑa$^{21}$，tua$^{22}$  pei$^{24}$  ʑo$^{24}$  an$^{24}$tsoŋ$^{33}$.（马关）
　　 她　　吃　　　完　　　就　　去　　收　　桌子
　　"她吃完，马上收拾桌子。"

(25) te$^{213}$  kən$^{213}$  ʔjia$^{24}$，ma$^{55}$ɕaŋ$^{213}$  ɕɐu$^{213}$  ɕoŋ$^{31}$.（田阳）
　　 她　　　吃　　　　完　　　马上　　　　　收　　　桌子
　　"她吃完，马上收拾桌子。"

Ⅹ. 事件界限标记[1]，即其前的事件结束后，其后的事件开始。例如：

---

[1] 此概念来自罗永现（Diller et al., 2008：365—366），他将凤山壮语[ʔjie$^5$]的典型功能视为"事件的界限"或者"事件结束的标记"。根据我们的观察，称为"事件界限标记"似乎更能体现它们的功能。

(26) khən¹  məu¹  ja⁵  ko:n⁵  no:n². （靖西）
　　 喂   猪   了   再    睡
　　 "喂了猪再睡。"

(27) ti⁴⁵  ʔa²²  tu²⁴  za²¹  mau³³  kua:u²²  pei²⁴. （马关）
　　 他   开   门   了   你    进     去
　　 "他开门了你再进去。"

(28) ku²¹³  hai²⁴  ɕɐu⁵⁵ki²⁴  ʔjia²⁴  tɕo³³  nin³¹. （田阳）
　　 我    看    手机      完     才    睡
　　 "我看完手机了才睡觉。"

已有的研究表明，[ja⁵] 及其同源词充当事件界限标记的现象普遍见于各地壮语，如凤山壮语 [ʔjie⁵]（Diller et al.，2008：365—366）、广南壮语 [ja⁵]（曹凯，2012：19）、凌云壮语 [ʔjiɯ⁴⁴]（曹凯，2012：21）。

Ⅺ. 完成体标记，例如：

(29) ŋo⁵  kin¹  ɬa:m¹  thui³  ja⁵. （靖西）
　　 我   吃   三    碗    了
　　 "我吃三碗了。"

(30) ku⁴⁵  tɕin²⁴  θa:m²⁴  va:n²¹  za²¹. （马关）
　　 我    吃    三     碗     了
　　 "我吃三碗了。"

Ⅻ. 完整体标记，仅见于靖西壮语，例如：

(31) wan²  wa²  tha:i¹  ja⁵  ɬo:ŋ¹  tu¹.
　　 天   昨   死    了   二    只
　　 "昨天死了两只。"

XIII. 承接连词，例如：

(32) ŋo⁵ kin¹ khau³ ko:n⁵, ja⁵ni⁰, pai¹ lən². （靖西）
　　 我　 吃　 饭　 先　　然后　 去　玩
　　 "我先吃饭，然后，去玩儿。"

(33) ku⁴⁵ tɕin²⁴ khau²² kua:n²¹, ʑa²¹le³³ pei²⁴ nau⁴⁵. （马关）
　　 我　 吃　　 饭　　 先　　　然后　 去　玩
　　 "我先吃饭，然后，去玩儿。"

(34) ku¹ lei² sou³tsi⁴ le:u⁴, ja⁵ pai¹ nən². （都安）
　　 我　看　 手机　　完　 然后　去　 睡
　　 "我看完手机，然后去睡觉。"

XIV. 因果关系连词，例如：

(35) wan² wa² na:ŋ³ na:ŋ³, ja⁵ ŋa:i⁵ noŋ⁴ ŋi⁵joŋ² fu². （靖西）
　　 天　 昨　 冷　　 冷　　所以　揸　 穿　 羽绒　服
　　 "昨天很冷，所以，要穿羽绒服。"

(36) van³³ ŋa³³ koŋ²² tɯ:ŋ³³, ʑa²¹ tsu⁴⁵ mei²² nuŋ⁴² ʑi³³ʑu:ŋ⁴² fu⁴². （马关）
　　 天　　昨　 冷　 很　　　所以　才　 要　 穿　　羽绒
服
　　 "昨天很冷，所以，要穿羽绒服。"

(37) toŋ² je:k⁹ le:u⁴, ja⁵ kən¹ ɣu³. （都安）
　　 都　 饿　 完　　所以　吃　 饭
　　 "已经很饿了，所以吃饭。"

XV. 转折关系连词，例如：

(38) wan² kei⁵ naːŋ³ naːŋ³, ja⁵ noŋ⁴ ka⁴laːi¹ maŋ¹？（靖西）
　　 天　 这　 冷　　 冷　　 怎么 穿　 那么　 薄
"今天很冷，怎么穿得那么薄？"

(39) van³³ nei⁴² koŋ²² tuːŋ³³, ʑa²¹ tau⁴² nuːŋ⁴² ʔbaːŋ²⁴ kɯn⁴²？（马关）
　　 天　 这　 冷　 很　 了　 反倒 穿　 薄　 这般

"今天很冷，怎么穿得那么薄？"

黄阳（2016）讨论了壮语中"'完结'动词→全称量词→程度副词"和"'完结'动词→结果补语→完整体/完成体→顺接连词→逆接连词"两条语法化路径。下文讨论的[leːu⁴]的语法化符合前一路径，[ja⁵]的语法化大致符合后一路径。本节讨论[ja⁵]的语法化，主要包括黄阳未观察到的时间副词、状态变化标记、比较标记、程度副词₁、语气助词、动相补语、事件界限标记、完整体标记等功能，并分析其由因果关系连词演变为转折关系连词的过程和原因。

时间副词（已经）来自结果补语。从语义上看，事件产生结果意味着事件"已经"结束，因语义的相关性，这样的演变很容易形成。而且"完成（完成，结束，终结）>已经"的演变路径存在于多种语言中，如缅甸语（Burmese）、通加语（Tonga）、阿拉瓦克语（Arawak）、越南语（Vietnamese）、斯瓦希里语（Swahili）。上古汉语中，"既"有"尽，完了"之义，发生了"'完尽'义动词>'已经'义副词"的演变；"已"发生了"完成，结束>已经"的演变（参见 Heine and Kuteva，2012：179—180）。跨语言的复见说明这一演变是多种语言共有的特征。

状态变化体现的是某种事实上的结果，因此状态变化标记也应来自结果补语标记。事件的起始事实上也是某种状态的变化，所以起始体标记来自状态变化标记。[ja⁵]作为起始体标记还未演变成熟，我们仅在靖西、马关两地壮语中可以观察到它的这种功能。靖西壮语起始体标记[ja⁵]一般与表起始的时间副词如[khaːi⁵si⁵]（官话借词"开始"）结合使用，马关壮语起始体标记[ja⁵]则无须与时间副词结合使用。

比较标记应来自状态变化标记。比较标记分为A、B两类。比较标记A用于之后发生的状态与之前状态的比较，即和之前状态相比已发生了变化。这时之前状态作为听说双方共知的信息常常被省略。比较标记A的语义进一步泛化，搭配的成分扩展到与时间无关的事物，其演变为比较标记B。

[ja⁵]作为程度副词₁，与下文讨论的由[leːu⁴]充当的程度副词₂不同。[ja⁵]表示的状态可分为两类：A. 达到预期的或应有的状态；B. 与预期、正常情况不相符的状态。此功能应来自状态变化标记。状态达到或超出常量，或不符合预期，都是状态发生了变化。

语气助词由程度副词₁演变而来。程度副词₁位于数量短语之后，表示程度超出正常值或预期。[ja⁵]演变成语气助词的条件是位于其前的形容词受程度副词[laːi¹]修饰，此时以[laːi¹]强调状态超出正常值或预期，表义重点为[laːi¹]，[ja⁵]的意义弱化，逐渐失去程度副词功能，虚化为起强调作用的语气助词。

动相补语来自结果补语。作为动相补语的[ja⁵]强调的并非谓语动词的结果，而是动作的实现或完成，语义指向是谓语动词。

事件界限标记由结果补语/动相补语演变而来。无论是结果补语，还是动相补语，其结束、完成的动作均是已经发生的，因此与[ja⁵]搭配的动作是实在的，[ja⁵]后的动作也是实际发生的。在节律上，结果补语和动相补语是前后分句的节点，一般会产生语音停顿，在停顿处两侧形成分句。它们演变为事件界限标记后，标记前后的动作既可以是未发生的，也可以表示前一事件结束之后，后一事件才成为可能，甚至可以表示前一事件的结束促发或引起后一事件。这一成分出现的语境可以是虚拟的。标记处的停顿可以消失,句子由结果补语、动相补语存在时的复句紧缩为单句。这时[ja⁵]的意义比结果补语、动相补语更虚灵,更泛化。

黄阳、郭必之(2014)讨论了"完毕"动词被重新分析为连词的过程。下面我们在此基础上作更详细的分析。[ja⁵]之所以演变成承接连词,是因为它常处在两个 V 之间,表示"V₁结束再 V₂"。[ja⁵]位于 V₁之后,表意中心为 V₁,于是[ja⁵]的意义逐渐虚化,成为连接 V₁和 V₂的承接连词。例如:

(40) kin¹　khau³　ja⁵　oːk⁹　lən².（靖西）
　　 吃　　饭　　结束　出　　玩儿
　　 "吃完饭出游。"

承接连词应该来自重新分析,具体来说,它的产生是对具有结果补语功能和动相补语功能的[ja⁵]所在的句子进行重新分析的结果:"'VO₁ [ja⁵],VO₂'＞'VO₁,[ja⁵],VO₂'＞'VO₁,[ja⁵] VO₂'"。兹以靖西壮语例释如下:

(41) ŋo⁵　kin¹　khau³　ja⁵,　ma⁵saːŋ³　kjap⁷　tsoːŋ².
　　 我　 吃　 饭　　了　 马上　　　捡　　 桌
　　 "我吃饭了(结束),马上收拾桌子。"
(42) ŋo⁵　kin¹　khau³,　ja⁵,　ma⁵saːŋ³　kjap⁷　tsoːŋ².
　　 我　 吃　 饭　　 然后　马上　　　捡　　 桌
　　 "我吃饭,然后,马上收拾桌子。"
(43) ŋo⁵　kin¹　khau³,　ja⁵　ma⁵saːŋ³　kjap⁷　tsoːŋ².
　　 我　 吃　 饭　　 然后　马上　　　捡　　 桌
　　 "我吃饭,接着马上收拾桌子。"

当前后分句不再需要语音停顿时,整个句子就变成紧缩复句,此时

[ja⁵] 作为承接连词虚化的终点。例如：

(44) kin¹   khau³   ja⁵   kjap⁷   tsoːŋ².
     吃     饭      然后   捡      桌
     "吃饭后收拾桌子。"

如例（44）所示，[ja⁵] 的两侧是连续的两个动作，一前一后，左侧的动作早于右侧的动作。由于动作的先后，居中的 [ja⁵] 逐渐产生承接连词的功能。

由上可见，承接连词左侧的动作早于右侧的动作，左侧的动作常常是右侧的动作发生的前提，即左侧的动作和右侧的动作隐含因果关系，承接连词遂逐渐演变为因果关系连词。随着语义的泛化，居前的动作有时并不一定是居后的动作的前提/原因，承接连词遂逐渐产生了转折关系连词的功能。

"'完成'（完成，结束，终结）＞接续词"是世界语言中比较常见的演变。Heine and Kuteva（2012：183—185）列举了斯瓦希里语、科伊语（Kxoe）、阿尼语（‖Ani）、佛得角克里奥尔葡萄牙语（Kabuverdiano CP）、上古汉语"既""已"，以及现代汉语"完了"的例子。壮语的 [ja⁵] 演变为连词符合多种语言的共性。

以上所列各项功能，在我们考察的各处壮语中并不都是齐备的。我们推测，有的功能可能已被其他形式替代，有的功能应该是演变结果有异所致，但各处总体差异不大。[ja⁵] 的功能演变脉络大致如下图所示：

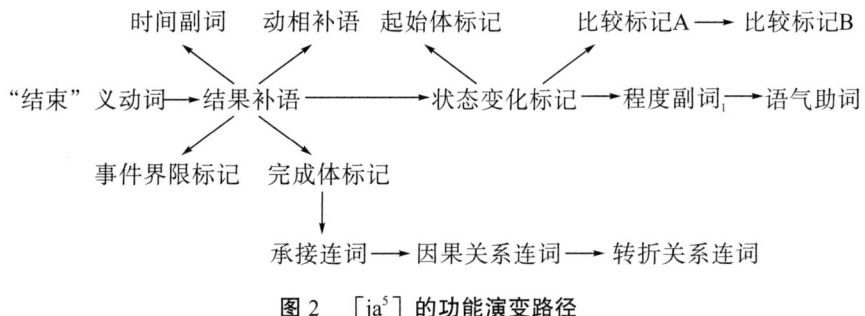

图 2　[ja⁵] 的功能演变路径

需要说明的是，上面列举的［ja⁵］的完整体标记功能不在这一演变脉络之中。据黄阳、郭必之（2014）考察，壮语"完毕"义语素并无完整体用法，这是有道理的。［ja⁵］的完整体标记功能很可能出现在20世纪下半叶，应是对普通话的语义复制，时间层次很晚。吴福祥（2013b，2014）指出，多义复制是指复制语的使用者对模式语中某个多义模式进行复制，从而导致复制语中出现与模式语相同的多义模式。具体到靖西壮语，我们可以推断，靖西壮语使用者注意到与靖西壮语对应的普通话语词"了"具有完整体功能，于是用壮语中与之对应的语言材料［ja⁵］复制出完整体标记功能。

## 2.2　［leːu⁴］的功能及演变

［leːu⁴］（了）的功能包括"完成"义动词、全称量化词、程度副词、结果补语、动相补语、完整体标记。下面分别进行讨论。

Ⅰ."完成"义动词，例如：

（45）te¹　tok⁸　thaŋ¹　kaːu⁵tsoŋ⁵　tso³　leːu⁴.（靖西）
　　　她　　读　　到　　　高中　　　才　　完
　　　"她读到高中才结束。"

（46）te¹　tok⁸　taŋ¹　kaːu¹tsoŋ¹　leːu⁴.（都安）
　　　他　　读　　到　　　高中　　　完
　　　"他读到高中结束。"

Ⅱ.全称量化词，例如：

（47）laːu⁴ɬai¹　ɬiŋ³　hɔi³　jo²ɬən⁵　khau⁵　nai¹　leːu⁴.（靖西）
　　　老师　　　想　　给　　学生　　　考　　　好　　　完
　　　"老师都想让学生考得好。"

(48) dei²¹³ ban⁵⁵ tu³⁵ tək³¹ pu⁵⁵ ke²⁴ leu⁵⁵. （田阳）
　　里　　村　　都　　是　　个　　老　　完
　　"村里都是老人。"

(49) bo⁴ tse⁵ leːu⁴. （都安）
　　老人　　　完
　　"都是老人。"

Ⅲ. 程度副词₂，表示最高程度，例如：

(50) maːn³ te¹ nam¹naːn⁵naːn⁵，ŋo⁵ laːu¹ leːu⁴. （靖西）
　　村　他　　黑漆漆　　　　我　怕　完
　　"他们村黑漆漆的，我怕极了。"

(51) ban⁵⁵ tɕiŋ²⁴te²¹³ lɛp⁵³jen³¹ten³¹ kei²⁴，ku²¹³ tək³¹ lau²¹³ leu⁵⁵. （田阳）
　　村　　他们　　　　黑咕隆咚　　的　　我　　见　怕　完
　　"他们村黑漆漆的，我怕极了。"

(52) ku¹ laːu¹ leːu⁴. （都安）
　　我　怕　完
　　"我怕极了。"

Ⅳ. 结果补语，例如：

(53) hat⁷ koŋ¹ leːu⁴ tso³ pai¹. （靖西）
　　做　工　完　再　去
　　"做完活再去。"

(54) mən³¹ ɕei²¹³ be²¹³ li³³ ni⁵⁵ leu⁵⁵ tɕo³³ ko⁵⁵ji⁵⁵ tau²⁴ pei²¹³
　　你　　犁　　块　地　这　完　　就　　可以　　返　去

ha⁵⁵. （田阳）
了

"你犁完这块地就可以回家了。"

(55) məŋ² kok⁷ so⁴ ne⁴ leːu⁴, tseːu⁴ khoˈ¹ʔiˈ¹ paiˈ¹ laːn². （都安）
　　 你　 犁　块　地　完　　就　　可以　 去　家

"你犁完这块地就可以回家了。"

Ⅴ. 动相补语，仅见于靖西壮语，例如：

(56) te¹ hat⁷ leːu⁴, ma⁵saːŋ³ ɬau¹ tsoŋ².
　　 他　做　完　马上　　收　桌

"他做好，马上收拾桌子。"

Ⅵ. 完整体标记。目前在各地壮语中观察到有此功能的不多。先看靖西壮语的例子：

(57) ku⁵ʔu⁵ leːu⁴ haːu⁵ laːi¹ kən².
　　 鼓舞　　了　　好　　多　　人

"鼓舞了好多人。"

(58) tsən⁵ kja⁵ leːu⁴ phei³ neːu².
　　 增　加　了　倍　一

"增加了一倍。"

下面讨论 [leːu⁴] 的语法化。

汉语"了"本有"完毕，结束"义，如王褒《僮约》云："晨起早扫，食了洗涤。"李煜《虞美人》云："春花秋月何时了？往事知多少。"《古今小说·任孝子烈性为神》云："周得官事已了……径来相望。"属桂南平话的蔗园话中"了"有"完毕,结束"义,如"几时了"(何时结束/何时完成)。但壮语借入[leːu⁴]时,语义更侧重"完成",即具有[＋数量]特征。这可能是因为壮语固有的"完毕"义语素具有[＋时间]特征,所以借入[leːu⁴](了)时二者进行了功能分工,[leːu⁴]更多地体现[＋数量]的特征。下面是靖西壮语的例子:

(59) hat⁷　tso²ne²　ja⁵≠hat⁷　tso²ne²　leːu⁴
　　　做　　作业　　结束　做　　作业　　完
　　　"做了作业"　　　　"做完作业"

黄阳、郭必之(2014)构拟了"'完毕'动词→全称量词→最高程度标记"的演变路径。我们认为,进入这一语法化路径的"完毕"义动词一般为汉语借词[leːu⁴](了)而非固有词。

汉语"了"本有"完全,皆"义和"极其,非常"义。如,王羲之《子卿帖》云:"顷日了不得食,至为虚劣。"颜之推《颜氏家训·名实》云:"属音赋韵,命笔为诗,彼造次即成,了非向韵。"李白《赠黄山胡公求白鹇》诗序云:"自小驯狎,了无惊猜。"洪迈《夷坚志·邢舜举》云:"好修养术,然学之颇久,了未睹其妙。"金圣叹《云法师生日和韵》云:"阶前种树已成林,镜里飞霜了未侵。"那么,是壮语在借入表"完毕,结束"义的"了"的同时带入了"完全,皆"义和"极其,非常"义?还是壮语借入动词"了"后自身发生了语义演变?我们认为是后者。

广西少数民族远离中原,若非文教政令的作用,相应的语法功能从书面语借入的可能性较小,而应该主要从毗邻的汉语方言借入。广西少数民族语言中的老借词一般来自现代平话的前身"古平话"(参见张均如,1988;梁敏、张均如,1999;张均如等,1999:250),所以,一般而言,如在现代平话中观察到某词与壮语中的汉语老借词存在相同或相近的功能,这应该能作为该词借自汉语的证据。但我们在现代平话中并未观察到"了"具有全称量化词和程度副词的功能。

一件事情的完成隐含有"全部"义，即"包圆"。所以，"完成"与全称量化词存在语义上的关联。而周延性也暗含"极致"义，因此衍生出表"极致"的程度义。

从全称量化词演变成最高程度标记，应该经历了以下几个阶段：阶段一，"(S) V (O) [leːu⁴]"结构中，V 原是一个实义动词，此时 [leːu⁴] 量化的对象是 S（包括省略的 S），S 为集体名词，[leːu⁴] 指 S "完全"。阶段二，V 扩展到静态动词，包括心理活动动词等，S 仍为集体名词，[leːu⁴] 产生最高程度义。阶段三，V 再进一步扩展到形容词，S 仍为集体名词，这时 "(S) V (O) [leːu⁴]"结构产生歧义，既可表示"S 都 V (O)"，又可表示"S 很 V (O)"。阶段四，S 可为个体名词，句子无歧义，此时 [leːu⁴] 仅有最高程度义。以靖西壮语为例，各阶段例释如下：

阶段一：(60) lun² te¹ khaːi¹ taː²fəu⁴ leːu⁴.
　　　　　　家　他　卖　豆腐　完
　　　　　"他家（人）都卖豆腐。"

阶段二：(61) lun² te¹ nin¹ ŋo⁵ leːu⁴.
　　　　　　家　他　念　我　完
　　　　　"他家（人）都关心我／他家（人）很关心我。"

阶段三：(62) lun² te¹ waːi⁶ leːu⁴.
　　　　　　家　他　坏　完
　　　　　"他家（人）都坏／他家（人）很坏。"

阶段四：(63) te¹ waːi⁶ leːu⁴.
　　　　　　他　坏　完
　　　　　"他很坏。"

汉语"了"的"完全，皆"义和"极其，非常"义，应该也是由其本义"完毕，结束"衍生出来的。壮语的 [leːu⁴] 与其存在平行的多功能性，应该是平行演变的结果。

"'全部'＞最高程度/最高级"的演变存在跨语言的复见。据 Heine and Kuteva（2012：40）研究，拉脱维亚语（Latvian）、爱沙尼亚语（Estonian）、阿姆哈拉语（Amharic）、哈默尔语（Hamer）、泰索语（Teso）中都有类似的演变。

下文中我们还要说明完成体的形成与［＋时间］有直接关系，［leːu⁴］没有演变出完成体的功能，应该与其具有［＋数量］的特征相关。

我们认为［leːu⁴］的结果补语功能的形成与黄阳、郭必之（2014）所论一致。其动相补语功能与上文所论［ja⁵］的动相补语功能的形成过程一致，也是由结果补语演变而来的。此不赘述。

黄阳、郭必之（2014）未能观察到壮语中汉语借词［leːu⁴］（了）具有完整体的功能并不奇怪。这是一个后起的、十分晚近的功能，我们仅在靖西、武鸣壮语中能够观察到。靖西壮语中的这一功能很可能在 21 世纪初才产生，距今不过二十来年，目前对它的使用并不普遍。

我们认为，"了"是以"完毕"义动词被借入壮语的，其完整体标记功能并未被借入。靖西壮语使用者观察到普通话中的"了"具有完整体的功能，遂把这一功能复制到与普通话对应的［leːu⁴］上。因此，［leːu⁴］和上述［ja⁵］的完整体功能都是语义复制的结果，模式语是现代汉语，复制语是壮语。不过，［leːu⁴］的时间层次甚晚。

从梁敢（2010：31）的论述中可以看出，武鸣壮语的［liu⁴²］（了）可充当完整体，但应是偶尔为之。他认为，壮语的［liu⁴²］（了）的语法化程度低于汉语的"了₁"。他还认为，［liu⁴²］（了）被借入后的语法化是独立演变发展的结果，这与我们的观点一致。

基于上述分析，我们构拟出汉语借词［leːu⁴］（了）的语法化路径。

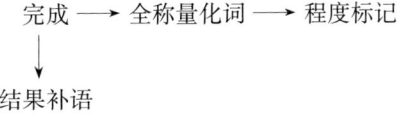

图 3　汉语借词［leːu⁴］（了）的语法化路径

完整体标记是复制而来的，不在这一演变过程中。

如前所述，壮语"完毕"义语素中，固有词的功能远多于汉语借词[leːu⁴]，固有词语法化的程度远高于汉语借词，这与它们的层次是相应的。

## 第3节　不同"完毕"义语素功能分工的原因

我们在下文中还将讨论部分汉语方言"完毕"义语素的功能。限于篇幅，这里先将部分汉语方言"完毕"义语素的功能和壮语"完毕"义语素的功能一并列入下表。

表2　部分汉语方言和壮语"完毕"义语素的功能

| | "完毕"义动词 | | 时间副词 | 状态变化标记 | 起始体标记 | 比较标记 | | 程度副词1 | | 语气助词 | 全称量化词 | 程度副词2 | 结果补语 | 动相补语 | 事件界限标记 | 完成体标记 | 完整体标记 | 承接连词 | 因果关系连词 | 转折关系连词 |
|---|---|---|---|---|---|---|---|---|---|---|---|---|---|---|---|---|---|---|---|---|
| | 结束 | 耗费 | | | | A | B | A | B | | | | | | | | | | | |
| 靖西壮语 | ja⁵ | | | + | + | + | + | + | + | + | | | | + | + | + | + | + | + | + |
| | leːu⁴ | + | + | | | | | | | | + | + | + | | | + | | | | |
| 田阳壮语 | ʔjia²⁴ | + | | | | | | | | | | | | + | + | | | | | |
| | leu⁵⁵ | | | | | | | | | | + | + | | | | | | | | |
| 都安壮语 | ja³³ | | | + | | | | | | | | | | | | | | | + | + |
| | leːu⁴ | + | | | | | | | | | + | + | | | | | | | | |
| 马关壮语 | za²¹ | + | | + | + | + | | | + | + | | | | | | | + | + | + | + |
| 南宁粤语 | 哂 | | | + | | | | | | | | + | | | | | + | + | + | + |
| | 齐 | | | | | | | | | | | + | | | | | | | | |
| 田东粤语 | 哂 | + | | + | | | + | | | | | + | | + | | | + | | | |
| | 齐 | | + | | | | | | | | | + | + | | | | | | | |

续表

| | "完毕"义动词 结束 | "完毕"义动词 耗费 | 时间副词 | 状态变化标记 | 起始体标记 | 比较标记 A | 比较标记 B | 程度副词1 A | 程度副词1 B | 语气助词 | 全称量化词 | 程度副词2 | 结果补语 | 动相补语 | 事件界限标记 | 完成体标记 | 完整体标记 | 承接连词 | 因果关系连词 | 转折关系连词 |
|---|---|---|---|---|---|---|---|---|---|---|---|---|---|---|---|---|---|---|---|---|
| 右江粤语 哂 | + | | + | | | | | | | | + | | + | + | | + | + | + | | + |
| 右江粤语 齐 | | + | | | | | | | | | + | | | | | | | | | |
| 崇左粤语 哂 | + | | + | | | | | + | + | | + | + | + | | | + | + | + | + | + |
| 崇左粤语 齐 | | + | | | | | | | | | + | | | | | | | | | |
| 柳州官话 完 | + | | | | | | | | | | + | + | + | | | | | | | |
| 宜州官话 完 | + | | | | | | | | | | + | + | + | | | | | | | |
| 武鸣官话 完 | + | | | | | | | | | | + | | | | | | | | | |
| 那坡官话 完 | + | | | | | | | | | | | + | + | | | | | | | |
| 西林官话 完 | + | | | | | | | | | | | + | + | | | | | | | |
| 高山汉话 完 | + | | | | | | | | | | | + | + | | | | | | | |

由上表可以看出,两个"完毕"义语素的功能,除少部分重合外,大部分区别明显。虽然各地壮语有一定差异,但是比较一致的事实是,固有的"完毕"义语素表完毕时,一般指"结束"。以观察到的功能最全的靖西壮语为例,其"完毕"义语素可充当时间副词,表示"已然";表示状态变化;充当结果补语、动相补语、比较标记;表示事件界限;充当语气助词,起强调作用;充当完成体标记;充当承接连词;一般还可以充当因果关系连词、转折关系连词。固有的[ja⁵]不能充当全称量化词;充当程度副词时指达到预期的或应有的状态,或与预期、正常情况不相符的状

态，而非表示最高程度。汉语借词［leːu⁴］在各地壮语中都表示"完成"，都能充当全称量化词、最高程度副词和结果补语，但不能充当承接连词、因果关系连词、转折关系连词。

对几处壮语的考察结果都表明，固有的［ja⁵］和汉语借词［leːu⁴］这两个语素的功能存在分工，重合的功能不多，大致呈互补关系。原因是什么？我们认为与这两个词的本义有关系。

李宗江（2004）根据语义特征和用法差别，将汉语史上的"完毕"义动词细分为三类：①尽类：尽、穷、竭、罄等；②已类：已、毕、竟、终等；③了类：了、既、迄、完。他认为，①类动词表示事物的从有到无，侧重于事物数量的变化结果，主要用来表述具有［＋数量］特征的名词；②类动词表示事件的从始到终，侧重于事件时间上的变化结果，主要用来表述具有［＋时间］特征的名词以及具有［＋持续］特征的动词；③类动词兼有前两类的语义特征，具有［＋数量］［＋时间］的特征。根据我们的观察，从语义上看，［ja⁵］更倾向于标记［＋时间］的特征，因此语法化后产生完成体、连词等与时间有关的功能［黄阳、郭必之（2014）进行了同样的观察］，而缺乏产生全称量化词并进而产生最高程度副词的功能的基础。虽然我们观察到的田阳壮语［ʔjia²⁴］、都安壮语［ja³³］的功能不如靖西壮语［ja⁵］、马关壮语［za²¹］的功能齐全，但是缺失的功能很可能是在演变过程中销蚀了。它们完全一致的一点是，绝对不能充当全称量化词和最高程度副词。［leːu⁴］则更倾向于标记［＋数量］特征，因此产生了全称量化词、最高程度副词等与数量有关的功能，未能演变出完成体标记。

综上所述，我们认为壮语两个"完毕"义语素经历不同的演变路径、具备不同的功能，除了因为来源、层次不同，与它们的本义不同有直接关系，即两个不同的"完毕"义语素发生了路径有别的语义演变。

## 第 4 节 壮语对汉语方言的影响

### 4.1 广西汉语方言"完毕"义语素的多功能性

我们通过考察发现，广西部分汉语方言中"完毕"义语素存在与壮语较为一致的多种功能，主要包括属于邕浔粤语的南宁及南宁以西的粤语（以下称为"桂西粤语"）和广西中部柳州及柳州以西的官话（以下简称"广西中西部官话"）。下面我们将分别从粤语和官话两个角度对汉语方言"完毕"义语素的功能进行分析。

#### 4.1.1 桂西粤语"完毕"义语素："哂""齐"

##### 4.1.1.1 哂

"哂"的功能如下所示。

Ⅰ."完毕"义动词，例如：

南宁：（64）比赛啱啱哂哦。比赛刚刚完啦。（黄阳，2016：410）
田东：（65）电影啱啱哂。[1] 电影刚刚结束。
右江：（66）电影啱啱哂。电影刚刚结束。
崇左：（67）比赛啱啱哂。比赛刚刚结束。

Ⅱ. 程度副词₁，分为两种情况：A. 达到预期的或应有的状态；B. 与预

---

[1] 调查这个例句的时候，发音人明确指出其有两个意义：一是指"电影刚刚结束"，一是指"电影放完了"。这说明"哂"具有［＋时间］特征。

期、正常情况不相符的状态。例如：

田东：A.（68）呐张台高哂一米，够使了哇。这张桌子高一米了，够用了。
　　　B.（69）少一点哂。（比预期）少一点了。
崇左：A.（70）呐张凳高哂半米，够使了哇。这张凳子高半米了，够用了。
　　　B.（71）少一点哂。（比预期）少一点了。

Ⅲ. 全称量化词，例如：

南宁：（72）老百姓嬲哂阿呐贪官。老百姓都讨厌这些贪官。（黄阳，2016：411）
田东：（73）呐只村系壮族哂。这个村都是壮族。
右江：（74）呐只村全部系壮族哂。[1] 这个村都是壮族。
崇左：（75）识讲左江壮话，我哋肯定都系崇左人哂。会说左江壮话，我们肯定都是崇左人。

Ⅳ. 程度副词₂，表示最高程度，例如：

南宁：（76）阿箩果烂哂。[2] 这筐果实在太烂了。（黄阳，2016：411）
崇左：（77）呐箩果烂哂。这筐果非常烂。

Ⅴ. 时间副词（已经），例如：

南宁：（78）我哋住喺南宁得三十年哂，南宁边哒地方都熟哂。我们住在南宁有三十年了，南宁什么地方都熟了。（林亦、覃凤余，2008：325）

---

［1］右江粤语母语者巴丹认为，"哂"必须与"全部"搭配构成框式结构"全部……哂"，否则无法表全称量化。这说明"哂"从粤语广府片继承的全称量化功能已经弱化，需要借助范围副词"全部"才能产生这一功能。
［2］此句有歧义，也指"这筐果都烂掉了"。

田东：(79) 放假哂，你啊盟返去啊？（已经）放假了，你还不回去啊？
右江：(80) 放假哂，你啊盟返去啊？（已经）放假了，你还不回去啊？
崇左：(81) 放假哂，你盟返去啊？（已经）放假了，你还不回去啊？

Ⅵ. 结果补语，例如：

南宁：(82) 佢饮得哂一瓶白酒。他喝得完一瓶白酒。（黄阳，2016：411）
右江：(83) 佢食得哂三碗饭。他吃得完三碗饭。
崇左：(84) 我冇信佢食得哂呐块扣肉。我不信他可以吃得这块扣肉。

Ⅶ. 状态变化标记，例如：

田东：(85) 佢高哂，苋裤短齐。他高了，这条裤子短了。

Ⅷ. 完整体标记，例如：

南宁：(86) 佢问哂好多嘢。他问了好多事情。（黄阳，2016：412）
田东：(87) 你犁哂呐块地，就可以返去啊。你犁了这块地，就可以回去了。
右江：(88) 我打哂电话就落楼。我打了电话就下楼。
崇左：(89) 你写哂呐份稿子，就可以返去啊。你写完这份稿子，就可以回去了。

Ⅸ. 完成体标记，例如：

南宁：(90) 阿明同阿辉总考得大学哂。阿明和阿辉都考上大学了。（黄阳，2016：412）
右江：(91) 个仔装得个机器人哂。儿子把机器人组装好了。
崇左：(92) 阿坤跟阿宇一起去做会务哂。阿坤跟阿宇一起去做会务了。

Ⅹ. 动相补语，例如：

田东：(93) 佢食嗮，马上捡台。他吃完，马上收拾桌子。
右江：(94) 佢食嗮，马上捡台。他吃好了，马上收拾桌子。

Ⅺ. 承接连词，例如：

南宁：(95) 我十岁来南宁做工，嗮，一直住喺南宁。我十岁来南宁工作，然后，一直住在南宁。（黄阳，2016：412）
田东：(96) 挨屋睡，嗮，重去淋菜。在家睡，然后，去浇菜。
右江：(97) 我听到啲个消息，嗮呢，高兴了。我听到这个消息，然后，高兴了。
崇左：(98) 我睇见阿公，嗮，倾了几分钟。我看见爷爷，然后，聊了几分钟。

Ⅻ. 因果关系连词，例如：

南宁：(99) 今日老师病嗮哦，嗮呢，我哋冇读书。今天老师病了，所以，我们没上学。（黄阳，2016：412）
崇左：(100) 今日天气好，嗮，我哋去爬山？今天天气好，所以，我们去爬山？

ⅩⅢ. 转折关系连词，例如：

南宁：(101) 佢系中国人，嗮呢，冇讲中国话。他是中国人，但是，不会讲中国话。（黄阳，2016：412）
右江：(102) 佢叫我去南宁，嗮呢，我冇想去。他叫我去南宁，但是，我不想去。
崇左：(103) 虽然我系崇左人，嗮呢，冇识讲左江壮话。虽然我是崇左人，但是，我不会说左江壮语。

### 4.1.1.2 齐

"齐"的功能如下所示。

Ⅰ."完毕"义动词，例如：

田东：（104）电影<u>齐</u>了。电影放完了。
右江：（105）电影<u>齐</u>了。电影放完了。
崇左：（106）电影<u>齐</u>了。电影放完了。

Ⅱ. 结果补语，例如：

田东：（107）做<u>齐</u>再去。做完再去。
右江：（108）做<u>齐</u>再去。做完再去。
崇左：（109）做<u>齐</u>再去。做完再去。

Ⅲ. 全称量化词，例如：

南宁：（110）下一代冇识得讲白话几多咄，总讲普通话<u>齐</u>。下一代不怎么会说白话了，全都讲普通话了。（林亦、覃凤余，2008：325）
田东：（111）教师唸学生考得好<u>齐</u>。老师都希望学生考得好。
右江：（112）呐栋楼嘅灯冇亮<u>齐</u>。这栋楼的灯都不亮。
崇左：（113）呐栋楼灯冇亮<u>齐</u>。这栋楼的灯都不亮。

Ⅳ. 程度副词$_2$，表示最高程度，例如：

南宁：（114）我一听讲考博，头都痛<u>齐</u>。我一听要考博，头痛极了。（林亦、覃凤余，2008：294）

田东：(115) 啲菀河宽多，眼惊齐。这条河太宽，太吓人了。
　　　(116) 佢哋村黑哂，我惊齐。他的村全黑了，我怕极了。
右江：(117) 天黑齐，看冇见东西。天黑极了，看不见东西。
崇左：(118) 我一听讲加班，头都昏齐。我一听加班，头晕极了。

## 4.1.2　广西中西部官话[1]"完毕"义语素："完"

"完"的功能如下所示。

Ⅰ."完毕"义动词，例如：

柳州官话：(119) 唱歌完了。唱歌结束了。
宜州官话：(120) 电影完了。电影结束了。
武鸣官话：(121) 电影完了。电影结束了。
那坡官话：(122) 山歌擂台赛完了。山歌擂台赛结束了。
西林官话：(123) 电影完了。电影结束了。
高山汉话：(124) 电影完了。电影结束了。

Ⅱ. 全称量化词[2]，例如：

柳州官话：(125) 全村都姓黄完去。全村都是姓黄的。
宜州官话：(126) 村里都是娃崽完。全村都是小孩儿。

---

[1] 桂林官话母语者余斌认为，地道的桂林官话中"完"没有全称量化词、程度副词、结果补语的用法，但这三种用法在桂林官话中已出现，应是语言接触的结果。 他认为，"完"的全称量化词、程度副词、结果补语用法多见于与柳州临近的桂林南部一些县的方言，而离柳州较远的桂林北部的县的方言中没有这些用法。 他的看法与本章的判断是一致的。

[2] 我们观察到，广西中西部官话的"完"作为全称量化词时多与范围副词"都""全部"等构成框式结构"都/全部……完"，这说明其全称量化词功能演化得并不彻底。 宜州官话母语者莫帆则强调"完"作为全称量化词时必须与"都""全部"等构成框式结构。 可以只用"完"表示全称量化的那坡官话，是壮族转用的官话，所以对壮语 [leːu⁴] 全称量化词功能的复制更为彻底。

武鸣官话：（127）满街都是人完。整条街上都是人。
那坡官话：（128）供销社、土产公司还有完。供销社、土产公司还齐全。
西林官话：（129）教室里面都是学生完。教室里边都是学生。
高山汉话：（130）全村都姓席完。全村人都姓席。
　　　　　（131）我们全部张家完。我们全都是张家。
　　　　　（132）孝衣孝裤都要穿完。孝衣孝裤都要穿。
　　　　　（133）走样完了。全走样了。

Ⅲ. 程度副词$_2$，表示最高程度，例如：

柳州官话：（134）今天打球好看完去。今天球赛非常好看。
宜州官话：（135）我今天累完了。我今天累坏了。
武鸣官话：（136）我今天累完了。我今天累坏了。
那坡官话：（137）天黑黑，我见怕完。天很黑，我怕极了。
西林官话：（138）今天天热，啤酒好喝完。今天天热，啤酒好喝极了。
高山汉话：（139）搞得面包车发财完。弄得开面包车的发了大财。

Ⅳ. 结果补语，例如：

柳州官话：（140）冲凉完再去。洗完澡再去。
宜州官话：（141）吃饭完再去。吃完饭再去。
那坡官话：（142）吃饭完再去。吃完饭再去。
西林官话：（143）吃一条鱼完。吃完一条鱼。

## 4.2　对桂西汉语方言"完毕"义语素的进一步讨论

综上所述，桂西粤语的"完毕"义语素拥有与壮语大致平行的多种功能。"哂"和"齐"的功能分工、"齐"具有的功能，除见于桂西粤语外，几乎未见于他处粤语。

桂西粤语的"哂"作为动词指"结束",具有[＋时间]特征,其多项功能与壮语固有词[ja⁵]对应。而与壮语[ja⁵]不同,桂西粤语"哂"可以充当全称量化词和最高程度副词,这应该是其源头粤语广府片特点的留存。

根据陈晓锦(2014:1118—1119),高华年(1980:149—150),陈晓锦、陈滔(2005:395),詹伯慧(2004:67、73、83、95、187),甘于恩(2002:64)的研究,各处粤语多以"哂"为全称量化词/范围副词,这应该也是桂西粤语原先具有的功能。黄阳(2016)认为,南宁粤语"哂"由全称量化词/范围副词演变为程度副词,崇左粤语"哂"的程度副词功能也应由此而来。

黄阳(2016)进一步论证了南宁粤语"哂"间接复制自壮语"'完结'动词＞结果补语＞完成体标记＞顺接/逆接连词"的语法化路径,"哂"的动词功能也是接触的结果。在此基础上结合我们的观察,可以构拟出"哂"在桂西粤语中的语法化路径,如下图所示:

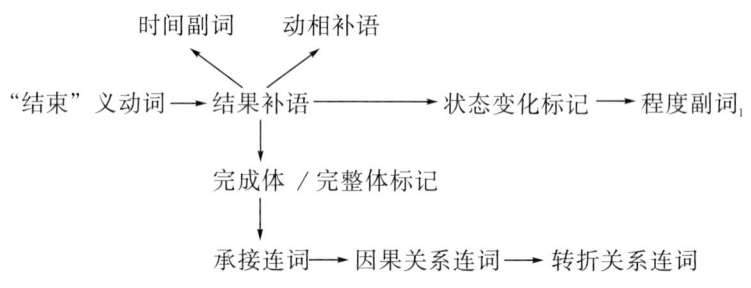

图4 "哂"在桂西粤语中的语法化路径

比照上文壮语[ja⁵]的语法化路径可知,桂西粤语"哂"的语法化路径与壮语[ja⁵]有较强的一致性,但路径长度短于壮语,应是复制了壮语[ja⁵]的语法化路径。

桂西粤语的"齐"作为动词指"完成",具有[＋数量]特征,其多项功能与壮语中的汉语借词[leːu⁴]对应,可充当全称量化词、最高程度副词、结果补语和完成体标记。

汉语的"齐"有"一齐，都"义。《史记·平准书》云："民不齐出于南亩。"裴骃《史记集解》云："李奇曰：'齐，皆也。'"《梁书·武帝纪上》云："文教与鹏翼齐举，武功与日车并运。"《儒林外史》第十八回云："四人齐作了一个揖。"此义与壮语［leːu⁴］的"完全，皆"义一致。

虽然"齐"有"一齐，都"义，但是我们并不认为桂西粤语"齐"的全称量化词功能是从古汉语中继承下来的。若此功能来自古汉语，则他处粤语尤其是作为桂西粤语发源地的广府片粤语中也应有此功能。但据已有研究，在他处粤语中很少见到这种全称量化词功能。

桂西粤语"齐"的全称量化词和最高程度副词的功能，应是对壮语［leːu⁴］进行复制的结果，且在与"哂"的全称量化词功能的竞争中占据上风。黄阳（2016）的论述可为佐证。他指出，"哂"的全称量化词/范围副词功能在南宁粤语中的使用范围很有限，多保留在60岁以上老派南宁人的口语谈话中。这说明"哂"本有的全称量化词功能正逐步被"齐"取代。桂西粤语"齐"的程度副词功能也是通过复制的方式得到的。

我们认为，以上所列广西汉语方言中"完毕"义语素的多功能性来自对壮语"完毕"义语素的语法化路径的复制。其中，桂西粤语"哂"复制了［ja⁵］的语法化路径，"齐"复制了［leːu⁴］的语法化路径；广西中西部官话"完"复制了［leːu⁴］的语法化路径。理由如下：第一，存在两个"完毕"义语素并有明显的功能分工，而且与壮语中两个"完毕"义语素在功能上存在较明显的一致性的粤语均分布在广西西部，这是壮语分布最密集的区域。第二，桂西粤语"哂"与壮语［ja⁵］、粤语"齐"与壮语［leːu⁴］的语义对应较明显，这是粤语对壮语进行多义复制的语义基础。各处壮语一般拥有两个语义存在差异、语法化路径有别的"完毕"义语素，这两组语素演变出差异甚大的多种功能。因此，语义复制也使得桂西粤语的两个"完毕"义语素分别演变出两组功能。第三，广西中西部官话"完毕"义语素"完"，复制了壮语［leːu⁴］的功能，一般具有"完毕"义动词、全称量化词、最高程度副词和结果补语的功能。第四，壮语"完毕"义语素的语法化程度一般高于我们所观察到的汉语方言的相应语素。黄阳、郭必之（2014：31）也注意到"在广西，壮语'完毕'语素这一多向语法化模式已作为一种扩散源向周边某些汉语方言扩散，使这些方言的'完毕'语素复制了这一模式中的部分演变过程，从而发展出更为丰富的功能"。

我们之所以确信广西中西部汉语方言"完毕"义语素的程度副词功能的产生是受到壮语的影响，是因为观察到高山汉话中"完"作为程度副词使用时的特点。在汉语中，程度副词的基本功能是修饰限制形容词或心理活动动词，表程度，一般不能修饰限制实义动词。但高山汉话中的程度副词可以，例如：

（144）三轮车发财<u>完</u>[1]。(蹬）三轮的都发了财。／(蹬）三轮的发了极大的财。

上文我们以靖西壮语为例，探讨了壮语中汉语借词［leːu⁴］经重新分析，从全称量化词演变为程度副词的过程。高山汉话"S<sub>集体</sub>＋V<sub>静态动词</sub>＋完"结构中"完"表示的两种意义，实际正是复制了壮语"全称量化词＞程度副词"的语法化过程。根据吴福祥（2009c）的观点，这是接触引发的语法化。

值得一提的是，百色地方普通话中常以"了"作为承接连词，其可表顺承、因果、转折关系。这同样来自语义复制，即百色粤语使用者在说普通话时，因普通话中有与百色粤语"哂"对应的"了"，遂将"哂"的承接连词功能复制到地方普通话中，形成如下用法：

（145）我今天上街，<u>了</u>，买得两只鸭。我今天上街，然后，买了两只鸭子。
（146）今天热多，<u>了</u>，穿不得羽绒服了。今天太热，所以，不能穿羽绒服了。

---

［1］ 此处的副词作为状语居动词后，这种语序也是复制了壮语的"中＋状"语序。

(147) 今天热多₁了₂他还穿羽绒服。今天那么热，可是，他还穿羽绒服。

潘立慧（2016）观察到南宁普通话以"完"作为最高程度标记的现象，这也是受到壮语的影响。

## 第 5 节　结语

本章从接触语言学的角度讨论了壮语"完毕"义语素的语法化及其对广西汉语方言的影响。主要结论如下。

第一，各处壮语一般拥有两个"完毕"义语素，固有词体现［＋时间］特征，汉语借词体现［＋数量］特征，二者各自发生语法化，存在功能区别。

第二，各处壮语中的两个"完毕"义语素具有个别受汉语共同语影响而产生的十分晚近的功能。

第三，受壮语影响，自南宁往西的部分汉语方言中的"完毕"义语素产生了与壮语颇为一致的功能。其中，南宁、田东、右江、崇左粤语中两个"完毕"义语素的功能分工与壮语大致平行；多处官话中的"完毕"义语素因仅有一个，故无功能分工。

第四，在语言接触复杂的地区，常发生如下现象：某个语言形式 x，由 A 语言输出到了 B 语言中。B 语言或借用了 x，或复制为 x'，然后在借用的 x 或复制的 x' 的基础上发展出 y，再将 y 转输到 A 语言中。类似演变，覃远雄（2007）称为"辗转融合渗透"，覃凤余、吴福祥（2009）称为"双向借贷"，覃凤余（2018）称为"出口转内销"。本章讨论的壮语从汉语借入"完毕"义语素［le:u⁴］，其演变出一系列功能后，这些功能又通过复制进入汉语方言的"齐"和"完"的过程，与以上各家所论是一致的。

第五，右江粤语中的"哂"，受壮语的影响产生了连词功能。这种功能又被百色地方普通话复制到"了"上，使"了"也具有连词的功能。这是同一功能 x 在不同的语言间线性推广的现象，即"A 语言→B 语言→C 语言"。

# 第 12 章　广西汉语、壮语方言的方式助词和取舍助词[1]

## 第 1 节　引言

广西汉语、壮语方言的"获取"义语素有方式助词和取舍助词两种特殊用法，这种现象很早就引起了学者们的注意（如韦庆稳、覃国生，1980：54；谢建猷，1994b：37；欧阳觉亚，1995：51；张均如等，1999：418；林亦、覃凤余，2008：250；黄阳，2010：67；覃东生，2012：53—81；等等）。黄阳、郭必之（2013：521—540）更是敏锐地指出广西汉语方言的 GET$_{方式}$ 源自壮语的扩散，方式助词是广西中南部这个语法化区域的一个重要的语言特征。这些研究为我们了解 GET$_{方式}$ 和 GET$_{取舍}$ 的共时分布特点与扩散方向提供了富有启发性的认识。但是，已有研究仍存在诸多缺憾。首先，大多数学者只注意到 GET$_{方式}$，未观察到 GET$_{取舍}$，也未能对后者展开充分的讨论。其次，关于 GET$_{方式}$ 和 GET$_{取舍}$ 的语法化过程，仍有待进一步的探讨。如黄阳（2010：67）和黄阳、郭必之（2013：521—540）都认为方式助词是由工具介词经方式介词演变而来的，但方式介词在广西各语言中

---

[1]"方式助词"这一术语借自张均如等（1999：418）的文章中，"取舍助词"在覃东生（2012：53—81）的文章中被称为"选择助词"。为叙述方便，本章分别以 GET$_{动}$、GET$_{方式}$、GET$_{取舍}$ 表示"获取"义语素的动词、方式助词和取舍助词用法。

缺乏例证。再次，在这一特征的扩散过程中，学者们只注意到壮语对汉语的影响，没有认识到汉语对壮语的影响，其中的理论蕴含也未得到充分的挖掘。

本章将在已有研究的基础上，对广西汉语、壮语方言的 GET$_{方式}$ 和 GET$_{取舍}$ 作进一步的考察，[1] 着力论证以下三点。第一，GET$_{方式}$ 首先是在壮语中产生的，其语法化始于共享宾语的"V＋[au$^1$]＋O"连动式。汉语、壮语连动式的不同类型特点是判断模式语和复制语的重要依据。第二，汉语方言从壮语中借入"V$_1$＋V$_2$＋GET$_{方式}$"，将其调整为"V$_1$＋GET$_{方式}$＋V$_2$"后，又把这种新的语序模式扩散到壮语中。第三，汉语方言还通过自身的创新从"做"义动词发展出方式助词 DO$_{方式}$，目前这一特征尚未扩散到壮语中。

## 第 2 节 共时分布

我们首先以宾阳话的"取"为例，说明 GET$_{方式}$ 和 GET$_{取舍}$ 在句法语义上的特点。例如：

(1) 宾阳

a. 我去银行取呢钱。我去银行取点钱。

b. 眼屋你买取知租取？这间房子你是买的还是租的？

c. 鸡蛋我意炒取吃，冇意煎取吃。鸡蛋我喜欢炒着吃，不喜欢煎着吃。

d. 考试取知是写论文取？考试还是写论文？

---

[1] 本章田野调查材料的来源如下：覃东生（宾阳）、梁仕华（南宁$_1$）、林亦（南宁$_2$）、谭裕模（石南）、覃凤余（柳州）、颜上月（靖西）、黄涓（田阳）、梁敢（武鸣）、唐龙（大化）、莫蓓蓓（东兰）、赵三坤（泰语）。

e. 旧时卖米安米升量取，冇是安秤称取。以前卖米用米升来量，不是用秤来称。

$f_1$. 今夜我吃粥取，冇吃饭（* 取）。今晚我吃粥，不吃米饭。

$f_2$. 我冇凑叔睡（* 取），我凑婶睡取。我不和爸爸睡，我要和妈妈睡。

$f_3$. 今日冇侬屋吃（* 取），去饭店吃取。今天不在家吃，去饭店吃。

例（1a）中的"取"为"获取"义动词 GET$_动$。例（1b）至例（1e）中的"取"为方式助词 GET$_{方式}$，加在动词或动词短语后表示实施某个事件所采取的方式。例（1b）"取"加在单个动词后面构成"V＋GET$_{方式}$"，表示以"买"或"租"的方式实施"获得房子居住"这一高层事件。例（1c）"取"加在两个动词之间构成"$V_1$＋GET$_{方式}$＋$V_2$"，$V_1$ 为实施事件 $V_2$ 的方式。例（1d）"取"加在动宾结构之后构成"VO＋GET$_{方式}$"，VO 表示句中未出现的高层事件"课程期末考核"所采取的方式。例（1e）"取"加在"状语＋V"后构成"（状语＋V）＋GET$_{方式}$"，表示是"用米升量"的方式而不是"用秤称"的方式来"卖米"。例（1$f_1$）（1$f_2$）（1$f_3$）中的"取"为取舍助词 GET$_{取舍}$，加在 VP 之后构成"VP＋GET$_{取舍}$"，表示选定了某一方式，同时舍弃其他的方式。如例（1$f_1$）（1$f_2$）（1$f_3$）所示，GET$_{取舍}$ 的选定对象除了光杆动词外，还可以是动作的宾语、伴随者、处所等。在句法上，GET$_{方式}$ 与 GET$_{取舍}$ 的区别是：GET$_{方式}$ 可加在两个或多个备选项上；GET$_{取舍}$ 则只能加在肯定的选项上，而不能加在否定的选项上。

GET$_{方式}$ 和 GET$_{取舍}$ 在广西的平话（南宁$_1$），粤语（南宁$_2$、石南）以及官话（柳州、南宁福建村）等汉语方言中广泛存在，主要用法包括六种：①GET$_动$；②V＋GET$_{方式}$；③$V_1$＋GET$_{方式}$＋$V_2$；④VO＋GET$_{方式}$；⑤（状语＋V）＋GET$_{方式}$；⑥VP＋GET$_{取舍}$。例句如下：

（2）南宁$_1$

a. 你帮我取本书过来。你帮我拿一本书过来。

b. 亚种药含取，冇吞落去别吞下去！（覃远雄等，1997：28）

c. 渠是走取来嘅<sub>跑着来的</sub>。（覃远雄等，1997：28）

d. 今夜冇打麻将，打哑取。<sub>今晚不打麻将，打扑克。</sub>

e. 大木根取锯锯取。<sub>大树用锯子来锯。</sub>

f. 我冇想凑渠去看电影（* 取），我凑你去取。<sub>我不想跟他去看电影，我跟你去。</sub>

（3）南宁₂

a. 攞齐畀佢。<sub>全拿给他。</sub>（林亦、覃凤余，2008：290）

b. 旧时去五里亭着行攞/左[1]，有似而家得坐车。<sub>过去到五里亭得走着去，不像现在可以坐车。</sub>（林亦、覃凤余，2008：250）

c. 只鸡拧来炒攞/左食啊系煲攞/左？<sub>这只鸡是拿来炒还是煲汤？</sub>（林亦、覃凤余，2008：250）

d. 坐飞机去太贵多，我哋坐火车攞。<sub>坐飞机太贵了，我们坐火车。</sub>

e. 花生用手擘攞。<sub>花生用手掰。</sub>

（4）石南

a. 嗰啲西瓜我取两只。<sub>这些西瓜我要两个。</sub>

b. 讲取冇有用，去做正有用。<sub>说没有用，去做才有用。</sub>

c. 吃饭要坐取吃，冇得企取吃。<sub>吃饭要坐着吃，不能站着吃。</sub>

d. 用手轻轻擦取，冇得出力刮取。<sub>用手轻轻地擦，不能用力刮。</sub>

（5）柳州

a. 你要几多钱？<sub>你要多少钱？</sub>

b. 这套房你是买要还是租要？<sub>这套房子你是买的还是租的？</sub>

c. 小树拿斧头砍要，大树拿锯子来锯要。<sub>小树用斧头来砍，大树用锯子来锯。</sub>

（6）福建村

a. 要点剩的饭菜回去喂猪。（黄克木，2009：97）

b. 要扛要啵。得扛哦。（黄克木，2009：89）

---

[1] 据笔者与林亦先生的交流，"左"为"攞"的弱化形式。

上述各方言跟宾阳话一样，GET$_{方式}$与连动式搭配时，只能处在两个动词之间，构成"V$_1$＋GET$_{方式}$＋V$_2$"，如例（2c）（3c）（4c）。此外，值得注意的是，GET$_{取舍}$目前只出现在桂南平话中，在广西的其他汉语方言中未见用例。

广西南部壮语与北部壮语的"获取"义语素［au$^1$］[1]普遍具有GET$_{方式}$和GET$_{取舍}$用法。例如：

(7) 靖西

a. ni$^5$　au$^1$　θa:m$^1$　pa:k$^9$　man$^2$　ŋan$^2$　hɔ:i$^3$　te$^1$.
　 你　　要　　三　　百　　元　　钱　　　给　　他
　 "你给他三百元钱。"（郑贻青，2013：263）

b. te$^1$　pai$^1$　thiŋ$^3$n̪ak$^8$　phja:i$^3$　au$^1$.
　 他　　去　　　学堂　　　　走　　要
　 "他是靠走的方式去学校的。"（黄阳，2010：67）

c. kin$^1$　kau$^3$　mi$^2$　ɕai$^3$　taŋ$^4$　kin$^1$，naŋ$^6$　kin$^1$　au$^1$.
　 吃　　饭　　不　　使　　站　　吃　　　坐　　　吃　　取$_{方式}$
　 "吃饭不要站着吃，要坐着吃。"

d. jam$^6$　kəi$^3$　ɕa:ŋ$^3$kɔ$^5$　au$^1$，mi$^2$　ɕai$^3$　thja:u$^3$　wu$^5$.
　 晚　　　这　　　唱歌　　　　取$_{方式}$　不　　使　　跳　　　舞
　 "今晚唱歌，不跳舞了。"

---

[1] 由于音系的关系，壮语各方言标注略有差异，本章行文选取最通用的［au$^1$］，引例则依各方言音系。本章所论壮傣语支语言中的［au$^1$］有"把持""获取"两个动词义项，李方桂（2005a/1940：284）对译为英语"to take, to get; to want"，Enfield（2007：66、275）对译为"take; fetch"，此动词在广西的官话中多说成"要"。［au$^1$］的"方式助词"与"取舍助词"功能源自"获取"义，本章行文用"取"；引文中如果是"要""拿"的话，本章引用时依原文。

e. kha:i¹  lau³  au¹  tso⁴  ma²  khjau¹  au¹.
   卖   酒   取_工具 酒提  来    量    取_方式
   "卖酒用酒提来量。"

f. ŋo⁵  mi²  ha:ŋ³  va⁴  pa⁵  no:ŋ²  (* au¹)，ŋo⁵  va⁴  me⁶  no:ŋ²  au¹.
   我   不    肯    和   爸爸   睡    (* 取_取舍) 我    和   妈妈   睡   取_取舍
   "我不想和爸爸睡，我要和妈妈睡。"

(8) 田阳

a. te¹  pai¹  ʔau²  fɯn².
   他   去   取_动   柴
   "他去拿柴。"

b. an²  ɤun²  tɯn⁴  ne⁵  mo:i⁵  θei⁴  au²  lo⁴ja⁴  tɕu⁵  au²?
   个   家    这    呢   你     买    取_方式 还是    租    取_方式
   "这房子你买的还是租的?"

c. fɯŋ⁴  tɕe:n¹  au²  kun¹  ʔja:m²  kwa⁵.
   粽子   煎    取_方式 吃    好    过
   "粽子煎着吃更好吃。"

d. mo:i²  kun¹  ʔja²  ma:t⁷  au²，lo⁴ja⁴  kun¹  ʔja²  tho³  au²?
   你    吃    药    颗    取_方式 还是   吃    药    土    取_方式
   "你吃西药还是中药?"

e. au²  ka:ŋ⁵pi¹  la:i²  la⁶  na:u⁵  than²，au²  ma:u²pi¹  la:i²  au².
   取_工具 钢笔     写    看   不     见    取_工具 毛笔     写    取_方式
   "用钢笔写看不清，用毛笔写。"

f. ʔja²  tho³  na:u⁵  ʔdai³  au²  tɕa:u⁵  ɣe:t⁷  ta:m³  (* au²)，au²
   药    土    不     得    取_工具 锅     铁     煮    (* 取_取舍) 取_工具
tɕa:u⁵  ŋwa⁴  ta:m³  au².
锅      瓦    煮     取_取舍
   "中药不能用铁锅煲，要用瓦锅煲。"

(9) 武鸣

a. te⁵⁵ hi⁵¹ ʔbɑu⁵⁵ ʔau³³ ɕian³¹.
　她　也　不　要　钱

"她也不要钱。"(李方桂, 2005b/1956: 45、164)

b. pau⁴lɯ² ɕi⁴ bau³ dai³ lum⁶ ʔau¹.
　谁　　　也　不　得　摸　要

"谁也不能摸。"(张均如等, 1999: 418)

c. tu³¹ tu³¹ ɕam³³ tuːt⁵⁵ ʔau²¹⁴ kun²¹⁴ kɔ²².
　只　只　都　抢　要　吃　(语气助词)

"头头(猪)都抢着吃。"(谢建猷, 1994b: 37)

d. muɯŋ² plaːi³ ʔau¹ ɣo⁴nau² naŋ⁶ ɕi¹ ʔau¹?
　你　走　要　还是　坐　车　要

"你走路还是坐车?"(张均如等, 1999: 418)

e. ɕe¹piːu⁵ ʔjou⁵ waŋ³lo² kun² heɕɑɯ⁴ au¹, ʔbou³ juŋ⁶ pai¹ ɕe¹ɕaːn⁵ ɕɑɯ⁴ au¹.
　车票　在　网络上　买　取_方式_　不　用　去　车站　买　取_方式_

"车票在网上买,不去车站买。"

f. kou¹ ʔbou³ ʔjou⁵ ɕaːn² ʔdam³ na² (au¹), kou¹ pai¹ ta³kuŋ¹ au¹ la⁰.
　我　不　在　家　种　田　(取_取舍_)　我　去　打工　取_取舍_　语气

"我不在家种田,我去打工。"

(10) 大化

a. kai⁶ ɕei³ko³ nei⁴ muɯŋ² ʔau¹ sak⁷ ti⁵ de⁶?
　些　水果　这　你　取_动_　任何　点　吗

"这些水果你要一点吗?"

b. pit⁷ ʔo:i⁵ ɕa:u³ ʔau¹, pit⁷ ke⁵ tum⁵ ʔau¹.
   鸭   嫩   炒   取方式  鸭  老   炖   取方式
   "嫩鸭炒（着吃），老鸭炖（着吃）。"

c. naŋ⁶ kɯn¹ ʔau¹, kai⁵la:k⁸ soŋ² ʔau¹.
   坐   吃   取方式   不要   站   取方式
   "坐着吃，不要站着（吃）。"

d. mei² vən⁴ti⁶ ɕi⁶ dei¹ ka:ŋ³ tau³, di⁵ dai³ to⁶ta³ ʔau¹.
   有   问题   就   好   讲   来   不  得  打架   取方式
   "有问题就好好说，不能打架。"

e. fɯn² ʔau¹ ɕa⁴ fɯn² fak⁸ ʔau¹.
   柴   取工具  刀  柴   砍   取方式
   "柴要用柴刀来砍。"

f. rau² di⁵ ju⁵ ra:n² kɯn¹ (* ʔau¹), ʔo:k⁷ ro:k⁸ pai¹ kɯn¹
   我们  不  在  家    吃   (* 取取舍) 出    外   去   吃
   fan³ ʔau¹.
   粉   取取舍
   "我们不在家吃了，去外面吃粉。"

（11）东兰

a. muŋ² ʔou¹ θa:m¹ pa:k⁷ man² ŋan² hau³ te¹.
   你    取动   三    百    元    钱    给   他
   "你拿三百块钱给他。"

b. mi² kam⁶ma⁴ θɯ:n⁵ muŋ² ɕi⁶ ka:ŋ³ ʔdi¹ tou³, ʔbou³ ʔdai³
   有  什么    事情   你    就   讲    好   来    不    得
   tai³ ʔou¹.
   哭   取方式
   "有什么事情你就好好说，不要哭。"

$c_1$. tu² pja¹ tu:n⁵ kɯn¹ ʔou¹ lo⁶nou² ɕjen¹ kɯn¹ ʔou¹?
只　鱼　水煮　吃　取_方式_　还是　煎　吃　取_方式_

"鱼煮着吃还是煎着吃？"

$c_2$. tu:n⁵ ʔou¹ kɯn¹ fei² la:i¹.
水煮　取_方式_　吃　鲜美　多

"煮着吃更鲜美。"

d. li² ʔbou³ ʔdai³ ʔdam¹ hau⁴ na:u⁵, tu¹ ʔdam¹
旱地　不　得　种　米　不　我们　种
hau⁴ jwa:ŋ² ʔou¹.
玉米　取_方式_

"旱地不能种水稻，我们种玉米。"

e. ʔou¹ va:i² jwa:n⁵ ʔou¹ tu:n⁵ la:i¹, tu¹ ʔou¹ to³la³tɕi³
取_工具_　牛　犁　取_方式_　慢　多　我们　取_工具_　拖拉机
jwa:n⁵ ʔou¹.
犁　取_方式_

"用牛犁太慢了，我们用拖拉机犁。"

f. ku¹ ʔam⁶ ʔdi¹ ʔi⁶ ɕa:ŋ³ pai¹(*ʔou¹), ku¹ lɯ:ŋ² mɯŋ²
我　不　跟　男孩　张　去　(*取_取舍_)　我　随　你
pai¹ ʔou¹.
去　取_取舍_

"我不跟小张去，我要跟你去。"

（12）柳江

a. toŋ⁶ ko¹ ni⁴ tsam⁶ di¹ hjau⁶, mɯŋ² ʔau¹ jə:i⁶?
些　果　这　蛮　好　极　你　要　不

"这些水果很好，你要吗？"（马文妍，2011：29）

b. θu¹ mi² ko⁴ma² θɯ⁴ tsi⁶ wai⁶ wai⁶ ka:ŋ³ ʔau¹, ka:i⁵
你们　有　什么　事　就　慢　慢　讲　取_方式_[1]　别

---

[1] 柳江壮语的[ʔau¹]就是"取"，原文未作标注，此标注为笔者所加。下同。

$to^6 mok^8$ （$ʔau^1$）.

打架（取$_{方式}$）

"你们有什么事好好说，别打架。"（马文妍，2011：30）

c. $toŋ^6$　$lak^8 ma:k^9$　$ni^4$　$θa:m^1$　$kwa:i^5$　$tsi:n^2$　$kan^1$　$tsi^6$　$θwe:n^3$　$ʔau^1$
　　 些　　　桃子　　　 这　　 三　　　 块　　　 钱　　　斤　　 就　　 选　　 取$_{方式}$

$tsɯ^4$，　$θo:ŋ^1$　$kwa:i^5$　$tsi:n^2$　$kan^1$　$tsi^6$　$ŋwa^4$　$ʔau^1$　$tsɯ^4$.
买　　　　两　　　 块　　　 钱　　　斤　　 就　　 抓　　 取$_{方式}$　买

"桃子三块钱一斤可以挑着买，两块钱一斤抓着买。"（马文妍，2011：30）

d. $pai^1$　$hjo^6 ja:u^4$　$mɯŋ^2$　$tɯk^8$　$pja:i^3$　$ʔau^1$　$ha^4 tɯk^8$　$naŋ^6$　$tsa^1$　$ʔau^1$?
　去　　　学校　　　 你　　 是　　 走　　 取$_{方式}$　还是　　 坐　　 车　　 取$_{方式}$

"去学校你是走着去还是坐车去？"（马文妍，2011：30）

从上述材料可知，方式助词和取舍助词在壮语方言和汉语方言中的分布情况主要有两个不同之处。第一，GET$_{方式}$与连动式搭配在壮语中的语序更为多样，共有三种不同的情况：其一，GET$_{方式}$置于整个连动式之后，构成"$V_1$＋$V_2$＋GET$_{方式}$"，如例（7c）（10c）；其二，GET$_{方式}$处在两个动词之间，构成"$V_1$＋GET$_{方式}$＋$V_2$"，例如（8c）（9c）（12c）；其三，"$V_1$＋$V_2$＋GET$_{方式}$"和"$V_1$＋GET$_{方式}$＋$V_2$"两种语序可相互交替，如例（11$c_1$）（11$c_2$）。第二，取舍助词在壮语中的分布更为广泛，除柳江壮语外，GET$_{取舍}$在南部壮语如靖西、田阳壮语[1]和北部壮语如武鸣、大化、东兰壮语中都有分布。

与壮语有亲属关系的傣语、泰语和老挝语中的"获取"义语素［$ʔau^1$］也有相似的功能。例如：

---

[1] 田阳县城（依据田野调查时的行政区划）的壮语属右江土语，是北部壮语。本章调查的巴别乡三坡村，距离德保县城37公里，与南部德靖土语日常能通话，在语音、词汇等方面的相似度高（孟飞雪等，2015），当属南部壮语。

(13) 德宏傣语

ti$^1$ pai$^1$ ʔau$^6$, jaŋ$^6$ xi$^5$ lɛŋ$^1$tin$^6$.
要　走　取　　不　骑　自行车

"用步行，不骑自行车。"（罗美珍，2008：179）

(14) 西双版纳傣语

a. xɛp$^7$ sɯ$^4$ ʔau$^1$ ha$^2$?
　 鞋　 买　 取　 吗

"鞋买来的吗？"（罗美珍，2008：114）

b. vek$^8$ dai$^1$ nak$^7$, ka:n$^1$ dai$^1$ na$^1$ kɔ$^4$ lək$^8$ het$^8$ ʔau$^1$.
　 活　哪　 重　 工作　 哪　 厚　都　选　 做　 取

"哪件活重，哪个工作繁都挑来做。"（罗美珍，2008：114）

c. xai$^6$ ja:k$^9$ kɔ$^4$ mɛn$^2$ lin$^4$ tiʔ$^8$ keŋ$^1$ daŋ$^1$ ʔau$^1$ dɔʔ$^8$!
　 想　 馋　 就　 舔　 舌头　抵　 梁　 鼻　 取　 吧

"馋就舔舔舌头，舔舔鼻梁吧！"（罗美珍，2008：115）

d. ʔiʔ$^7$mɛ$^6$! hau$^2$ di$^5$ kin$^1$ ti$^6$ nai$^1$ ʔau$^1$ ja$^5$?
　 妈妈　 咱们　将　 吃　 处　 哪　 取　 呀

"妈妈！咱们将在哪里吃饭呀？"（罗美珍，2008：69）

罗美珍（2008：69、114）将傣语的［ʔau$^1$］称为加在动词后面"表示自主（或动作方式）的助词"。

(15) 标准泰语

a. phàkbūŋ níː tham ʔarɔi ciŋciŋ, mâimiː ʔarai rɔːk phàt ʔau.
　 蔬菜　TOP　煮　美味　的确　 NEG　什么　PRT　炒　要

"This vegetable is truly cooked deliciously, nothing much to do it, I just stir-fried it."（Jagacinski，1992）[1]

---

[1] 转引自黄阳、郭必之（2013：526），句中［ʔau］"要"为方式助词。

b. Chăn dern bpai rian ao, mâi chai bpàn jàk-grà-yaan.
   我 走 去 上课 取_方式 不 是 骑 自行车
   "我上课是走路去的,不是骑自行车。"

c. ja gaan sòp ao, rue kǐan wí-jai ao?
   要 考试 取_方式 还 写 论文 取_方式
   "要考试,还是要写论文?"

d. Máai lék ao kwăan dtàt, máai yài ao lêuay lêuay ao.
   树 小 取_工具 斧头 破 树 大 取_工具 锯 锯 取_方式
   "小树要斧头来破,大树要锯来锯。"

e. keun née Chăn mâi gin kâao(* ao), Chăn gin jóhk ao.
   今 晚 我 不 吃 饭(* 取_取舍) 我 吃 粥 取_取舍
   "今晚我不吃饭,我要吃粥。"

(16) 老挝语
phuak⁴ daj³ kaø hum⁴ kan³ qaw³ vaj⁴ bòø fang².
group INDEF T.LINK cover COLL take keep NEG listen
"They were all on top of each other, unrestrainable."(Enfield,2007:323)

例(16)中的[qaw³]为方式助词,表示各成员以相互具有上下级关系的方式构成一个组织。

除上文所指出的两个方面的重要差别外,方式助词在广西的汉语和壮语中还有以下不同之处。汉语方言的 GET_方式 有"取、攞、要",壮傣语支语言则统一为[au¹]。汉语词形虽多,但都是与壮傣语支语言的[au¹]对应的"获取"义语素。目前,在南宁、梧州、北流等地粤语与柳州官话中还发现用"做"表方式的助词 DO_方式。例如:

(17) 南宁₂
坐飞机去贵多,我哋坐火车做_方式。坐飞机太贵了,我们坐火车。

（18）柳州

这套房你是买做_方式_，还是租做_方式_？这套房子你是买的，还是租的？

广西汉语方言、壮语方言和境内外壮傣语支语言的方式助词、取舍助词的分布情况如表1所示：

表1 广西汉语方言、壮语方言和境内外壮傣语支语言的方式助词、取舍助词的分布情况

| | | | 方式助词 | | | | 取舍助词 |
|---|---|---|---|---|---|---|---|
| | | | i. V+GET_方式_ ii. V+DO_方式_ | VP+GET_方式_ | | | VP+GET_取舍_ |
| | | | | i. $V_1$+GET_方式_+$V_2$ ii. $V_1$+$V_2$+GET_方式_ | VO+GET_方式_ | （状+V）+GET_方式_／(V+状)+GET_方式_ | |
| 汉语 | 平话 | 宾阳 | i+ | i+ | + | + | + |
| | | 南宁₁ | i+ | i+ | + | + | + |
| | 粤语 | 南宁₂ | i+/ii+ | i+ | + | + | + |
| | | 石南 | i+ | i+ | − | + | + |
| | 官话 | 柳州 | i+/ii+ | − | − | + | + |
| | | 福建村 | i+ | − | − | + | + |
| 壮语 | 南部 | 靖西 | i+ | ii+ | + | + | + |
| | | 田阳 | i+ | i+ | + | + | + |
| | 北部 | 武鸣 | i+ | i+ | + | + | +/− |
| | | 大化 | i+ | ii+ | + | + | + |
| | | 东兰 | i+ | i+/ii+ | + | + | + |
| | | 柳江 | i+ | i+ | + | − | − |

续表

| | | 方式助词 | | | | 取舍助词 |
|---|---|---|---|---|---|---|
| | | i. V+GET$_{方式}$<br>ii. V+DO$_{方式}$ | VP+GET$_{方式}$ | | | VP+GET$_{取舍}$ |
| | | | i. V$_1$+GET$_{方式}$+V$_2$<br>ii. V$_1$+V$_2$+GET$_{方式}$ | VO+GET$_{方式}$ | (状+V)+GET$_{方式}$/(V+状)+GET$_{方式}$ | |
| 西南壮傣语支语言 | 德宏傣语 | i + | − | − | − | − |
| | 西双版纳傣语 | i + | ii + | + | + | − |
| | 泰语 | i + | ii + | + | + | + |
| | 老挝语 | i + | − | − | − | − |

## 第3节 语法化过程

前贤对广西汉语、壮语中的 GET$_{方式}$ 和 GET$_{取舍}$ 多有讨论，主要分为以下两类。

第一，有些学者观察到广西汉语、壮语中"获取"义语素的 GET$_{方式}$ 用法（韦庆稳、覃国生，1980：54；广西壮族自治区少数民族语言文字工作委员会研究室，1984：5；张元生、覃晓航，1993：105—106；谢建猷，1994b：37；刘村汉，1995：188；欧阳觉亚，1995：51；覃晓航，1995：113—114；张均如等，1999：418；广西壮族自治区少数民族语言文字工作委员会《壮汉英词典》编委会，2005：10；韦景云、覃晓航，2006：204；黄阳，2010：67；黄阳、郭必之，2013：521—540）。林亦、覃凤余（2008：250）将南宁白话的"攞/左"称为"动词词缀"，认为"动词+攞/左，表示动作所采取的方式"，与 GET$_{方式}$ 相当。

第二，部分学者从语言接触和语法化的角度对 GET$_{方式}$ 的成因进行了探讨。郭必之（2010b：209）对南宁粤语动词后的"攞"的功能和语法化过程进行了探讨，认为它是在复制（replicate）过程中由动词语法化为句末助词的。黄阳（2010：67）和黄阳、郭必之（2013：521—540）指出，方式助词是广西中南部汉语方言和壮侗语的一个"语法化区域"现象，是通过"复制语法化"由壮侗语扩散到汉语方言中的，其语法化过程为"'执持'义动词＞工具介词＞（方式介词）＞方式助词"。

以往的主要研究中未涉及取舍助词的功能，亦未能对此作出描写和解释。另一不同的看法来自洪波、谷峰（2005：91—98），他们认为南宁平话的"取"是一个表意愿态的助词。

黄阳（2010：67）和黄阳、郭必之（2013：521—540）认为[au¹]方式产生于[au¹]的工具介词用法，但我们有不同的观点。以壮语为例，壮傣语支语言的[au¹]方式和[au¹]取舍经历了如下的语法化过程。

I. V获取＋[au¹]动词＋O。例句如下：

（19）武鸣

tɯk¹² xun³¹ ɕak¹² ʔau³³ tu³¹ ma⁵¹ te³³ poi³³.

被　人　偷　取　只　马　他　去

"被人把匹马偷了去。"（李方桂，2005b/1956：47、165）

（20）东兰

loŋ² ta⁶ pai¹ kam⁶ ʔou¹ pja¹.

下　河　去　抓　取　鱼

"下河抓鱼。"

（21）龙州

po¹¹tʰau²⁴ mən³¹ tɕau¹¹ ɕəŋ²⁴ ʔau³³ ɕəːk⁵⁵ ɬɯ³³ niŋ²⁴.

父亲　　他　就　抢　拿　册　书　那

"于是他父亲就抢那册书。"（李方桂，2005a/1940：134、136）

（22）靖西

jaŋ² kam¹ au¹ i³ khau³ ne:u² hɔ:i³ thei¹ pai¹ lun² pai¹ the:m¹.
还　　取　　要　　些　　米　　一　　给　　拿　　去　　家　　去　　再

"并且还取了一些米来，让女婿带回家去呢。"（郑贻青，2013：314、316）

（23）德宏傣语

la:ŋ² van² tsau⁵ vak⁷ ʔau⁶ xem¹ siaŋ¹ xem¹ xam² pʻa:u⁵ loŋ² ma².
娘子　太阳　就　抓　拿　针　宝石　针　金子　撒　下　来

"她就会把许许多多亮光闪闪的金针撒下来。"（中央民族学院少数民族语言研究所第五研究室，1983：140、141）

（24）西双版纳傣语

tɯɯ² tso⁶ măn² kɒ⁴ tsaŋ⁶ ɪu⁶tsiŋ² ʔău¹ vă¹thŭ¹ xău³xɒŋ
整　　世　　他　　也　　会　　掠夺　　拿　　经济　　财产

ŋɯɯ²xăm² pɤn⁶.
金银　　别人

"他生来就会掠夺别人的金银财宝。"（中央民族学院少数民族语言研究所第五研究室，1983：169、174）

以上例句中的"V<sub>获取</sub>＋［au¹］<sub>动词</sub>＋O"为连动式，其句法语义有两个特点。第一，连动式可解读为"VO，然后［au¹］O"。［au¹］的语义是［＋获取］，V是获取凭借的各种具体方式，［au¹］O是V的自然结果。比如［ɕak¹²］（偷）的语义为［＋获取；＋私下占有］，［ɕəːŋ²⁴］（抢）的语义为［＋获取；＋强力占有］。［au¹］与V<sub>获取</sub>处于相同的语义域，［au¹］相对于V是个语义上更宽泛的行为动词，表达的是相对V而言的高层事件。由于V有［＋获取］特征，因此VO蕴含了［au¹］O，即VO＝VO＋［au¹］O。[1] 第二，O为V<sub>获取</sub>和［au¹］<sub>动词</sub>的共享宾语。

---

[1] Enfield（2007：478）指出，老挝语中有一种右标记状语性复合词（right-marking adverbial compounds）。这类复合词的V₂通常是一个语义宽泛的行为动词，它的意义被语义更为具体的V₁涵盖。V₁可解读为拿走或取得了某物的具体方式。如在"［lòòk⁴］<sub>peel off</sub>［qaw³］<sub>FETCH</sub>"（剥取）、"［cap²］<sub>grab</sub>［qaw³］<sub>FETCH</sub>"（抓取）中，V₁［lòòk⁴］<sub>peel off</sub>、［cap²］<sub>grab</sub>可解读为拿走或获得了某物的方式。

Ⅱ. $V_{弱获取}$ ＋ [au$^1$]$_{动词}$ ＋ O。例句如下：

(25) 东兰
luːm$^4$　ʔou$^1$　tu$^2$　pja$^1$.
摸　　取$_{动词}$　只　鱼

Ⅰ中的 $V_{获取}$ 被替换为 $V_{弱获取}$。$V_{弱获取}$〔如 [luːm$^4$]（摸）〕和 $V_{获取}$〔如 [ɕak$^{12}$]（偷）、[ɕəːŋ$^{24}$]（抢）〕的区别在于：[au$^1$] O 不一定是 $V_{弱获取}$ 的结果，VO 也不一定蕴含 [au$^1$] O。但在一定的语境下，VO 和 [au$^1$] O 可互为方式和结果。

Ⅲ. O＋$V_{弱获取}$ ＋ [au$^1$]$_{动词/方式}$。这是将 "$V_{弱获取}$ ＋ [au$^1$]$_{取}$ ＋O" 的共享宾语 O 话题化，例如：

(26) 东兰
tu$^2$　pja$^1$　luːm$^4$　ʔou$^1$.
只　鱼　摸　　取$_{动词/方式}$
a.（获取）鱼呢，摸到之后再抓。
b. 找鱼，用摸的方式来做。

例（26）可作两种解读。例（26a）的解读是："鱼"为名词性话题，作连动式动词 [luːm$^4$]（摸）和 [ʔou$^1$]（取）的共享宾语，语义为 "[tu$^2$ pja$^1$]（只—鱼），[luːm$^4$]（摸）然后 [ʔou$^1$]（取）"。同时，话题化操作后的 [tu$^2$ pja$^1$]（只—鱼）也可解读为"与 [tu$^2$ pja$^1$]（只—鱼）相关的事件"。与 [tu$^2$ pja$^1$]（只—鱼）相关的事件有两个：一是 [ʔou$^1$ tu$^2$ pja$^1$]（取—只—鱼），二是 [ʔja$^1$ tu$^2$ pja$^1$]（找—只—鱼）。两个事件与 [luːm$^4$ tu$^2$ pja$^1$]（摸—只—鱼）的语义关系不同。例（26a）是：[luːm$^4$ tu$^2$ pja$^1$]（摸—只—鱼）之后会再发生 [ʔou$^1$ tu$^2$ pja$^1$]（取—只—鱼）。此时，[ʔou$^1$ tu$^2$ pja$^1$]（取—只—鱼）与 [luːm$^4$ tu$^2$ pja$^1$]（摸—只—鱼）互为高低层事件，后者是

前者的方式。例（26b）的解读是：[luːm⁴ tu² pja¹]（摸—只—鱼）之后不一定发生[ʔou¹ tu² pja¹]（取—只—鱼），[ʔou¹ tu² pja¹]（取—只—鱼）不是[luːm⁴ tu² pja¹]（摸—只—鱼）的高层事件，其高层事件另有解读，如[ʔja¹ tu² pja¹]（找—只—鱼）。[ʔja¹ tu² pja¹]（找—只—鱼）与[luːm⁴ tu² pja¹]（摸—只—鱼）互为高低层事件，[luːm⁴ tu² pja¹]（摸—只—鱼）是[ʔja¹ tu² pja¹]（找—只—鱼）的方式。在这种解读之下，[ʔou¹]（取）与[tu² pja¹]（只—鱼）不再有直接的语义关系，动词意义丧失，由动词重新分析为方式助词。

Ⅳ. O＋V$_{非获取}$＋[au¹]$_{方式}$。在这个过程，Ⅲ中的V$_{弱获取}$被V$_{非获取}$替换，[au¹]语法化为方式助词。例如：

(27) 东兰
tu²　pja¹　ɕjeːn¹　ʔou¹．
只　　鱼　　煎　　取$_{方式}$
"鱼呢，用煎的方式来做。"

例（27）中由于[au¹]已经是个方式助词，[tu² pja¹]（只—鱼）作与之相关的事件解读时不再是[ʔou¹ tu² pja¹]（取—只—鱼）。由Ⅲ延续而来的语义结构特点表明，与O相关的事件只能是V的高层事件。例（27）中V是[ɕjeːn¹]（煎），其高层事件是"烹调鱼"。因此例（27）的语义为：对于烹调鱼这一事件来说，用煎的方式来完成。此时，"O＋V$_{非获取}$＋[au¹]$_{方式}$"形成了一个稳定的句式语义：对于O来说，有一个与VO相关的高层事件，[au¹]$_{方式}$前的动词V是该高层事件的实现方式。

Ⅳ′. N＋VP＋[au¹]$_{方式}$。这是Ⅳ的扩展，话题成分由受事O扩展为施事、当事N，V由单个动词扩展为VP。VP有动宾结构[如例（28a）]、状动结构[如例（28b）]、动状结构[如例（28c）]、连动结构[如例（28d）]等。

(28) 东兰

a. tu² pja¹ kɯn¹ n̻ɯ¹ ʔou¹.
　　只　鱼　吃　青草　取_方式
　　"鱼是吃青草的。"

b. tu² pja¹ ʔou¹ ca:u⁵ ɕje:n¹ ʔou¹.
　　只　鱼　取_工具　炒锅　煎　取_方式
　　"鱼得用炒锅来煎。"

c. tu² pja¹ kɯn¹ ɕuk⁸ ʔou¹.
　　只　鱼　吃　熟　取_方式
　　"鱼得煮熟了吃。"

d. tu² pja¹ jau⁶ kɯn¹ ʔou¹.
　　只　鱼　游　吃　取_方式
　　"鱼一面游一面吃。"

套用Ⅳ的句式语义，Ⅳ'的语义为：对 N 来说，有一个与 VP 相关的高层事件，[au¹]_方式前的 VP 是该高层事件的实现方式。例（28b）中 VP 是 [ʔou¹ ca:u⁵ ɕje:n¹ tu² pja¹]（取—炒锅—煎—只—鱼），其高层事件是"用工具煎鱼"，句子可解读为：对于用工具煎鱼这一事件来说，得用炒锅来煎。例（28d）中 VP 是 [jau⁶ kɯn¹]（游—吃），其高层事件是"鱼吃东西的方式"，句子可解读为：对于鱼吃东西的方式这件事来说，鱼是一面游一面吃的。

Ⅳ'的话题虽以单个 N 出现，但都表示一个与 VP 相关的高层事件，且这一事件是隐性的。由于 VP、VP 的主要动词 V 以及 V 的连带成分都有表示高层事件实现方式的可能性，因此在高层事件未显性化时容易错位，形成歧义解读。如例（28b）中 VP 是 [ʔou¹ ca:u⁵ ɕje:n¹ tu² pja¹]（取—炒锅—煎—只—鱼）。相对于 VP 而言，其高层事件是"用工具煎鱼"；相对于核心动词 [ɕje:n¹]（煎）而言，其高层事件是"烹调鱼"。为了避免歧义，有时高层事件由隐性变为显性，如例（28b）（28d）可分别说成：

(28) $b_1$. ¢je:n¹ tu² pja¹, ʔou¹ ca:u⁵ ¢je:n¹ ʔou¹.
　　　煎　只　鱼　取_工具　炒锅　煎　取_方式
〔[au¹]_方式 指向 [ʔou¹ ca:u⁵]（取—炒—锅）〕
　　　$b_2$. joŋ¹ tu² pja¹, ʔou¹ ca:u⁵ ¢je:n¹ ʔou¹.
　　　煮　只　鱼　取_工具　炒锅　煎　取_方式
〔[au¹]_方式 指向 [¢je:n¹]（煎）〕
　　　$d_1$. tu² pja¹ kɯn¹ ho⁵, jau⁶ kɯn¹ ʔou¹.
　　　只　鱼　吃　货　游　吃　取_方式
〔[au¹]_方式 指向 [jau⁶]（游）〕

在例（28$b_1$）（28$d_1$）中，话题成分的动词[¢je:n¹]（煎）、[kɯn¹]（吃）与 VP 中的 V 重合。V 的连带成分成了表达实现方式的焦点，[au¹]_方式 不再指向 V，而是指向表方式的连带成分。

Ⅴ. $VP_1$ + [au¹]_取舍，不 + $VP_2$。在Ⅳ、Ⅳ'中，[au¹]_方式 附着在 V 或 VP 之后，表示 V 或 VP 是高层事件的实现方式，隐含的语用意义为：选择了某个方式，而舍弃了其他的方式。所以，Ⅳ 和 Ⅳ' 的[au¹]有个"取舍"的语用义。此语用义在"$VP_1$ + [au¹]，不 + $VP_2$"中得到凸显并逐渐固化。例如：

(29) 东兰
tu² pja¹ ʔou¹ ca:u⁵ ¢je:n¹ ʔou¹, ʔam⁶ ʔou¹ ku:m⁵ ¢je:n¹(* ʔou¹).
只　鱼　取_工具　炒锅　煎　取_取舍　不　取_工具　鼎锅　煎（* 取_取舍）
"鱼用炒锅煎，不用鼎锅煎。"

"取舍"语用义的固化使[au¹]_方式 演变为[au¹]_取舍，并对[au¹]_取舍的句法分布产生了新的制约，即[au¹]$_{取舍}$多出现在肯定式 VP 之后，而很少出现或强制性地不能出现在否定式 VP 之后。目前，[au¹]$_{取舍}$在壮语各方言中的分布并不均衡。有的壮语方言中没有发现使用[au¹]$_{取舍}$的例句，而武鸣壮语的[au¹]$_{取舍}$既能出现在肯定式 VP 后，也能出现在否定式 VP 后。

以上语法化过程可简化为"抓取$_{动词}$＞摸取$_{动词/方式}$＞煎取$_{方式}$＞用炒锅煎取$_{取舍}$，不用鼎锅煎"。

## 第 4 节  迁移过程与理论意义

方式助词、取舍助词在广西汉语、壮语方言中较常见，在境内外壮傣语支语言中也有分布，但在广西以外的汉语方言中比较罕见。我们认为，方式助词、取舍助词是广西汉语方言与境内外壮傣语支语言共享的区域特征。汉语方言的 GET$_{方式}$、GET$_{取舍}$是通过与壮语接触产生的。关于 GET$_{方式}$扩散过程和扩散机制的具体论述可参看黄阳、郭必之（2013：521—540）。郭必之（2010b）和黄阳、郭必之（2013）对扩散过程中模式语（model language）和复制语（replica language）的判定所采用的参项都与 Heine and Kuteva（2003，2005，2006，2007）及吴福祥（2008，2009a，2009c）概括出的参项相吻合。本案例还提供了一些以往研究中尚未论及的参项。

如前所述，GET$_{方式}$语法化的句法槽是连动式。据刘丹青（2015）论述，汉语、壮语都是分析型语言，连动式发达。我们认为，汉语、壮语的连动式与本章相关的类型特点有如下两个。

第一，两个或多个动词的共享宾语后置于连动式的"$V_{t1}＋V_{t2}＋O$"结构，这在壮语中很常见。例如：

（30）东兰

a. pi⁴  ku¹  ɕe³  tan³  ku⁶  ha:i²  muŋ².
　　姐　我　借　穿　双　鞋子　你

"姐姐我借你的鞋子穿。"（莫蓓蓓，2015：14）

b. te¹  kam⁶  joŋ¹  kɯn¹  tu²  kai⁵  me⁶.
　　他　抓　水　煮　吃　只　鸡　母

"他抓一只母鸡煮来吃。"（覃凤余、莫蓓蓓，2015：49）

（31）靖西

poŋ⁶  khən³  i³  je:n²  ma²  khap⁷  kin¹  i⁵no:ŋ⁴.
窜　　上　　一些　边沿　来　咬　　吃　弟弟

"窜到潭边来咬吃弟弟。"（郑贻青，2013：302、307）

覃凤余、莫蓓蓓（2015：49）指出，壮语为了保证共享宾语后置于连动动词，连动式的最后一个动词甚至要带使动宾语。例如：

（32）a. kɯ:¹  kɯn¹  nu:ŋ⁴.
　　　　喂　　吃　　弟弟

"喂弟弟，使弟弟吃。"（覃凤余、莫蓓蓓，2015：49）

b. te¹  θo:ŋ²  he:u⁶  ham⁵  ku¹  kɯn¹  θu².
　　他　站　　叫　　回答　我　吃　　饭

"他站着叫我，使我回答吃饭。"（覃凤余、莫蓓蓓，2015：49）

"$V_{t1}+V_{t2}+O$"结构在现代汉语中不被接受。刘丹青（2015：8）明确指出，现代汉语"连动句的宾语共享遵循回指规则，即承前省，不能用蒙后省，例如'买本杂志看'不能说成'买看本杂志'"。先秦两汉时期汉语中也存在"$V_{t1}+V_{t2}+O$"结构，$V_{t2}$包括含有获得义的"取"和"得"。例如：

（33）愿足下急复进兵，收取荥阳。（《史记·郦生陆贾列传》）
（34）孟孙猎得麑，使秦西巴持之归。（《韩非子·说林上》）

　　据曹广顺（1995）以及蒋绍愚、曹广顺（2005）论述，这类连动结构在六朝时期演变为述补结构，到唐代"取、得"等又进一步语法化为动态助词。广西境内汉语方言主要包括粤语、平话、闽语、西南官话、客家话等，它们的主要形成时期均晚于六朝。勾漏片粤语形成于东晋南北朝到唐代（洪波，2004）。平话主要形成于晚唐至两宋时期（张均如，1988；梁敏、张均如，1988；李连进，2000；王福堂，2001；洪波，2004）。[1] 闽语在广西多是方言岛的形式，操闽语的"福建人在广西落脚已有五百年以上的历史"（杨焕典等，1985：189）。西南官话于明代进入广西，沿江粤语是明末清初特别是鸦片战争以后由经商的粤人逆西江而上带入广西的，客家话进入广西则是清朝康熙中叶以后的事（蓝庆元，2005：85—86）。因此，广西境内的汉语方言无法具备"$V_{t1}+V_{t2}+O$"式的连动结构。

　　第二，两个动词连用时，如果前项动词表方式义，后项动词表主事件，汉语会用"着、住、倒"等成分连接，而壮语则不需要连接性成分。例如：

（35）a. 普通话

　　他笑着说/站着说话（不腰疼）/牛肉可以炖着吃（刘丹青，2015：14）

　　b. 南宁粤语

　　争住讲 争着说/坐住食 坐着吃/企住唱 站着唱/跟住行 跟着走

---

[1] 目前学界对平话形成的具体时间的看法不尽相同。张均如（1988），梁敏、张均如（1988）以及李连进（2000）认为平话是自秦汉至唐宋等历代南迁汉人所操的汉语在湖南南部和广西等地长期交融演变而形成的汉语方言；王福堂（2001）认为平话的语音特点应该在10世纪时（五代至宋初）已经形成；洪波（2004）则称平话产生于晚唐至两宋时期应该是确凿无疑的。尽管各家对平话形成时间的上限看法有出入，但均比较一致地认为晚唐到两宋是平话的主要形成时期。

c. 柳州官话

坐倒吃坐着吃/哭倒讲哭着说/跟倒来跟着来/睡倒看书睡着看书

（36）东兰壮语

a. te¹　　fi²　　ta:u⁵　　la:n².
　他　　醉　　回　　　家

"他醉着回家。"（覃凤余、莫蓓蓓，2015：49）

b. θo:ŋ¹　tu²　te¹　ʔdo³　na:ŋ⁶　ka:ŋ³　va⁶　ʔju⁵　ʔdaɯ¹　la:n².
　两　　只　　那　　躲　　坐　　讲　　话　　在　　里　　家

"他们俩躲在家里坐着讲话。"（覃凤余、莫蓓蓓，2015：49）

例（36a）中的"醉回家"、例（36b）中的"坐讲话"在汉语里要分别译为"醉着回家""坐着讲话"。

特点一可成为判断接触关系中模式语与复制语的一个参项。方式助词最初在句法槽"$V_{获取}$＋［au¹］$_{动词}$＋O"中发生演变，此句法槽正是"$V_{t1}$＋$V_{t2}$＋O"结构。"$V_{t1}$＋$V_{t2}$＋O"是壮语连动式的类型特点，汉语缺乏此类连动式，据此可证明GET$_{方式}$是在壮语中发生语法化的。

特点二可解释汉语、壮语为什么会有"$V_1$＋GET$_{方式}$＋$V_2$"和"$V_1$＋$V_2$＋GET$_{方式}$"之别。如刘丹青（2015）所述，"站着说话"之类是汉语连动式向主从语义域的扩展，而壮语中并没有发生类似的扩展。壮语中"站吃""坐讲话"是典型的连动式，当强调两个动词之间的方式—主事件的关系时可以说成"站吃［au¹］$_{方式}$""坐讲话［au¹］$_{方式}$"。汉语"站着/住/倒说话"中的"站"表方式，"着/住/倒"与［au¹］$_{方式}$的语义功能相近，说汉语的人在复制壮语的［au¹］$_{方式}$时，将其整合进汉语的语序中，用GET$_{方式}$对应汉语的"着/住/倒"等。这就是汉语"$V_1$＋GET$_{方式}$＋$V_2$"的来源。靖西、大化壮语中的"$V_1$＋$V_2$＋GET$_{方式}$"是壮语的固有语序。由于汉语是强势语言，所以它又将"$V_1$＋GET$_{方式}$＋$V_2$"输入壮语中。据表1可知，"$V_1$＋GET$_{方式}$＋$V_2$"对壮语的渗透呈现如下进程：

Ⅰ. $V_1 + V_2 + GET_{方式}$（靖西、大化）；

Ⅱ. $V_1 + V_2 + GET_{方式}/V_1 + GET_{方式} + V_2$（东兰）；

Ⅲ. $V_1 + GET_{方式} + V_2$（田阳、武鸣、柳江）。

$GET_{方式}$产生之初的结构是"$V_{获取} + [au^1]_{动词} + O$"，$[au^1]$相对于$V_{获取}$而言是个语义上更宽泛的行为动词，后来演变为方式助词$[au^1]_{方式}$。根据Heine and Kuteva（2005：79—93）、吴福祥（2009c：194—197）的研究，汉语复制了壮语的$[au^1]_{方式}$及其演变模式，使自己相应的语素"攞、取、要"语法化为"攞$_{方式}$、取$_{方式}$、要$_{方式}$"。这是复制性语法化（replica grammaticalization）。目前，粤语、官话中出现了语素义不同的$DO_{方式}$。对于任何动词而言，"做"都是语义宽泛的行为动词，可泛指各种事件的实现方式。粤语、官话用"做"替换了"攞、取、要"，产生了$DO_{方式}$。这是汉语后起的创新。目前，此创新还未输入壮语中。

## 第5节 结语

本章考察了广西汉语、壮语方言的方式助词和取舍助词，并对其演变过程和扩散机制进行了探讨，主要观点如下。

第一，壮语和境内外壮傣语支语言的$[au^1]_{方式}$和$[au^1]_{取舍}$的语法化过程为"抓取$_{动词}$＞摸取$_{动词/方式}$＞煎取$_{方式}$＞用炒锅煎取$_{取舍}$，不用鼎锅煎"。

第二，汉语的"取$_{方式/取舍}$、攞$_{方式}$、要$_{方式}$"是对壮语的$[au^1]_{方式}$和$[au^1]_{取舍}$及其演变模式进行复制的结果。

第三，我们提出了判断语言接触中扩散源或模式语的新方法，即类型特征判定法。"$V_{t1} + V_{t2} + O$"是壮语连动式的类型特点，汉语并不具备。而$[au^1]_{方式}$最初在"$V_{获取} + [au^1]_{动词} + O$"的句法槽中发生语法化，此结构正是"$V_{t1} + V_{t2} + O$"。故$[au^1]_{方式}$只能在壮语中发生语法化，壮语是模式语。

在长期而密切的语言接触中，语言特征会出现双向迁移现象。覃远雄（2007）观察到广西汉语、壮语中"给"义动词的双向借贷现象，而覃凤余、吴福祥（2009）观察到广西汉语、壮语中"过"字差比结构的交互复制现象。前者是词汇成分的双向迁移，后者是语法范畴的双向迁移。语法范畴的交互复制在本案例中有两种生动表现。其一，"$V_1 + V_2 + GET_{方式}$"从壮语借入汉语，汉语将其重新调整为"$V_1 + GET_{方式} + V_2$"后又"回馈"给了壮语。其二，粤语、官话复制了壮语的$[au^1]_{方式}$，产生了"攞$_{方式}$、取$_{方式}$、要$_{方式}$"。晚近，粤语、官话通过内部的词汇替换产生了$DO_{方式}$。目前，这一现象尚未"回馈"给壮语。

# 附　录

## 缩略语及其具体含义

| | |
|---|---|
| 1 | first-personal 第一人称代名词 |
| 2 | second-personal 第二人称代名词 |
| 3 | third-personal 第三人称代名词 |
| 依主释 | tat-puruṣa 格限定复合词 |
| ACC | accusative 受格 |
| ADJ | adjective 形容词 |
| ADV | adverb 状语化标记 |
| AOR | aorist 不定过去时 |
| CONJ | conjunction 连词 |
| DEM | demonstrative 指示词 |
| F | feminine 阴性 |
| FUT | future 将来时 |
| GEN | genitive 属格 |
| GER | gerund 独立式，绝对分词 |

| | | |
|---|---|---|
| INDL | indeclinative 不变词 | |
| INS | instrumental 工具格 | |
| LOC | locativen 处所格 | |
| M | masculine 阳性 | |
| MID | ātmanepada, middle-voice 为己，中间语态 | |
| N | neuter 中性 | |
| NEG | negation 否定标记 | |
| NOM | nominative 主格 | |
| NUM | number 数词 | |
| P | parasmaipada, active-voice 为他，主动语态 | |
| PL | plural 复数 | |
| PPP | past passive participle 过去被动分词 | |
| PRP | present participle 现在分词 | |
| PRS | present 现在时 | |
| Q | question marker 疑问标记 | |
| REL | relative-pronoun 关系化标记 | |
| SBJV | subjunctive 虚拟语气 | |
| SG | singular 单数 | |
| VOC | vocative 呼格 | |

# 参考文献

阿·伊布拉黑麦，1985. 甘肃境内唐汪话记略. 民族语文，(6).
安俊，编著，1986. 赫哲语简志. 北京：民族出版社.
安西县志编纂委员会，编，1992. 安西县志. 北京：知识出版社.
白宛如，1985. 南宁白话的［ɬai˧］与广州话的比较. 方言，(2).
白宛如，编纂，1998. 广州方言词典. 南京：江苏教育出版社.
鲍厚星，崔振华，沈若云，等编纂，1998. 长沙方言词典. 南京：江苏教育出版社.
贝罗贝，徐丹，2009. 汉语历史语法与类型学//中国社会科学院语言研究所《历史语言学研究》编辑部，编. 历史语言学研究：第2辑. 北京：商务印书馆.
薄文泽，1997. 佯僙语研究. 上海：上海远东出版社.
薄文泽，2003. 木佬语研究. 北京：民族出版社.
布和，刘照雄，编著，1982. 保安语简志. 北京：民族出版社.
曹广衢，1994. 壮侗语趋向补语的起源和发展. 民族语文，(4).
曹广顺，1995. 近代汉语助词. 北京：语文出版社.
曹广顺，1999. 试论汉语动态助词的形成过程//四川大学汉语史研究所. 汉语史研究集刊：第二辑. 成都：巴蜀书社.
曹凯，2012. 壮语方言体标记研究. 北京：中央民族大学博士学位论文.

曹秀玲，2005. 现代汉语量限研究. 延吉：延边大学出版社.

陈保亚，2005. 语言接触导致汉语方言分化的两种模式. 北京大学学报（哲学社会科学版），(2).

陈海伦，李连进，主编，2005. 广西语言文字使用问题调查与研究. 南宁：广西教育出版社.

陈健荣，2020. 汉语方言介连词"两个"的产生. 当代语言学，(1).

陈良煜，李咏梅，2012. 青海方言与河湟文化. 西宁：青海人民出版社.

陈乃雄，1982. 五屯话初探. 民族语文，(1).

陈乃雄，编著，1987. 保安语和蒙古语. 清格尔泰，校阅. 呼和浩特：内蒙古人民出版社.

陈乃雄，1989. 五屯话的动词形态. 民族语文，(6).

陈前瑞，2008. 汉语体貌研究的类型学视野. 北京：商务印书馆.

陈前瑞，王继红，2011. 从完成体到最近将来时：时体将来时语法化的异态与常态. 第六届汉语语法化问题国际学术研讨会会议论文. 西安：陕西师范大学.

陈士林，边仕明，李秀清，编著，1985. 彝语简志. 北京：民族出版社.

陈晓锦，1993. 东莞方言说略. 广州：广东人民出版社.

陈晓锦，陈滔，2005. 广西北海市粤方言调查研究. 北京：中国社会科学出版社.

陈晓锦，2014. 东南亚华人社区汉语方言概要：中. 广州：世界图书出版广东有限公司.

陈永丰，2013. 香港粤语范围副词"晒、添、埋"语义指向分析//赵杰，主编. 北方语言论丛：第3辑. 银川：阳光出版社.

陈泽平，1992. 试论完成貌助词"去". 中国语文，(2).

陈泽平，2000. 福州方言的介词//李如龙，张双庆，主编. 介词. 广州：暨南大学出版社.

陈忠敏，潘悟云，1999. 论吴语的人称代词//李如龙，张双庆，主编. 代词. 广州：暨南大学出版社.

程适良，阿不都热合曼，编著，1987. 乌孜别克语简志. 北京：民族出版社.

储泽祥，1996. 汉语空间方位短语历史演变的几个特点. 古汉语研究，(1).

储泽祥，丁加勇，曾常红，2006. 湖南慈利通津铺话中的"两个". 方言，(3).

储泽祥，2011.《老乞大》《朴通事》方位短语作状语的异常情况分析. 民族语文，(3).

崔希亮，2002. 空间关系的类型学研究. 汉语学习，(1).

戴庆厦，1998. 景颇语方位词"里、处"的虚实两重性：兼论景颇语语法分析中的"跨性"原则. 民族语文，(6).

戴昭铭，2000. 历史音变和吴方言人称代词复数形式的来历. 中国语文，(3).

荻原云来，编纂，1979. 汉译对照梵和大辞典. 台北：新文丰出版股份有限公司.

丁慧君，彭俊，编著，2015. 土耳其语语法. 广州：世界图书出版广东有限公司.

董秀芳，2002. 词汇化：汉语双音词的衍生和发展. 成都：四川民族出版社.

董秀芳，2009. 趋向词走向何方：来自汉语历史和方言的证据. 汉语"趋向词"之历史与方言类型研讨会暨第六届海峡两岸语法史研讨会会议论文. 台北：台湾"中研院"语言学研究所.

董正存，2010. 汉语全称量限表达研究. 天津：南开大学博士学位论文.

杜冰心，2012. 语言接触引发的语言变化：河州话特殊语法研究. 兰州：兰州大学硕士学位论文.

冯春田，2002. 数量结构合音词"俩""仨"的几个问题：兼评赵元任先生的"失音"说. 语言研究，(2).

冯力，2003. 中古汉语动态助词"却（去）"在现代方言中的表现//戴昭铭，主编. 汉语方言语法研究和探索：首届国际汉语方言语法学术研讨会论文集. 哈尔滨：黑龙江人民出版社.

盖兴之，编著，1986. 基诺语简志. 北京：民族出版社.

盖兴之，2007a. 基诺语//孙宏开，胡增益，黄行，主编. 中国的语言. 北京：商务印书馆.

盖兴之，2007b. 堂郎语//孙宏开，胡增益，黄行，主编. 中国的语言. 北京：商务印书馆.

甘于恩，2002. 广东四邑方言语法研究. 广州：暨南大学博士学位论文.

甘于恩，2010. 广东四邑方言语法研究. 广州：暨南大学出版社.

甘于恩，2011. 广东粤方言完成体标记的综合考察. 第十六届国际粤方言研讨会会议论文. 香港：香港理工大学.

高华年，1980. 广州方言研究. 香港：商务印书馆香港分馆.

高名凯，1986. 汉语语法论. 北京：商务印书馆.

高思曼，1998. 动词"为"的句法语意双边研究//郭锡良，主编. 古汉语语法论集. 北京：语文出版社.

耿世民，李增祥，编著，1985. 哈萨克语简志. 北京：民族出版社.

《古汉语常用字字典》编写组，1998. 古汉语常用字字典. 北京：商务印书馆.

广西壮族自治区少数民族语言文字工作委员会研究室，编，1984. 壮汉词汇. 南宁：广西民族出版社.

广西壮族自治区少数民族语言文字工作委员会《壮汉英词典》编委会，编，2005. 壮汉英词典. 北京：民族出版社.

郭必之，2010a. 语言接触的两种类型：以桂中地区诸语言述补结构带宾语的语序为例//潘悟云，沈钟伟，主编. 研究之乐：庆祝王士元先生七十五寿辰学术论文集. 上海：上海教育出版社.

郭必之，2010b. 语言接触中的语法变化：论南宁粤语"述语＋宾语＋补语"结构的来源//张洪年，张双庆，主编. 历时演变与语言接触：中国东南方言（《中国语言学报》专刊第24辑）. 香港：香港中文大学出版社.

郭必之，2012. 从南宁粤语的状貌词看汉语方言与民族语言的接触. 民族语文，（3）.

郭必之，林华勇，2012. 廉江粤语动词后置成分"倒"的来源和发展：从语言接触的角度为切入点. 语言暨语言学，（2）.

郭必之，李宝伦，2013. 香港粤语动词后置成分 saai$^3$ 的语法化. 第七届汉语语法化问题国际学术研讨会会议论文. 武汉：华中师范大学.

郭必之，2014. 南宁地区语言"去"义语素的语法化与接触引发的"复制". 语言暨语言学，（5）.

郭忠，1995. 天门方言的"两个". 语言研究，（1）.

哈斯巴特尔，2001. 关于蒙古语集合数词缀-ɤula，-güle 的来源问题. 内蒙古大学学报（人文社会科学版），（2）.

何艳萍，2010. 镇原方言语法研究. 兰州：西北师范大学硕士学位论文.

和即仁，姜竹仪，编著，1985. 纳西语简志. 北京：民族出版社.

黑维强，2016. 绥德方言调查研究. 北京：北京师范大学出版社.

洪波，2004. 壮语与汉语的接触史及接触类型//石锋，沈钟伟，编. 乐在其中：王士元教授七十华诞庆祝文集. 天津：南开大学出版社.

洪波，谷峰，2005. 唐宋时期"取"的两种虚词用法的再探讨//浙江大学汉语史研究中心，编. 汉语史学报：第5辑. 上海：上海教育出版社.

洪诚，1957. 论南北朝以前汉语中的系词. 语言研究，（2）.

胡敕瑞，2006. "去"之"往/至"义的产生过程. 中国语文，（6）.

胡海燕，1985. 关于《金刚经》梵本及汉译对勘的几个问题. 南亚研究，(2、3).

胡壮麟，1997. 语言·认知·隐喻. 现代外语，(4).

黄浜，1996. 粤商与近代广西城镇经济新主干行业的创立. 广西师范大学学报（哲学社会科学版），(1).

黄伯荣，主编，1996. 汉语方言语法类编. 青岛：青岛出版社.

黄成龙，2015. 羌语的空间范畴. 语言暨语言学，(5).

黄克木，2009. 南宁市邕宁区福建村话语法研究. 南宁：广西大学硕士学位论文.

黄小丽，2014. 日语方位词"上"的语法化考察. 外语教学与研究（外国语文双月刊），(4).

黄阳，2010. 靖西壮语语法. 南宁：广西大学硕士学位论文.

黄阳，郭必之，2013. 方式助词在广西汉语方言和壮侗语中的扩散：源头、过程及启示//石锋，彭刚，主编. 大江东去：王士元教授八十岁贺寿文集. 香港：香港城市大学出版社.

黄阳，郭必之，2014. 壮语方言"完毕"动词的多向语法化模式. 民族语文，(1).

黄阳，2016. 南宁粤语的助词"晒". 方言，(4).

江蓝生，1994.《燕京妇语》所反映的清末北京话特色（上）. 语文研究，(4).

江蓝生，1998. 后置词"行"考辨. 语文研究，(1).

江蓝生，2012. 汉语连—介词的来源及其语法化的路径和类型. 中国语文，(4).

姜南，2011. 基于梵汉对勘的《法华经》语法研究. 北京：商务印书馆.

蒋冀骋，1994. 隋以前汉译佛经虚词笺识. 古汉语研究，(2).

蒋绍愚，2005. 古汉语词汇纲要. 北京：商务印书馆.

蒋绍愚，曹广顺，主编，2005. 近代汉语语法史研究综述. 北京：商务印书馆.

金小栋，吴福祥，2016. 汉语方言多功能虚词"连"的语义演变. 方言，(4).

金小栋，吴福祥，2018. 汉语方言多功能语素"跟"的语义演变：兼论"跟随/伴随"义语素的几种语义演变模式. 语文研究，(3).

金有景，1990. 拉祜语的主语、宾语、状语助词. 民族语文，(5).

荆亚玲，汪化云，2016. 双数标记"俩"的语法化. 古汉语研究，(2).

柯理思，2002. 汉语方言里连接趋向成分的形式. 中国语文研究，(1).

柯理思，2003. 汉语空间位移事件的语言表达：兼论述趋式的几个问题. 现代中国语研究，(5).

孔祥卿，2005. 河北辛集话的合音现象与合音词：兼谈普通话合音词"俩""仨""别"的来源. 南开语言学刊，(1).

蓝庆元，2005. 壮汉同源词借词研究. 北京：中央民族大学出版社.

李春风，2012. 邦朵拉祜语参考语法. 北京：中央民族大学博士学位论文.

李方桂，2005a/1940. 龙州土语. 北京：清华大学出版社.

李方桂，2005b/1956. 武鸣土语. 北京：清华大学出版社.

李方桂，2005c/1977. 莫话记略　水话研究. 北京：清华大学出版社.

李健，1996. 化州粤语概说. 天津：天津古籍出版社.

李锦芳，2000. 粤语西渐及与壮侗语接触的过程//单周尧，陆镜光，主编. 第七届国际粤方言研讨会论文集（《方言》增刊）. 北京：商务印书馆.

李锦芳，2001. 壮语动词体貌的初步分析. 三月三（民族语文论坛专辑增刊）.

李克郁，1987. 青海汉语中的某些阿尔泰语言成分. 民族语文，(3).

李连进，2000. 平话音韵研究. 南宁：广西人民出版社.

李明，2004. 趋向动词"来/去"的用法及其语法化//北京大学汉语语言学研究中心《语言学论丛》编委会，编. 语言学论丛：第29辑. 北京：

商务印书馆.

李如龙, 张双庆, 主编, 1992. 客赣方言调查报告. 厦门: 厦门大学出版社.

李如龙, 等, 1999. 粤西客家方言调查报告. 广州: 暨南大学出版社.

李申, 1985. 徐州方言志. 北京: 语文出版社.

李树兰, 仲谦, 王庆丰, 编, 1984. 锡伯语口语研究. 北京: 民族出版社.

李泰洙, 2000. 古本、谚解本《老乞大》里方位词的特殊功能. 语文研究, (2).

李新魁, 黄家教, 施其生, 等, 1995. 广州方言研究. 广州: 广东人民出版社.

李行德, 1994. 粤语"晒"的逻辑特点//单周尧, 主编. 第一届国际粤方言研讨会论文集. 香港: 现代教育研究社.

李永燧, 2007a. 毕苏语//孙宏开, 胡增益, 黄行, 主编. 中国的语言. 北京: 商务印书馆.

李永燧, 2007b. 哈尼语//孙宏开, 胡增益, 黄行, 主编. 中国的语言. 北京: 商务印书馆.

李永燧, 2007c. 桑孔语//孙宏开, 胡增益, 黄行, 主编. 中国的语言. 北京: 商务印书馆.

李云兵, 2005. 布赓语研究. 北京: 民族出版社.

李宗江, 2004. "完成"类动词的语义差别及其演变方向//北京大学汉语语言学研究中心《语言学论丛》编委会, 编. 语言学论丛: 第30辑. 北京: 商务印书馆.

连金发, 1995. 台湾闽南语完结时相词试论//曹逢甫, 蔡美慧, 编. 台湾闽南语论文集: 第一辑 闽南语. 台北: 文鹤出版有限公司.

梁敢, 2010. 壮语体貌范畴研究. 北京: 中央民族大学博士学位论文.

梁敏, 张均如, 1988. 广西壮族自治区各民族语言的互相影响. 方言, (2).

梁敏，张均如，1999. 广西平话概论. 方言，(1).

梁银峰，2007. 汉语趋向动词的语法化. 上海：学林出版社.

梁银峰，吴福祥，贝罗贝，2008. 汉语趋向补语结构的产生与演变//中国社会科学院语言研究所《历史语言学研究》编辑部，编. 历史语言学研究：第1辑. 北京：商务印书馆.

林华勇，2005. 广东廉江方言助词研究. 广州：中山大学博士学位论文.

林华勇，马喆，2008. 广东廉江方言的"子"义语素与小称问题. 语言科学，(6).

林华勇，郭必之，2010. 廉江粤语中因方言接触产生的语法变异现象//甘于恩，主编. 南方语言学：第2辑. 广州：暨南大学出版社.

林莲云，编著，1985. 撒拉语简志. 北京：民族出版社.

林亦，覃凤余，2008. 广西南宁白话研究. 桂林：广西师范大学出版社.

林亦，2012. 广西粤方言完成体标记. 第十七届国际粤方言研讨会暨海外汉语方言专题讨论会会议论文. 广州：暨南大学.

刘村汉，编纂，1995. 柳州方言词典. 南京：江苏教育出版社.

刘村汉，1998. 广西的语言宝藏. 梧州师专学报，(1).

刘丹青，1996. 东南方言的体貌标记//张双庆，主编. 动词的体. 香港：香港中文大学中国文化研究所吴多泰中国语文研究中心.

刘丹青，2002. 汉语中的框式介词. 当代语言学，(4).

刘丹青，2003. 语序类型学与介词理论. 北京：商务印书馆.

刘丹青，编著，2008. 语法调查研究手册. 上海：上海教育出版社.

刘丹青，2015. 汉语及亲邻语言连动式的句法地位和显赫度. 民族语文，(3).

刘丹青，讲授，2017. 语言类型学. 曹瑞炯，整理. 上海：中西书局.

刘利，2000. 先秦单音节助动词考辨. 北京师范大学学报（人文社会科学版),(2).

刘小丽,2012. 临潭话词汇语法研究. 兰州:兰州大学硕士学位论文.

龙国富,2004. 姚秦译经助词研究. 长沙:湖南师范大学出版社.

龙国富,2005.《法华经》语法研究. 北京:中国社会科学院博士后出站报告.

龙国富,2008. 从语言接触看汉译佛经中连接词"若"的特殊用法//浙江大学汉语史研究中心,编. 汉语史学报:第7辑. 上海:上海教育出版社.

陆绍尊,编著,1983. 普米语简志. 北京:民族出版社.

吕叔湘,1979. 汉语语法分析问题. 北京:商务印书馆.

吕叔湘,主编,1980. 现代汉语八百词. 北京:商务印书馆.

罗安源,1990. 现代湘西苗语语法. 北京:中央民族学院出版社.

罗康宁,编著,1987. 信宜方言志. 叶国泉,审订. 广州:中山大学出版社.

罗美珍,2008. 傣语方言研究:语法. 北京:民族出版社.

马清华,2004. 并列结构的自组织研究. 上海:华东师范大学博士学位论文.

马树钧,1982. 临夏话中的"名+哈"结构. 中国语文,(1).

马树钧,1984. 汉语河州话与阿尔泰语言. 民族语文,(2).

马文妍,2011. 柳江壮语语法调查与研究. 南宁:广西大学硕士学位论文.

麦耘,2009. 从粤语的产生和发展看汉语方言形成的模式. 方言,(3).

麦耘,2010. 粤语的形成、发展与粤语和平话的关系//潘悟云,沈钟伟,主编. 研究之乐:庆祝王士元先生七十五寿辰学术论文集. 上海:上海教育出版社.

毛向樱,2011. "所有"的词汇化过程探析. 北方文学,(6).

梅祖麟,1988. 汉语方言里虚词"著"字三种用法的来源. 中国语言学报，(3).

孟达来，1996. 论阿尔泰语系语言的复数附加成分. 满语研究，(2).

孟飞雪，朱婷婷，黄涓，2015. 田阳壮语的语音、词汇. 百色学院学报，(5).

敏春芳，2014a. 甘青民族地区语言接触中的"格"范畴. 民族语文，(5).

敏春芳，2014b. "经堂语"的格标记和从句标记. 方言，(3).

莫蓓蓓，2015. 类型学视角下的东兰壮语的连动式及其否定辖域的研究. 南宁：广西大学学士学位论文.

莫超，2004. 白龙江流域汉语方言语法研究. 北京：中国社会科学出版社.

莫华，1993. 试论"-晒"与"-埋"的异同//郑定欧，主编. 广州话研究与教学. 广州：中山大学出版社.

木仕华，2003. 卡卓语研究. 北京：民族出版社.

南京市地方志编纂委员会，方言志编纂委员会，1993. 南京方言志. 南京：南京出版社.

欧阳觉亚，1995. 两广粤方言与壮语的种种关系. 民族语文，(6).

欧阳觉亚，1998. 村语研究. 上海：上海远东出版社.

欧阳伟豪，1998. 也谈粤语"晒"的量化表现特征. 方言，(1).

潘立慧，2016. 汉语"了"在壮语中的两种特殊用法：作为全称量化词和最高程度标记. 柳州职业技术学院学报，(2).

潘允中，1980. 汉语动补结构的发展. 中国语文，(1).

彭楚南，1957. 语法范畴（上）：语言学讲话之三. 中国语文，(5).

彭睿，2008. "临界环境—语法化项"关系刍议. 语言科学，(3).

彭睿，2011. 临界频率和非临界频率：频率和语法化关系的重新审视. 中国语文，(1).

彭小川，2010. 广州话助词研究. 广州：暨南大学出版社.

彭晓辉，储泽祥，2008. 湖南祁东话表示双数的"两个". 汉语学报，(2).

平川彰，编，1997. 佛教汉梵大辞典. 东京：灵友会.

覃东生，2007. 宾阳话语法研究. 南宁：广西大学硕士学位论文.

覃东生，2012. 对广西三个区域性语法现象的考察. 石家庄：河北师范大学博士学位论文.

覃凤余，2007. 漫谈广西汉语方言语法的调查与研究：以"去"为例. 座谈会发表论文. 香港：香港城市大学.

覃凤余，吴福祥，2009. 南宁白话"过"的两种特殊用法. 民族语文，(3).

覃凤余，莫蓓蓓，2015. 东兰壮语的句法结构. 三月三（民族语文研究专号18），(6).

覃凤余，2018. 出口转内销：语言接触的后续演变. 中国民族语言学会描写语言学专业委员会2018年年会新描写语言学框架下的中国少数民族语言研究学术研讨会会议论文. 百色：百色学院.

覃晓航，1995. 壮语特殊语法现象研究. 北京：民族出版社.

覃远雄，韦树关，卞成林，编纂，1997. 南宁平话词典. 南京：江苏教育出版社.

覃远雄，2000. 南宁平话的介词//李如龙，张双庆，主编. 介词. 广州：暨南大学出版社.

覃远雄，2007. 平话、粤语与壮语"给"义的词. 民族语文，(5).

清格尔泰，编著，1991. 土族语和蒙古语. 李克郁，校阅. 呼和浩特：内蒙古人民出版社.

仁增旺姆，1991. 汉语河州话与藏语的句子结构比较. 民族语文，(1).

石汝杰，2000. 苏州方言的介词体系//李如龙，张双庆，主编. 介词. 广州：暨南大学出版社.

斯钦朝克图，1999. 康家语研究. 上海：上海远东出版社.

宋珊，2017. 甘肃天祝县汉语方言语法研究. 兰州：兰州大学硕士学位论文.

孙宏开，黄成龙，周毛草，2002. 柔若语研究. 北京：中央民族大学出版社.

孙宏开，2007a. 尔苏语//孙宏开，胡增益，黄行，主编. 中国的语言. 北京：商务印书馆.

孙宏开，2007b. 怒苏语//孙宏开，胡增益，黄行，主编. 中国的语言. 北京：商务印书馆.

孙立新，2013. 关中方言语法研究. 北京：中国社会科学出版社.

孙占鳌，刘生平，2013. 酒泉方言研究. 兰州：兰州大学出版社.

孙占林，1991. "去"的"往"义的产生. 古汉语研究，(3).

太田辰夫，2003/1958. 中国语历史文法. 蒋绍愚，徐昌华，译. 修订译本. 北京：北京大学出版社.

田德生，2007. 土家语//孙宏开，胡增益，黄行，主编. 中国的语言. 北京：商务印书馆.

汪维辉，1999. 方位词"里"考源. 古汉语研究，(2).

王福堂，2001. 平话、湘南土语和粤北土话的归属. 方言，(2).

王福堂，2005. 汉语方言语音的演变和层次. 修订本. 北京：语文出版社.

王国栓，2003. "去"从离义到往义的变化试析//北京大学汉语语言学研究中心《语言学论丛》编委会，编. 语言学论丛：第27辑. 北京：商务印书馆.

王继红，朱庆之，2013. 汉译佛经句末"故"用法考察：以《阿毗达磨俱舍论》梵汉对勘为例//蒋绍愚，胡敕瑞，主编. 汉译佛典语法研究论集. 北京：商务印书馆.

王锦慧，2004. "往""来""去"历时演变综论. 台北：里仁书局.

王均，郑国乔，编著，1980. 仫佬语简志. 北京：民族出版社.

王力，1989. 汉语语法史. 北京：商务印书馆.

王双成，2011. 青海西宁方言的给予类双及物结构. 方言，(1).

王双成，2012. 西宁方言的介词类型. 中国语文，(5).

王双成，2016. 藏语名词的指称及其对周边语言的影响. 民族语文，(3).

王双成，2020. 接触与共性：西宁方言方位词的语法化. 语言科学，(2).

望月圭子，2000. 汉语里的"完成体". 汉语学习，(1).

韦景云，覃晓航，编著，2006. 壮语通论. 北京：中央民族大学出版社.

韦景云，何霜，罗永现，2011. 燕齐壮语参考语法. 北京：中国社会科学出版社.

韦庆稳，覃国生，编著，1980. 壮语简志. 北京：民族出版社.

魏钢强，编纂，1998. 萍乡方言词典. 南京：江苏教育出版社.

吴福祥，2001. 南方方言几个状态补语标记的来源（一）. 方言，(4).

吴福祥，2002. 南方方言几个状态补语标记的来源（二）. 方言，(1).

吴福祥，2003. 汉语伴随介词语法化的类型学研究：兼论SVO型语言中伴随介词的两种演化模式. 中国语文，(1).

吴福祥，2007. 关于语言接触引发的演变. 民族语文，(2).

吴福祥，2008. 南方语言正反问句的来源. 民族语文，(1).

吴福祥，2009a. 从"得"义动词到补语标记：东南亚语言的一种语法化区域. 中国语文，(3).

吴福祥，2009b. 南方民族语言里若干接触引发的语法化过程//吴福祥，崔希亮，主编. 语法化与语法研究：四. 北京：商务印书馆.

吴福祥，2009c. 语法化的新视野：接触引发的语法化. 当代语言学，(3).

吴福祥，2010. 汉语方言里与趋向动词相关的几种语法化模式. 方言，(2).

吴福祥，2013a. 关于语法演变的机制. 古汉语研究，(3).

吴福祥，2013b. 语义复制的两种模式. 民族语文，(4).

吴福祥，2014. 语言接触与语义复制：关于接触引发的语义演变. 苏州大学学报（哲学社会科学版），(1).

吴福祥，2015. 白语$no^{33}$的多功能模式及演化路径. 民族语文，(1).

吴宏伟，1999. 图瓦语研究. 上海：上海远东出版社.

吴继光，李建，1991. 扬州方言单音词汇释（一）. 方言，(3).

伍雅清，杨稼辉，2011. 量化名词的两种形式：谈"所有 NP"和"所有的 NP". 外国语，(1).

武自立，2007. 末昂语//孙宏开，胡增益，黄行，主编. 中国的语言. 北京：商务印书馆.

席元麟，1985. 同仁土族（五屯）语言调查报告//青海民族学院民族研究所. 民族研究丛刊·青海民族研究：第 2 辑. 西宁：［内部资料］.

项楚，2006. 敦煌变文选注. 增订本. 北京：中华书局.

项梦冰，1997. 连城客家话语法研究. 北京：语文出版社.

项梦冰，2002. 连城客家话完成貌句式的历史层次//北京大学汉语语言学研究中心《语言学论丛》编委会，编. 语言学论丛：第 26 辑. 北京：商务印书馆.

谢建猷，1994a. 南宁白话同音字汇. 方言，(4).

谢建猷，1994b. 壮语陆西话和汉语平话、白话若干相似现象. 民族语文，(5).

解植永，2012. 中古汉语判断句研究. 成都：巴蜀书社.

邢向东，蔡文婷，2010. 合阳方言调查研究. 北京：中华书局.

邢向东，2011. 陕北神木话的话题标记"来"和"去"及其由来. 中国语文，(6).

邢志群，2003. 汉语动词语法化的机制//北京大学汉语语言学研究中心《语言学论丛》编委会，编. 语言学论丛：第 28 辑. 北京：商务印书馆.

徐丹，2005. 趋向动词"来/去"与语法化：兼谈"去"的词义转变及其机制//沈家煊，吴福祥，马贝加，主编. 语法化与语法研究：二. 北京：商务印书馆.

徐丹，2014. 唐汪话研究. 北京：民族出版社.

徐丹，2015. 从借词看西北地区的语言接触. 民族语文，(2).

徐丹，2018. 甘青一带语言借贷的历史层次及模式. 民族语文，(6).

徐丹，贝罗贝，2018. 中国境内甘肃青海一带的语言区域. 汉语学报，(3).

徐琳，赵衍荪，编著，1984. 白语简志. 北京：民族出版社.

徐琳，木玉璋，盖兴之，编著，1986. 傈僳语简志. 北京：民族出版社.

徐琳，记录整理，1988. 白语话语材料. 民族语文，(3).

徐思益，1958. 也谈"概数"：并试论现代汉语"数"的语法范畴. 语文知识，(4).

徐颂列，1989. "任何"与"所有". 杭州大学学报，(4).

徐为民，2005. "所有"的语法特性——一幅不完全的图像：维特根斯坦关于"所有"的一些看法. 自然辩证法研究，(1).

徐朝红，2012. 汉译佛经中并列连词"亦"的历时考察及来源再探. 语文研究，(2).

徐朝红，2013. 汉译佛经本缘部特殊连词研究. 古汉语研究，(2).

徐朝红，吴福祥，2015. 从类同副词到并列连词：中古译经中虚词"亦"的语义演变. 中国语文，(1).

许理和，1987/1977. 最早的佛经译文中的东汉口语成分. 蒋绍愚，译//北京大学中文系《语言学论丛》编委会，编. 语言学论丛：第14辑. 北京：商务印书馆.

许洋主，1995. 新译梵文佛典金刚般若波罗蜜经. 台北：如实出版社.

杨伯峻，何乐士，1992. 古汉语语法及其发展. 北京：语文出版社.

杨焕典，梁振仕，李谱英，等，1985. 广西的汉语方言(稿). 方言，(3).

杨萌萌，胡建华，2017. 何以并列？：跨语言视角下的汉语并列难题. 外语教学与研究（外国语文双月刊），(5).

杨树达，1984/1930. 高等国文法. 北京：商务印书馆.

杨扬，2013. 天祝方言词汇研究. 兰州：兰州大学硕士学位论文.

杨永龙，2014. 青海民和甘沟话的多功能格标记"哈". 方言，(3).

杨永龙，张竞婷，2016. 青海民和甘沟话的格标记系统. 民族语文，(5).

杨永龙，2019. 甘青河湟话的混合性特征及其产生途径. 民族语文，(2).

姚振武，1998. "为"字的性质与"为"字式//郭锡良，主编. 古汉语语法论集. 北京：语文出版社.

叶祥苓，编纂，1993. 苏州方言词典. 南京：江苏教育出版社.

意西微萨·阿错，2002. 雅江"倒话"的混合特征. 民族语文，(5).

意西微萨·阿错，2003. 藏、汉语言在"倒话"中的混合及语言深度接触研究. 天津：南开大学博士学位论文.

意西微萨·阿错，2004. 倒话研究. 北京：民族出版社.

尹玉，1957. 趋向补语的起源. 中国语文，(9).

余凯，2009. 梧州话语法研究. 南宁：广西大学硕士学位论文.

玉柱，1988. 关于连词和介词的区分问题. 汉语学习，(6).

袁毓林，李湘，曹宏，等，2009. "有"字句的情景语义分析. 世界汉语教学，(3).

云南省地方志编纂委员会，总纂，1989. 云南省志：卷五十八 汉语方言志. 昆明：云南人民出版社.

詹伯慧，主编，2004. 广东粤方言概要. 广州：暨南大学出版社.

张安生，2006. 同心方言研究. 北京：中华书局.

张安生，舍秀存，2009. 西宁回民话语法资料//刘丹青，唐正大，主编. 现代汉语方言语法语料库.

张安生，2013. 甘青河湟方言名词的格范畴. 中国语文，(4).

张成材，2006. 西宁及周边方言介词初探. 青海师范大学学报（哲学社会科学版），(3).

张崇，1990. 延川方言志. 北京：语文出版社.

张定，2010. 汉语多功能语法形式的语义图视角. 北京：中国社会科学院研究生院博士学位论文.

张定京，2000. 哈萨克语并列连接助词. 民族语文，(1).

张洪年，1972. 香港粤语语法的研究. 香港：香港中文大学出版社.

张洪年，2007. 香港粤语语法的研究. 增订版. 香港：香港中文大学出版社.

张惠英,1995. 复数人称代词词尾"家""们""俚". 中国语言学报,(5).

张济民,1993. 仡佬语研究. 贵阳:贵州民族出版社.

张竞婷,2013. 保安族汉语方言格范畴研究. 兰州:兰州大学硕士学位论文.

张均如,1988. 广西平话对当地壮侗语族语言的影响. 民族语文,(3).

张均如,梁敏,欧阳觉亚,等,1999. 壮语方言研究. 成都:四川民族出版社.

张凯,2011. 枣庄方言志. 济南:山东人民出版社.

张蕾,李宝伦,潘海华,2009. "所有"的加合功能与全称量化. 世界汉语教学,(4).

张敏,1998. 认知语言学与汉语名词短语. 北京:中国社会科学出版社.

张蓉兰,马世册,2007. 拉祜语//孙宏开,胡增益,黄行,主编. 中国的语言. 北京:商务印书馆.

张双棣,张联荣,宋绍年,等编著,2002. 古代汉语知识教程. 北京:北京大学出版社.

张延成,2002. 东汉佛经词语例释二则. 古汉语研究,(1).

张元生,覃晓航,编著,1993. 现代壮汉语比较语法. 北京:中央民族学院出版社.

赵长才,1998. 上古汉语"亦"的疑问副词用法及其来源. 中国语文,(1).

赵长才,2011. 中古汉语选择连词"为"的来源及演变过程. 中国语文,(3).

赵日新,2000. 绩溪方言的介词//李如龙,张双庆,主编. 介词. 广州:暨南大学出版社.

赵相如,朱志宁,编著,1985. 维吾尔语简志. 北京:民族出版社.

赵元任,1927. "俩""仨""四呃""八阿". 东方杂志,24(12).

赵元任,1979/1968. 汉语口语语法. 吕叔湘,译. 北京:商务印书馆.

照那斯图，编著，1981. 土族语简志. 北京：民族出版社.

郑贻青，1997. 回辉话研究. 上海：上海远东出版社.

郑贻青，2013. 靖西壮语研究. 南宁：广西民族出版社.

志村良志，1995/1984. 中国中世语法史研究. 江蓝生，白维国，译. 北京：中华书局.

中国社会科学院语言研究所，中国社会科学院民族学与人类学研究所，香港城市大学语言资讯科学研究中心，编，2012. 中国语言地图集：汉语方言卷. 第2版. 北京：商务印书馆.

中央民族学院少数民族语言研究所第五研究室，编，1983. 壮侗语族语言文学资料集. 成都：四川民族出版社.

钟进文，1997. 甘青地区独有民族的语言文化特征. 西北民族研究，（2）.

钟进文，2009. 西部裕固语描写研究. 北京：民族出版社.

钟文典，主编，1998. 广西近代圩镇研究. 桂林：广西师范大学出版社.

周本良，沈祥和，黎平，等，2006. 南宁市下郭街官话同音字汇. 桂林师范高等专科学校学报，（2）.

周晨磊，2018. 从"二"到伴随——工具格标记：甘青语言区域内的区域创新. 第五届类型学视野下的汉语与民族语言研究高峰论坛会议论文. 北京：北京语言大学.

周磊，王燕，1991. 吉木萨尔方言志. 乌鲁木齐：新疆人民出版社.

周洋，2016. 香格里拉话的格标记"上"：兼论从方位词到格标记的语法化链. 语言研究，（2）.

周祖谟，1988. 中国训诂学发展的历史//周祖谟语言文史论集. 杭州：浙江古籍出版社.

朱冠明，2007. 从中古佛典看"自己"的形成. 中国语文，（5）.

朱冠明，2008a. 梵汉本《阿弥陀经》语法札记//中国社会科学院语言研究所《历史语言学研究》编辑部，编. 历史语言学研究：第1辑. 北京：

商务印书馆.

朱冠明，2008b. 移植：佛经翻译影响汉语词汇的一种方式//北京大学汉语语言学研究中心《语言学论丛》编委会，编. 语言学论丛：第37辑. 北京：商务印书馆.

朱冠明，2013. "为N所V"被动式再分析. 古汉语研究，(2).

朱庆之，1995. 汉译佛典在原典解读方面的价值举隅：以Kern英译《法华经》为例//王元化，主编. 学术集林：卷六. 上海：上海远东出版社.

朱庆之，2001. 佛教混合汉语初论//北京大学中文系《语言学论丛》编委会，编. 语言学论丛：第24辑. 北京：商务印书馆.

朱庆之，梅维恒，编，2004. 荻原云来《汉译对照梵和大辞典》汉译词索引. 成都：巴蜀书社.

朱庆之，2006. 略论笈多译《金刚经》的性质及其研究价值. 普门学报，(36).

朱晓农，2004. 亲密与高调：对小称调、女国音、美眉等语言现象的生物学解释. 当代语言学，(3).

朱艳华，2010. 藏缅语工具格的类型及源流. 民族语文，(1).

朱雨，2013. 开远方言中"挨"的介词功能与连词功能. 红河学院学报，(5).

庄初升，2007. 一百多年前新界客家方言的体标记"开"和"里". 暨南学报（哲学社会科学版），(3).

邹嘉彦，等，2009. 广西地区"语言飘离"和"语言转移"现象与语言濒危探索. 第一届濒危方言学术研讨会会议论文. 广州：中山大学.

祖生利，2001. 元代白话碑文中方位词的格标记作用. 语言研究，(4).

Greenberg Joseph H，1984. 某些主要跟语序有关的语法普遍现象. 陆丙甫，陆致极，译. 国外语言学，(2).

Heine Bernd，Kuteva Tania，2012. 语法化的世界词库. 龙海平，谷峰，肖小平，译. 洪波，谷峰，注释. 北京：世界图书出版公司北京公司.

Aikhenvald Alexandra Y, Dixon Robert Malcolm Ward, 2001. Introduction//Aikhenvald Alexandra Y, Dixon Robert Malcolm Ward (eds.). Areal diffusion and genetic inheritance: problems in comparative linguistics. Oxford: Oxford University Press.

Aikhenvald Alexandra Y, 2006. Grammars in contact: a cross-linguistic perspective//Aikhenvald Alexandra Y, Dixon Robert Malcolm Ward (eds.). Grammars in contact: a cross-linguistic typology. Oxford: Oxford University Press.

Ansaldo Umberto, 2009. Contact languages: ecology and evolution in Asia. Cambridge: Cambridge University Press.

Backus A, Doğruöz A Seza, Heine Bernd, 2011. Salient stages in contact-induced grammatical change: evidence from synchronic vs. diachronic contact situations. Language Science, 33 (5).

Bartee Ellen Lynn, 2007. A grammar of Dongwang Tibetan. PhD dissertation. Santa Barbara: University of California, Santa Barbara.

Bauer Robert S, 1987. In search of Austro-Tai strata in Southern Chinese dialects. Computational Analyses of Asian and African Languages, 28.

Bilmes Leela, 1995. The grammaticalization of Thai "come" and "go". Proceedings of the 21st Annual Meeting of the Berkeley Linguistic Society: Special Session on Discourse in Southeast Asian Languages.

Bisang Walter, 1996. Areal typology and grammaticalization: processes of grammaticalization based on nouns and verbs in East and Mainland South East Asian languages. Studies in Language, 20 (3).

Bybee Joan, Perkins Revere, Pagliuca William, 1994. The evolution of grammar: tense, aspect, and modality in the languages of the world. Chicago: The University of Chicago Press.

Chao Yuen Ren, 1968. A Grammar of Spoken Chinese. Berkeley: University of California Press.

Chappell Hilary, 1992. Towards a typology of aspect in Sinitic languages//Chinese languages and linguistics: Vol. I Chinese dialects. Taipei: Institute of History and Philology, "Academia Sinica".

Chappell Hilary, 2001. Language contact and areal diffusion in Sinitic languages//Aikhenvald Alexandra Y, Dixon Robert Malcolm Ward (eds.). Areal diffusion and genetic inheritance: problems in comparative linguistics. Oxford: Oxford University Press.

Chappell Hilary, Peyraube Alain, 2011. Grammaticalization in Sinitic languages//Narrog Heiko, Heine Bernd (eds.). The Oxford handbook of grammaticalization. Oxford/New York: Oxford University Press.

Cheung Samuel Hung-Nin, 1997. Completing the completive: (re)constructing early Cantonese grammar//Sun Chaofen (ed.). Studies on the history of Chinese syntax (Journal of Chinese Linguistics Monograph Series 10). Berkeley: Project on Linguistic Analyses.

Diller Anthony V N, Edmondson Jerold A, Luo Yongxian, 2008. The Tai-Kadai languages. London/New York: Routledge.

Dixon Robert Malcolm Ward, 1997. The rise and fall of languages. Cambridge: Cambridge University Press.

Djamouri Redouane, Paul Waltraud, 2006. Grammaticalization and the role of serial verb construction in Chinese historical syntax. Paper presented at the 14th Annual Meeting of the International Association of Chinese Linguistics. Taipei: Institute of Linguistics, "Academia Sinica".

Dwyer Arienne M, 1992. Altaic elements in the Linxia dialect: contact-induced change on the Yellow River plateau. Journal of Chinese Linguistics, 20 (1).

Edgerton Franklin, 1953. Buddhist hybrid Sanskrit grammar and dictionary: Vol.2. New Haven: Yale University Press.

Enfield Nick J, 2003. Linguistic epidemiology: semantics and grammar of language contact in mainland Southeast Asia. London/NewYork: Routledge Curzon.

Enfield Nick J, 2007. A grammar of Lao. Berlin/New York: Mouton de Gruyter.

Gerner Matthias, 2007. The exhaustion particles in the Yi group: a unified approach to All, the Completive and the Superlative. Journal of Semantics, 24 (1).

Gil David, 2004. Riau Indonesian sama: explorations in macrofunctionality//Haspelmath Martin (ed.). Coordinating constructions. Amsterdam/Philadelphia: John Benjamins Publishing Company.

Harris Alice C, Campbell Lyle, 1995. Historical syntax in cross-linguistic perspective. Cambridge: Cambridge University Press.

Haspelmath Martin, 2003. The geometry of grammatical meaning: semantic maps and cross-linguistic comparison//Michael Tomasello (ed.). The new psychology of language: Vol.2. New York: Erlbaum.

Haspelmath Martin, 2004. Coordinating constructions: an overview. Amsterdam/Philadelphia: John Benjamins Publishing Company.

Haspelmath Martin, 2005. Nominal and verbal conjunction//Haspelmath Martin, Dryer Matthew S, Gil David, et al. (eds.). The world atlas of language structures. Oxford: Oxford University Press.

Heimbach Ernest E, 1979. White Hmong-English dictionary. Linguistic Series Ⅳ, Southeast Asia Program NO.75. New York: Cornell University.

Heine Bernd, 2002. On the role of context in grammaticalization//Wischer Ilse, Diewald Gabriele (eds.). New reflections on grammaticalization. Amsterdam/Philadelphia: John Benjamins Publishing Company.

Heine Bernd, Kuteva Tania, 2002. World Lexicon of Grammaticalization. Cambridge: Cambridge University Press.

Heine Bernd, Kuteva Tania, 2003. On contact-induced grammaticalization. Studies in Language, 27 (3).

Heine Bernd, Kuteva Tania, 2005. Language contact and grammatical change. Cambridge: Cambridge University Press.

Heine Bernd, Kuteva Tania, 2006. The changing languages of Europe. Oxford: Oxford University Press.

Heine Bernd, 2007. Typology and language contact: word order. Ms. Tallinn, March 21—24.

Heine Bernd, Kuteva Tania, 2007. Identifying instances of contact-induced grammatical replication. Paper presented at the Symposium on Language Contact and the Dynamics of Language: Theory and Implications. Leipzig: Max Planck Institute for Evolutionary Anthropology.

Heine Bernd, 2008. Contact-induced word order change without word order change//Siemund Peter, Kintana Noemi (eds.). Language contact and contact languages. Amsterdam/Philadelphia: John Benjamins Publishing Company.

Heine Bernd, Kuteva Tania, 2008. Constraints on contact-induced linguistic change. Journal of Language Contact-THEMA, 2 (1).

Heine Bernd, Kuteva Tania, 2010. Contact and grammaticalization//Hickey Raymond (ed.). The handbook of language contact. Chichester: Wiley-Blackwell.

Hickey Raymond, 2010. Language contact: reconsideration and reassessment//Hickey Raymond (ed.). The handbook of language contact. Chichester: Wiley-Blackwell.

Hongladarom Krisadawan, 1996. Gyalthang Tibetan of Yunnan: a preliminary report. Linguistics of the Tibeto-Burman Area, 19 (2).

Hopper Paul J, 1991. On some principles of grammaticization//Traugott Elizabeth Closs, Heine Bernd (eds.). Approaches to grammaticalization. Amsterdam: John Benjamins Publishing Company.

Hopper Paul J, Traugott Elizabeth Closs, 1993. Grammaticalization. Cambridge: Cambridge University Press.

Huang Yang, 2015. Polyfunctionality of the postverbal aspect marker: the case of "FINISH" and its variants in the Zhuang. Conference paper presented at the 25th Annual Meeting of the Southeast Asian Linguistic Society. Chiang Mai: Payap University.

Huang Yang, 2023. The changing languages of Guangxi, Southern China: a contact-induced grammaticalization approach. Maryland: Lexington Books.

Iwasaki Shoichi, Ingkaphirom Preeya, 2005. A reference grammar of Thai. Cambridge: Cambridge University Press.

Jagacinski Ngampit, 1992. The /ʔau/ usages in Thai//Compton Carol J, Hartmann John (eds.). Papers on Tai languages, linguistics and literatures. Center for Southeast Asian Studies, Northern Illinois University.

Janhunen Juha, 2006. Sinitic and non-Sinitic phonology in the languages of Amdo Qinghai//Anderl Christoph, Eifring Halvor (eds.). Studies in Chinese language and culture. Oslo: Hermes Academic Publishing.

Janhunen Juha, 2007. Typological interaction in the Qinghai linguistic complex. Studia Orientalia Electronica, 101.

Janhunen Juha, 2012. On the hierarchy of structural convergence in the Amdo sprachbund//Suihkonen Pirkko, Comrie Bernard, Solovyev Valery (eds.). Argument structure and grammatical relations: a crosslinguistic typology. Amsterdam: John Benjamins Publishing Company.

Kaiser Stefan, Ichikawa Yasuko, Kobayashi Noriko, et al., 2013. Japanese: a comprehensive grammar. 2nd edition. London/New York: Routledge.

Kibrik Andrej A, 2004. Coordination in Upper Kuskokwim Athabaskan//Haspelmath Martin (ed.). Coordinating constructions. Amsterdam/Philadelphia: John Benjamins Publishing Company.

Krifka Manfred, 1992. Nominal reference, temporal constitution and thematic relations//Sag Ivan A, Szabolcsi Anna (eds.). Lexical matters. Stanford: CSLI Publications.

Kuno Susumu, 1973. The structure of the Japanese language. Cambridge, Mass: MIT Press.

Kwok Bit-Chee, Chin Andy C, Sou Benjamin K, 2011. Poly-functionality of the preverbal "acquire" in the Nanning Yue dialect of Chinese: an areal perspective. Bulletin of the School of Oriental and African Studies, 74 (1).

Lakoff George, Johnson Mark, 1980. Metaphors we live By. Chicago: The University of Chicago Press.

Lamarre Christine, 2001. Verb complement constructions in Chinese dialects: types and markers//Chappell Hilary (ed.). Sinitic grammar: synchronic and diachronic perspectives. Oxford: Oxford University Press.

Lei Margaret Ka-yan, Lee Thomas Hun-tak, 2013. The semantic properties of saai$^3$ in quantifying nominals and predicates: how it differs from aspectual and phase marker. Paper presented at the 13th Workshop on Cantonese. Hong Kong: Hong Kong Baptist University.

Li Charles N, Thompson Sandra A, 1981. Mandarin Chinese: a functional reference grammar. Berkeley, Los Angeles and London: University of California Press.

Li Charles N, 1985. Contact-induced semantic change and innovation//Fisiak Jacek (ed.). Historical semantics-historical word-formation. Berlin: Mouton Publishers.

Li Fang-Kuei, 1977. A handbook of comparative Tai. Honolulu: The University of Hawai'i Press.

Luo Yongxian, 1990. Tense and aspect in Zhuang: A study of a set of tense and aspect markers. M.A. dissertation. Canberra: Australian National University.

Matisoff James A, 1991. Areal and universal dimensions of grammatization in Lahu//Traugott Elizabeth Closs, Heine Bernd (eds.). Approaches to grammaticalization: Vol. II. Amsterdam: John Benjamins Publishing Company.

Matthews Stephen, Yip Virginia, 1994. Cantonese: a comprehensive grammar. London: Routledge.

Matthews Stephen, 2006. Cantonese grammar in areal perspective//Aikhenvald Alexandra Y, Dixon Robert Malcolm Ward (eds.). Grammars in contact: a cross-linguistic typology. Oxford: Oxford University Press.

Matthews Stephen, Yip Virginia, 2011. Cantonese: a comprehensive grammar. 2nd edition. New York: Routledge.

Mithun Marianne, 1988. The grammaticization of coordiantion//Haiman John, Thompson Sandra A (eds.). Clause combining in grammar and discourse. Amsterdam: John Benjamins Publishing Company.

Monier-Williams Sir Monier, 1988. A Sanskrit-English dictionary. Oxford: Oxford University Press.

Narrog Heiko, 2010. A diachronic dimension in maps of Case functions. Linguistic Discovery, 8 (1).

Ohori Toshio, 2004. Coordinationin mentalese//Haspelmath Martin (ed.). Coordinating constructions. Amsterdam/Philadelphia: John Benjamins Publishing Company.

Peyraube Alain, 1996. Recent issues in Chinese historical syntax//Huang C-T James, Li Y-H Audrey (eds.). New horizons in Chinese linguistics. Dordrecht/Boston/London: Kluwer Academic Publishers.

Peyraube Alain, 1998. Cantonese post-verbal adverbs//Yue Anne O, Endo Mitsuaki (eds.). In memory of Mantaro J. Hashimoto. Tokyo: Uchiyama Books.

Peyraube Alain, 2006. Motion events in Chinese: a diachronic study of directional complements//Hickmann Maya, Robert Stéphane (eds.). Space in language: linguistic systems and cognitive categories. Amsterdam/Philadelphia: John Benjamins Publishing Company.

Peyraube Alain, 2017. The case system in three Sinitic languages of the Qinghai-Gansu linguistic area//Xu Dan, Li Hui (eds.). Language and gene in Northwestern China and adjacent regions. Singapore: Springer Nature.

Peyraube Alain, 2018. On some endangered Sinitic languages spoken in Northwestern China. European Review, 26 (1).

Sandman Erika, 2016. A grammar of Wutun. PhD dissertation. Helsinki: University of Helsinki.

Slater Keith W, 2003. A grammar of Mangghuer: a Mongolic language of China's Qinghai-Gansu sprachbund. London/New York: Routledge Curzon.

Stassen Leon, 2000. AND-languages and WITH-languages. Linguistic Typology, 4 (1).

Stolz Thomas, Stroh Cornelia, Urdze Aina, 2006. On comitatives and related categories: a typological study with special focus on the languages of Europe. Berlin/New York: Mouton de Gruyter.

Sun Chaofen, 1996. Word-Order change and grammaticalization in the history of Chinese. Stanford: Stanford University Press.

Sweetser Eve E, 1990. From etymology to pragmatics: metaphorical and cultural aspects of semantic structure. Cambridge: Cambridge University Press.

Talmy Leonard, 2000. Toward a cognitive semantics. Cambridge, Mass/London: MIT Press.

Tang Sze-Wing, 1996. A role of lexical quantifiers. Studies in the Linguistic Sciences, 26 (1).

Thomason Sarah Grey, Kaufman Terrence, 1988. Language contact, creolization, and genetic linguistics. Berkeley/Los Angeles/Oxford: University of California Press.

Thomason Sarah Grey, 2001. Language contact: an introduction. Edinburgh: Edinburgh University Press.

Thurgood Graham, 1999. From ancient Cham to modern dialects: two thousand years of language contact and change. Oceanic Linguistics, Special Publication No.28. Honolulu: The University of Hawai'i Press.

Thurgood Graham, Li Fengxiang, 2003. Contact induced variation and syntactic change in the Tsat of Hainan//Bradley David, LaPolla Randy, Michailovsky Boyd, et al. (eds.). Language variation: papers on variation and change in the Sinophere and the Indosphere in honour of James A. Matisoff. Pacific Linguistics. Canberra: Australian National University.

Thurgood Graham, 2005. Phan Rang Cham//Adelaar Alexander, Himmelmann Nikolaus P (eds.). The Austronesian languages of Asia and Madagascar. London: Routledge.

Thurgood Graham, Li Fengxiang, 2007. From Malayic to Sinitic: the restructuring of Tsat [Hainan Cham] under intense cotect//Wayland Ratree, Hartmann John, Sidwell Paul (eds.). SEALS XII: Papers from the 12th Meeting of the Southeast Asian Linguistics Society (2002). Canberra: Pacific Linguistics.

Traugott Elizabeth Closs, 1999a. The rhetoric of counter- expectation in semantic change: a study in subjectification//Blank Andreas, Koch Peter (eds.). Historical semantics and cognition. Berlin: Mouton de Gruyter.

Traugott Elizabeth Closs, 1999b. The role of pragmatics in semantic change//Verschueren Jef (ed.). Pragmatics in 1998: selected papers from the 6th International Pragmatics Conference: Vol. Ⅱ. Antwerp: International Pragmatics Association.

Traugott Elizabeth Closs, 2002. From etymology to historical pragmatics//Minkova Donka, Stockwell Robert (eds.). Studies in the history of the English language: a millennial perspective. Berlin: Mouton de Gruyter.

Traugott Elizabeth Closs, Dasher Richard B, 2002. Regularity in semantic change. Cambridge: Cambridge University Press.

van den Berg Helma, 2004. Coordinating constructions in Daghestanian languages//Haspelmath Martin (ed.). Coordinating constructions. Amsterdam/Philadelphia: John Benjamins Publishing Company.

Weinreich Uriel, 1953. Languages in contact: Findings and problems. The Hague: Mouton.

Wu Yunji, 1999. The development of aspectual systems in the Chinese-Xiang dialects. Paris: Centre de Recherches Linguistiques sur l'Asie Orientale, Ecole des Hautes Etudes en Sciences Sociales.

Wurm Stephen A, Li Rong, Baumann Timothy, et al., 1987. Language atlas of China. Hong Kong: Longman.

Xu Dan, 2006. Typological change in Chinese syntax. Oxford/New York: Oxford University Press.

Yang Rong, 2001. Common nouns, classifiers and quantification in Chinese. PhD dissertation. New Jersey: The State University of New Jersey.

Yue-Hashimoto Anne, 1976. Southern Chinese dialects-the Tai connection. Computational Analyses of Asian and African Languages, 6.

Yue-Hashimoto Anne, 1988. A preliminary investigation into the subclassification problem of the Yue dialects. Computational Analyses of Asian and African Languages, 30.

Yue-Hashimoto Anne, 1991. Yue dialect//Wang William S-Y (ed.). Languages and dialects of China (Journal of Chinese Linguistics Monograph Series No.3). Berkeley: Project on Linguistic Analyses.

Yue-Hashimoto Anne, 2005. The Dancun dialect of Taishan. Hong Kong: Language Information Sciences Research Centre, City University Press.

# 后　记

本书是笔者主持的国家社科基金重大项目"功能—类型学取向的汉语语义演变研究"（批准号：14ZDB098）子课题"语言接触引发的汉语语义演变研究"的部分成果。各章内容及作者情况如下。

第 1 章　语言接触与语义复制（吴福祥）
第 2 章　汉译佛经中"为"的系词用法与语义复制（姜南、吴福祥）
第 3 章　汉译佛经中虚词"亦"的语义演变（徐朝红、吴福祥）
第 4 章　从梵汉对勘看全称量化限定词"所有"的形成（王继红）
第 5 章　甘青方言中若干附置词"伴随—工具—方所"多功能模式的来源（吴福祥、金小栋）
第 6 章　西宁方言的并列和伴随（王双成）
第 7 章　西宁方言方位词的语法化（王双成）
第 8 章　重建西南粤语体标记"嗲"的演变过程
　　　　——一项粤语和客语之间被忽视的关联（郭必之）
第 9 章　南宁地区语言"去"义语素的语法化与接触引发的"复制"（郭必之）
第 10 章　南宁粤语的助词"晒"（黄阳）
第 11 章　壮语"完毕"义语素的语法化及其对广西汉语方言的影响（吕嵩崧）
第 12 章　广西汉语、壮语方言的方式助词和取舍助词（覃东生、覃凤余）

本书绝大多数章节作为子课题的阶段性成果，已在国内外相关杂志上发表，因此在将这些内容辑入本书时，我们在体例和某些术语上作了必要的一致性处理。此外，还对成果的名称作了必要的调整。

感谢覃凤余教授作为子课题负责人以及本书撰稿人，为项目的研究工作和成果的编辑出版作出的重要贡献。

安徽教育出版社原总编辑姚莉女史为本书的出版提供了很多帮助，学术文化出版中心主任江舟女史、责任编辑付静女史为本书的编校付出了辛勤劳动，深表谢忱。友生麻晓芳、李桂兰和王全华为本书的编辑出版提供了切实的帮助，在此一并谢过。

本书的出版受到"2019年度北京语言大学北京高校高精尖学科中国语言文学一级学科建设项目"的资助，谨此表示谢意。

最后，笔者对本书的所有作者表示深深的谢意。至于书中的疏漏之处，概由笔者负责。

吴福祥
2023年仲夏于北京齐贤斋